Andrea Kienle, Gabriele Kunau
Informatik und Gesellschaft

T

Informatik und Gesellschaft –
Eine sozio-technische Perspektive

von Andrea Kienle
und Gabriele Kunau

Geleitwort

Angesichts der Vielfalt des Informatikstudiums fragt man sich, ab wann Informatikerinnen oder Informatiker ausreichend gut ausgebildet sind – und ob dafür »Informatik und Gesellschaft« eine Rolle spielt. Die Antwort hängt unmittelbar damit zusammen, wie man erkennt, ob eine mit Hilfe der Informatik entwickelte Lösung gelungen ist oder ob noch nachgebessert werden muss. Man kann dafür Kriterien aus technischer Sicht ableiten, ob zum Beispiel die Bearbeitung schnell genug abläuft, der Speicherplatz ausreicht, die Integrität der Daten gewährleistet ist etc. Für die Kommunikation mittels E-Mail scheinen diese Kriterien erfüllt und somit eine ausreichende Lösung erzielt zu sein. Man kann mittels E-Mail nahezu synchron kommunizieren, die Daten werden korrekt übertragen – begrenzt ist nur der Datenumfang, wenn man an das Versenden von Videos im Anhang denkt, aber für den Nachrichtenaustausch ist er ausreichend.

Allerdings gibt es andere Probleme: Viele Menschen werden am Arbeitsplatz mit E-Mails überflutet, die von der eigentlichen Aufgabe ablenken. Viele sind per E-Mail auch in ihrer Freizeit erreichbar und können keine Distanz mehr zur Arbeit aufbauen. In 2013 wurde daher verstärkt diskutiert, inwiefern unser Umgang mit Email zu Burnout-Symptomen beiträgt; immer mehr Firmen erlassen organisatorische Regeln, um den E-Mail-Austausch einzuschränken, insbesondere nach Feierabend. Zusätzlich verstärkt sich angesichts der NSA-Affäre die Unsicherheit, ob E-Mail-Austausch noch vertraulich ist. Es stellt sich die Frage, ob nicht von vornherein eine Verschlüsselung von Nachrichten als Standard in den entsprechenden Austauschprotokollen hätte vorgesehen werden müssen.

Diese Beispiele verdeutlichen, dass die rein technische Qualitätsbeurteilung einer Lösung nicht ausreicht. Das Verhalten der Benutzer, ihre Interaktion in sozialen Zusammenhängen sowie die Ziele der Organisationen, die die Technik nutzen, sind ebenfalls zu berücksichtigen. Die Anforderungen, die sich aus dem Anwendungskontext ergeben, sind zu erheben – und oftmals reicht eine Erhebung nicht aus, da die künftigen Anwender oft nicht wissen, welche Möglichkeiten und Auswirkungen mit einer technischen Lösung einhergehen. Daher müssen Informatiker/innen im Rahmen des Requirements-Engineering Kreativität entwickeln, um die Auswirkungen einer Lösung abzuschätzen und auf dieser Grundlage die Anforderungen gemeinsam mit den

T

Anwendern zu konstruieren. Hinzukommt bei der Beurteilung einer technischen Lösung, dass sie meistens kein fertiges Produkt darstellt und nachträgliche Eingriffe erforderlich sind. Es werden Anpassungen vorgenommen, neue Versionen installiert oder zumindest Patches aufgespielt. Aus dieser Perspektive ist Software-Entwicklung eher eine kontinuierliche Dienstleistung als ein Produktionsprozess. Ein zentrales Kennzeichen von Dienstleistungen im Allgemeinen ist es, dass sie in Interaktion mit den Kunden erbracht werden. Dieser Kontakt zu den Kunden ist auch von Informatikern/innen sicherzustellen. Zu diesem Zweck sollten sie den Anwendungskontext zumindest rudimentär verstehen, um sich in der Kommunikation mit künftigen Anwendern auf deren Perspektive einstellen zu können.

Am Beispiel der E-Mail-Kommunikation wird deutlich, dass das Verhalten der Benutzer bei der Gestaltung einbezogen werden muss. Es sind organisatorische Regeln zu entwickeln, die sich in den technischen Lösungen widerspiegeln (etwa, indem Filter eingerichtet werden können, keine Mail ohne Betreff-Angabe gesendet werden kann etc.). Es sind Lernprozesse anzustoßen, die einen sparsamen Umgang mit dem Medium begünstigen. Die Lernprozesse sind durch das Kommunikationsmedium selbst zu unterstützen. Insgesamt muss also ein sozio-technisches Design stattfinden, das die Betroffenen einbezieht. Zu einer ausreichenden Informatikausbildung gehört es daher, dass man in der Lage ist, sich den Anwendungskontext eines IT-Systems durch geeignete Erhebung und durch die Kommunikation mit den künftigen Anwendern anzueignen sowie zu einer Anpassung der organisatorischen Prozesse und zur Kompetenzentwicklung im Anwendungsfeld beizutragen. Dabei ist die Mitwirkung von Informatikern/innen deshalb erforderlich, weil sie die Potentiale einer neuen IT-Lösung am besten verstehen. Sie kennen – eine geeignete Ausbildung vorausgesetzt – die Auswirkungen des bisherigen Technikeinsatzes und können aufgrund dieser Erfahrung abschätzen, welche Vorteile und Schwierigkeiten mit der Einführung eines neuen Systems zu erwarten sind und wie man sich im organisatorischen Kontext darauf vorbereiten muss.

Im Umfeld des Software- und Requirements-Engineering ist es durchaus üblich, eine sozio-technische Perspektive einzunehmen. Ein Aufsatz von Baxter und Sommerville aus dem Jahr 2011 geht im Detail auf diese Perspektive ein. Allerdings wird in dem Beitrag deutlich, dass mit sozio-technischem Requirements-Engineering oftmals gemeint ist, dass die Bedingungen des sozialen und organisatorischen Umfeldes für die Software-Entwicklung zwar verstanden werden müssen, aber dass es nicht zu den Aufgaben der Informatiker/innen gezählt wird, die organisatorischen Veränderung mitzugestalten, die mit dem Software-Einsatz einhergehen. In dem Beitrag von Baxter und Sommerville wird verdeutlicht, dass die Software-Entwicklung und die Veränderung der softwaretechnisch unterstützten Arbeitsprozesse eng miteinander verknüpft sind. Informatiker/innen sollen für diese Verknüpfung sensibel sein und auf dieser Grundlage Software entwickeln. Es ist jedoch nicht systematisch vorgesehen, dass Software-Entwickler sich an den organisatorischen Veränderungen aktiv beteiligen.

Die Perspektive des Fachgebietes Informatik und Gesellschaft hilft, diese Einengung zu überwinden. Indem vermittelt wird, wie die Wirkungen des Einsatzes von Software abschätzbar sind, werden Informatiker/innen auch befähigt, die Nutzungsverläufe einer neuen Software zu beeinflussen und bei der Ausgestaltung der notwendigen organisatorischen Veränderungen und bei der Orientierung der Benutzer mitzuarbeiten. Es werden also neben den technischen Erfolgskriterien auch solche Anforderungen beachtet, die sich aus dem sozialen Gefüge der Nutzer ableiten lassen. Ob diese Anforderungen erfüllt werden oder nicht, kann man allerdings nur in der Praxis erkennen – sie sind nicht, wie bei technischen Kriterien, im Labor überprüfbar. Hierdurch wird es erschwert, »Informatik und Gesellschaft« im Rahmen der Hochschulausbildung zu vermitteln, da sich die Vorteile der Berücksichtigung des Anwendungskontextes und der gemeinsamen Erarbeitung der Anforderungen häufig erst in der Praxis erweist. Es empfiehlt sich daher, während des Studiums dieses Buches immer wieder den Kontakt mit der Praxis zu suchen, um die dargestellten Methoden und Erklärungen zu erörtern und mit einem konkreten Fall zu vergleichen. Es erweist sich als Vorteil, dass eine Autorin des vorliegenden Buches aus der täglichen Praxis der Hochschullehre kommt, während die andere intensiv in den praktischen Berufsalltag der Entwicklung und Umsetzung informationstechnischer Systeme eingebunden ist. So war eine Synergie möglich, die man für die Entstehung eines gestaltungsorientierten Buches über »Informatik und Gesellschaft« als besonderen Glücksfall ansehen darf.

Thomas Herrmann
Vertreter des Fachgebietes Informatik und
Gesellschaft an der Universität Dortmund
von 1986 – 2004

Vorwort der Autorinnen

Informatik und Gesellschaft ist ein Fach, das oft alle »sozialen« und »weichen« Themen am Rande eines Informatikstudiums aufnehmen muss. Mit diesem Lehrbuch präsentieren wir eine Möglichkeit, ein so breit gefächertes Themengebiet für eine einsemestrige Veranstaltung handhabbar zu machen. Informatik und Gesellschaft ist an vielen Hochschulen Pflichtfach nicht nur in der Informatik selber, sondern auch in weiteren Studiengängen wie Wirtschaftsinformatik oder Medizininformatik. Dieses Lehrbuch wendet sich an Lehrende und Studierende dieser Fächer, wobei wir davon ausgehen, dass das Fach Informatik und Gesellschaft in der Regel im Bachelor gelehrt wird.

Als roten Faden durch die so unterschiedlichen Themen haben wir eine sozio-technische Perspektive gewählt. Es ist inzwischen allgemein anerkannt, dass Informations- und Kommunikationstechnik ohne die Einbeziehung ihres organisatorischen oder gesellschaftlichen Nutzungskontextes weder erklärt noch gestaltet werden kann. Jedes Kapitel betrachtet das Wechselspiel zwischen technischen und sozialen Systemen in dem jeweils anstehenden Thema. Das Buch also vermittelt Grundlagenwissen nicht nur aus der Informatik, sondern auch aus relevanten Disziplinen wie der Soziologie und Psychologie. Beispiele, die sich auf aktuelle Trends und Themen beziehen, dienen der Anwendung der Theorie sowie der Anregung zum Nachdenken und zur Diskussion.

Jedes Kapitel folgt demselben Aufbau: Eine Kurzzusammenfassung in weißer Schrift auf blauem Grund stellt den kommenden Inhalt des Kapitels vor und ordnet ihn in die Folge der Kapitel ein. Die Summe der Einleitungen gibt einen guten Überblick über die Inhalte und den logischen Aufbau dieses Lehrbuchs. Es folgt eine Liste mit Lernzielen, die so bemessen sind, dass sie in einer doppelstündigen Vorlesung vermittelt werden können. Die Darstellung der Lerninhalte selber ist in Abschnitte gegliedert, in denen Beispiele, Definitionen und Begriffserklärungen im Design deutlich hervorgehoben sind. Je nachdem, wie eine Veranstaltung Informatik und Gesellschaft organisiert ist, bieten viele Kapitel Stoff für mehr als eine Unterrichtseinheit, wenn Beispiele ausführlich dargestellt und auch diskutiert werden. Gerade die aktuellen Beispiele können auch genutzt werden, um weitere Recherchethemen für Studierende zu formulieren. In der sich anschließenden Zusammenfassung werden die wesentlichen Aussagen des Kapitels komprimiert dargestellt. Es folgen dann Lernfragen, mit denen Studierende ihr Verständnis des Stoffes überprüfen können. Die Lösungen zu den Lernfragen finden sich gebündelt am Ende des Buches. Unter der Überschrift »Zum Nachdenken / Zur Diskussion« werden in jedem Kapitel Fragen und Thesen aufgeführt, die Gelegenheit zu einer vertieften Auseinandersetzung mit ausgewählten Inhalten des Kapitels bieten. Dies kann direkt als interaktives Element in einer Lehrveranstaltung geschehen. Die Themen bieten sich aber auch an, um als Referat durch Studierende vorbereitet und dann in der Gruppe diskutiert zu werden. Ein ausführliches Literaturverzeichnis steht am Ende jedes Kapitels. Es bietet sowohl Lehrenden als auch Studierenden die Möglichkeit, ein Thema nach eigenem Interesse weiter zu vertiefen.

Gerade in einer Zeit, in der gedruckte Bücher durch elektronische Medien immer wieder in Frage gestellt werden, veröffentlichen wir ein Lehrbuch Informatik und Gesellschaft im Papierformat. Die Zusammenarbeit mit dem *buchlabor* der Fachhochschule Dortmund, Fachbereich Design hat uns sehr dazu ermuntert. Larissa Leich und Sabine an Huef haben ein Design entworfen und umgesetzt, das nicht nur formschön und spannend ist, sondern auch die Vermittlung der Lerninhalte auf das Beste unterstützt. Wir danken den beiden für die konstruktive und gute Zusammenarbeit. Dem Verlag danken wir an dieser Stelle für seine Flexibilität und seinen Mut, sich auf das Layout einzulassen. Unseren Familien und Freunden ein herzliches Dankeschön für ihre Unterstützung und Nachsicht in den arbeitsintensiven Phasen der Erstellung dieses Buches.

Dieses Lehrbuch ist zum einen das Ergebnis unserer intensiven wissenschaftlichen Auseinandersetzung mit den enthaltenen Themen, die ihre Ursprünge in der Arbeitsgruppe von Thomas Herrmann haben. Thomas und allen Kolleginnen und Kollegen der gemeinsamen Zeit ein herzliches Dankeschön für die konstruktiven Diskussionen. Zum anderen gibt dieses Buch unsere Erfahrungen als Dozentinnen wieder. Wir sind an einem Austausch mit anderen Dozentinnen und Dozenten über die Gestaltung von Lehrveranstaltungen Informatik und Gesellschaft sehr interessiert und freuen uns über Rückmeldungen unter den folgenden Adressen: andrea.kienle@fh-dortmund.de bzw. gabriele.kunau@fh-dortmund.de.

Dortmund, im April 2014
Andrea Kienle,
Gabriele Kunau

T

Inhaltsverzeichnis

T

—

—

T

T

Abbildungsverzeichnis

T

Kapitel IX

I.II
Blindtext Kapitelüberschrift

Dies ist ein Typoblindtext. An ihm kann man sehen, ob alle Buchstaben da sind und wie sie aussehen. Manchmal benutzt man Worte wie Hamburgefonts, Rafgenduks oder Handgloves, um Schriften zu testen.[01]
Manchmal Sätze, die alle Buchstaben des Alphabets enthalten - man nennt diese Sätze »Pangrams«. Sehr bekannt ist dieser: The quick brown fox jumps over the lazy old dog. Oft werden in Typoblindtexte auch fremdsprachige Satzteile eingebaut (AVAIL® and Wefox™ are testing aussi la Kerning), um die Wirkung in anderen Sprachen zu testen. **Abb. A**

Beispiel

Lorem ipsum dolor sit amet, consectetuer adipiscing elit. Aenean commodo ligula eget dolor. Aenean massa. Cum sociis natoque penatibus et magnis dis parturient montes, nascetur ridiculus mus. Donec quam felis, ultricies nec, pellentesque eu, pretium quis, sem. Nulla consequat massa quis enim. Donec pede justo, fringilla vel, aliquet nec, vulputate eget, arcu. In enim justo, rhoncus ut, imperdiet a, venenatis vitae, justo.

In Lateinisch sieht zum Beispiel fast jede Schrift gut aus. Quod erat demonstrandum. ↑ Verweis auf Beispiel   Seit 1975 fehlen in den meisten Testtexten die Zahlen, weswegen nach TypoGb. 204 § ab dem Jahr 2034 Zahlen in 86 der Texte zur Pflicht werden.
Nichteinhaltung wird mit bis zu 245 € oder 368 $ bestraft. Genauso wichtig in sind mittlerweile auch Âçcèñtë, die in neueren Schriften aber fast immer enthalten sind. Ein wichtiges aber schwierig zu integrierendes Feld sind *OpenType*-Funktionalitäten. Verweis auf Begriffserklärung   Je nach Software und Voreinstellungen können eingebaute Kapitälchen, Kerning oder Ligaturen (sehr pfiffig) nicht richtig dargestellt werden.

Eine Definition ist je nach der Definitionslehre, der hierbei gefolgt wird, entweder 1. eine Bestimmung des Wesens einer zu erklärenden Sache, 2. eines Begriffs, 3. die Feststellung eines tatsächlich geübten Sprachgebrauchs oder 4. die Festsetzung oder Vereinbarung eines solchen.[02]

Definition

Weit hinten, hinter den Wortbergen, fern der Länder Vokalien und Konsonantien leben die Blindtexte. Abgeschieden wohnen sie in Buchstabhausen an der Küste des Semantik, eines großen Sprachozeans. Ein kleines Bächlein namens Duden fließt durch ihren Ort und versorgt sie mit den nötigen Regelialien. Es ist ein paradiesmatisches Land, in dem einem gebratene Satzteile in den Mund fliegen. Nicht einmal von der allmächtigen Interpunktion werden die Blindtexte beherrscht – ein geradezu unorthographisches Leben. Eines Tages aber beschloß eine kleine Zeile Blindtext, ihr Name war Lorem Ipsum, hinaus zu gehen in die weite Grammatik. Der große Oxmox riet ihr davon ab, da es dort wimmele von bösen Kommata, wilden Fragezeichen und hinterhältigen Semikoli ... [01]

Quellenangaben

01   www.blindtextgenerator.de
02   Dubislav, 1931

Begriffserklärung

OpenType ist ein Font-Format, das als erstes Schriftformat sytemübergreifend einsetzbar ist. Es basiert auf der Unicode Zeichencodierung, was Schriftarten mit mehr als 65.000 Glyphen ermöglicht.

I

Dieses Kapitel beschreibt Informatik und Gesellschaft als Teildisziplin der Informatik. Dabei wird zunächst ein kurzer Überblick über die Entwicklung der Informatik als Disziplin und damit zusammenhängender wesentlicher Meilensteine gegeben.

Danach wird auf verschiedene Definitionen der Informatik eingegangen. Dabei spielen auch die Betrachtung des Nutzungskontextes und der Auswirkungsaspekt eine Rolle. Darauf aufbauend werden Ziel und Inhalt von Informatik und Gesellschaft beschrieben. Zum Abschluss werden mit der Soziologie und der Psychologie zwei verwandte Disziplinen eingeführt, die relevant sind, um Gesellschaft und menschliche Eigenschaften besser verstehen zu können.

Einordnung
Lernziele

Die Informatik als
eigenständige Disziplin
verstehen

—

Historie und Gegenstand
der Informatik kennen

—

Informatik und Gesell-
schaft als eigene
Forschungsrichtung
verstehen

—

Historie und Gegenstand
der Forschungsrichtung
Informatik und Gesellschaft
kennen

—

Soziologie und Psycho-
logie als verwandte
Disziplinen beschreiben
können

—

Den Begriff der
Gesellschaft kennen

Informatik

Die Informatik ist eine sehr junge Wissenschaft, insbesondere wenn man sie mit anderen Disziplinen vergleicht. So existierten beispielsweise die Medizin, Mathematik oder Chemie schon vor Christus. Und auch die Psychologie, die es als Wissenschaft seit Ende des 19. Jahrhunderts gibt,[01] ist im Vergleich zur Informatik schon alt. Dieser Abschnitt gibt einen Überblick über ausgewählte Meilensteine, zeigt unterschiedliche Definitionen der Informatik als eigenständige Wissenschaft und benennt die vier Teildisziplinen der Informatik.

Entwicklung der Informatik als Disziplin

Informatik wurde zunächst als Spezialgebiet innerhalb anderer wissenschaftlicher Disziplinen wie zum Beispiel der Mathematik oder der Elektrotechnik betrieben. Im Duden wird 1960 als Start der eigenständigen Disziplin der Informatik benannt: »... seit 1960 kann sie (die Informatik, Anm. der Aut.) nicht mehr nur als Ansammlung von aus anderen Wissenschaften (z.B. Logik, Mathematik, Elektrotechnik) entliehenen Methoden und Regeln aufgefasst werden; vielmehr hat sich die Informatik zu einem zusammenhängenden, theoretisch fundierten Gebäude, also zu einer neuen Grundlagenwissenschaft entwickelt, die auf andere Wissenschaften ausstrahlt.«[02]

Die stetige Weiterentwicklung von Hardware ermöglichte den Übergang von Computern im Schrankformat hin zu Arbeitsplatzrechnern. So entwickelte *Konrad Zuse* zwischen 1936 und 1938 mit dem Z1 einen ersten mechanischen Versuchsrechner, zu den Zeiten noch ein Gerät in Großformat. Das Nachfolgemodell Z 3 stellte mit seiner Fertigstellung im Jahre 1941 den ersten funktionsfähigen und frei programmierbaren Digitalrechner dar. Es sollte noch bis zum Jahre 1975 dauern, bis der erste Personal Computer (PC), der Altair 8080, zur Verfügung stand.

Zugleich wurde an der Vernetzung von Computern gearbeitet. Ein wesentlicher Meilenstein war im Jahre 1969 das vom US-Militär in Auftrag gegebene Arpanet, das eine abhörsichere Verbindung zweier Computer zwischen Ost- und Westküste Nordamerikas ermöglichte. Es dauerte noch 20 Jahre, bis ein weltumspannendes Netz entstand und 1989 mit dem Mosaic Browser auch der breiten Masse zur Verfügung stand. Damit war der Grundstein für das heute nicht mehr wegzudenkende Internet gelegt.

Die mit dem technischen Fortschritt verbundene, wachsende Bedeutung der Informatik in verschiedenen Lebensbereichen und ein steigender Bedarf an Fachleuten hatte die Gründung von Informatikstudiengängen an Universitäten und Fachhochschulen zur Folge. Der erste Studiengang der Informatik entstand 1969 an der Universität Karlsruhe. Im gleichen Jahr wurde die Gesellschaft für Informatik (vgl. Kapitel X) gegründet. Die ersten Lehrstühle für das Fachgebiet Informatik und Gesellschaft entstanden Mitte der 1980er Jahre. Seit den 1990er Jahren wird Informatik und Gesellschaft vor allem als Gestaltungswissenschaft verstanden.

Abb. A fasst die genannten ausgewählten Meilensteine in der Informatik zusammen. Links des Pfeils sind dabei die technischen Weiterentwicklungen benannt, rechts die Entwicklung der Informatik als Disziplin und Fachrichtung an Universitäten und Fachhochschulen.

Was ist Informatik?

Die Informatik verfügt auch im Jahr 2014 über keine stabile Definition ihres Gegenstandes. Coy zeichnet den Verlauf der Selbstfindung des Faches Informatik von seinen Anfängen bis ca. 1996 nach und bewertet die zahlreichen Beschreibungsversuche für die Disziplin der Informatik wie folgt: »Die Klassifikationen schwanken zwischen Einordnungswünschen und Allmachtsphantasien.«[03] Die Zeitschrift Informatik Spektrum der Gesellschaft für Informatik gibt immer wieder Raum, in dem Autoren ihre Sicht auf die Informatik darstellen.

Ein Punkt, in dem sich die Definitionen wesentlich unterscheiden, ist die Einbeziehung der Anwendung und der Auswirkung von IT-Systemen. Auf der einen Seite gibt es Definitionen, die sich rein auf die Entwicklung von

01   Zimbardo & Gerrig, 1999, S. 7
02   Duden, 1989, S. 269
03   Coy, 2004, S. 486

Konrad Zuse (*1910 †1995) wird als Pionier der Informatik bezeichnet. Er erfand und baute den ersten Digitalrechner in Deutschland.

IT-Systemen fokussieren. So verfasst Wilfried Brauer, der in den 1960er und 1970er Jahren maßgeblich an der Gestaltung von Informatik als eigenständiger Disziplin mitwirkte, 1978 folgende Definition: ↓

> **Bauer im Jahr 1978: »Die Wissenschaft von der systematischen Verarbeitung von Informationen – insbesondere der automatischen Verarbeitung mit Hilfe von Digitalrechnern.«** [04]

Auch im Jahr 2010 wird diese Perspektive eingenommen. So plädiert Peter Rechenberg dafür, den Computer selber wieder in den Mittelpunkt der Informatik zu rücken. ↓ Rechenberg betont, dass die wesentlichen Fortschritte der Informatik nur durch die technische Weiterentwicklung des Computers möglich sind. Insofern ist für ihn die technische Informatik die treibende Kraft in der Informatik. Die Gestaltung des Einsatzes von Computern sowie die Analyse der Auswirkungen gehören hier nicht in das Gebiet der Informatik.

> **Rechenberg im Jahr 2010: »Informatik ist die Technik der Automatisierung durch Computer. [...] Die Informatik beschäftigt sich mit der Automatisierung durch Computer.«** [05]

Auf der anderen Seite gibt es Definitionen, die Anwendung und Auswirkungen des Computereinsatzes in unterschiedlichem Maße mit zum Gegenstand der Informatik machen. Brauer verfasste elf Jahre nach seiner ersten Beschreibung eine Definition, die die Öffnung der Informatik zu Anwendungsfeldern zeigt. ↗

> **Bauer im Jahr 1989: »Informatik ist die Wissenschaft, Technik und Anwendung der maschinellen Verarbeitung und Übermittlung von Informationen. Informatik umfasst Theorie, Methodik, Analyse und Konstruktion, Anwendung (und) Auswirkung des Einsatzes von Computern.«** [06]

Diese Sichtweise vertritt auch Timo Glaser, wenn er Dijkstra zitiert: »Computer science is no more about computers than astronomy is about telescopes.« [07] Glaser fährt fort: »Computer sind also nicht das zentrale Thema, welches die Informatik beschäftigt, sondern vielmehr Werkzeuge, deren sie sich bedient.« [08] Aus dieser Sichtweise heraus formuliert Glaser seine Definition von Informatik. ↓

> **Glaser im Jahr 2009: »Somit sind Informatiker nicht nur die Entwickler technischer Systeme, sondern Architekten unserer Gesellschaft. […] Informatik sollte nicht als Computerwissenschaft, sondern als Struktur- und Koordinationswissenschaft angesehen werden.«** [09]

Mit »Strukturwissenschaft« ist gemeint, dass Informatiker die Kompetenz haben sollten, Strukturen und ihre Wirkmechanismen zu erkennen. Mit einem technischen Fokus ist dies notwendig, um Programme zu entwickeln, die Probleme der realen Welt lösen. Glaser erweitert diese Perspektive aber so, dass Informatiker auch in der Lage sein sollen, organisatorische oder gesellschaft-

04	Coy, 2004, S. 489
05	Rechenberg, 2010, S. 60
06	Coy, 2004, S. 489
07	Glaser, 2009, S. 224 – 225
08	ebd.
09	ebd.

liche Strukturen zu erkennen, um diese dann gestalten und verbessern zu können. Letzteres ist mit »Koordinationswissenschaft« gemeint. Glaser zählt damit die Erforschung und Gestaltung der Nutzung von Informationstechnik in unserer Gesellschaft zu den Aufgaben der Informatik selber. Indem er Informatiker als »Architekten der Gesellschaft« bezeichnet, gibt er ihnen Verantwortung für die Auswirkungen der Informationstechnik auf unsere Gesellschaft.

Für eine weniger provokante Beschreibung der Informatik hat sich die Gesellschaft für Informatik entschieden. ↓ Sie beinhaltet die historischen Wurzeln der Informatik ebenso wie die Betrachtung der Auswirkungen von IT-Systemen. Inwieweit die Analyse und Gestaltung der Anwendungsbereiche noch zur (Kern-)informatik gehören, lässt die Beschreibung allerdings offen.

> **GI im Jahr 2014: »Informatik ist eine Basis- und Querschnittsdisziplin, die ihre Grundlagen aus der Mathematik und den Ingenieurswissenschaften bezieht und in alle Lebens- und Anwendungsbereiche wirkt.«[10]**

Die Tatsache, dass bis heute noch ein Diskurs darüber geführt wird, wie weit der Anwendungskontext von IT-Systemen mit in das Fach Informatik gehört, zeigt, wie komplex der Zusammenhang ist. Die reine Beschränkung auf technische und algorithmische Fragen erscheint angesichts der gesellschaftlichen Bedeutung der Informationstechnik als zu kurz gegriffen. Computer sind in allen Lebensbereichen so omnipräsent, dass sie Personen, Organisationen und die Gesellschaft beeinflussen und verändern. Rationalisierung durch Automatisierung und damit Arbeitsplatzverlust für die Betroffenen ist ebenso ein Beispiel wie Datenschutz im Angesicht sozialer Medien oder die immer weiter ansteigende Sammlung und Auswertung von Daten in einigen Unternehmen und Behörden.

Die Notwendigkeit, sich systematisch mit Gestaltungsoptionen und den Auswirkungen der Informations- und Kommunikationstechnik zu befassen, ist offensichtlich. Und sollten nicht gerade Informatiker mit ihren Kompetenzen im gesellschaftlichen Diskurs über den sinnvollen Einsatz aber auch die Beschränkung von Informationstechnik maßgeblich mitwirken? Das Gegenargument folgt aus der Weiterentwicklung dieses Gedankens: Ist es nicht anmaßend für Informatiker zu sagen, dass sie aufgrund ihrer algorithmischen und technischen Fähigkeiten ebenso kompetent sind, in allen Anwendungsgebieten Bescheid zu wissen und über die gesellschaftliche Anwendung zu entscheiden? Die Diskussion darum, wie ein gesellschaftlicher Blickwinkel in das Selbstverständnis der Informatik integriert werden kann, dauert weiter an: »Die internationale Forschungs-Community zu Information Systems führt seit vielen Jahren einen Theorie- und Selbstverständnisdiskurs, der insbesondere die Wichtigkeit der Nutzungssicht, aber auch der gesellschaftlichen Sicht betont.«[11] Dabei gibt es auch den Vorschlag, für Erforschung der Wechselwirkungen zwischen IT-Systemen und ihrem Nutzungskontext eine eigene Teildisziplin Sozio-Informatik zu gründen. Darin würde die »Bedeutung von IKT-Anwendungen für sozialen und organisationalen Wandel ebenso analysiert wie umgekehrt der Einfluss gesellschaftlicher Kräfte und sozialer Praktiken auf die Gestaltung von Informationstechnologien.«[12] Die Sozio-Informatik wäre damit eine Querschnittsdisziplin der angewandten Informatik.

I.I.III

Die Teildisziplinen der Informatik

Eine andere Art, Informatik zu beschreiben, verzichtet darauf, den Gegenstand des Faches in einem oder mehreren Sätzen zu beschreiben. Stattdessen werden Teildisziplinen beschrieben, die in Summe dann das Fach Informatik ergeben. In den meisten Lehrbüchern hat sich die Unterteilung der Informatik in die vier Teildisziplinen theoretische, technische, praktische und angewandte Informatik durchgesetzt. Die Beschreibung im Duden bezieht sich dabei hauptsächlich auf den zentralen Begriff des Algorithmus. Ein Algorithmus wird verstanden als ein »mit formalen Mitteln beschreibbares, mechanisch nachvollziehbares Verfahren zur Lösung einer Klasse von Problemen.«[13]

10   GI, 2014, S. 3
11   Paech & Poetzsch-Heffter, 2013, S. 246
12   Rohde & Wulf, 2011, S. 210
13   Duden, 1989, S. 269

Eine solche exakte Beschreibung ist notwendig, um Lösungen für Probleme so zu formulieren, dass die Bearbeitung durch Software auf einem Rechner erledigt werden kann. Dabei thematisiert die Informatik neben den Algorithmen und ihrer Umsetzung in Programmen auch die damit verbundene Struktur der zu verarbeitenden Daten sowie die Programmiersprachen an sich.

Theoretische Informatik wird verstanden als Teildisziplin, die an die Mathematik angelehnte Methoden zur Formulierung und Untersuchung von Algorithmen entwickelt. Diese beziehen sich z. B. auf die Theorie formaler Sprache, Berechenbarkeit und Komplexitätstheorie. Die praktische Informatik entwickelt Methoden, um Programmsysteme erstellen zu können und beschäftigt sich mit konkreten Entwicklungsumgebungen und Software-Werkzeugen zur Unterstützung von Programmierern und Anwendern. Die technische Informatik hat den Fokus auf dem funktionellen Aufbau von Computern und umgebenden Geräten sowie dem logischen Aufbau der Geräte. Die angewandte Informatik schließlich untersucht Abläufe in unterschiedlichen Anwendungsbereichen auf deren Automatisierbarkeit. Beispiele für solche Anwendungsbereiche sind Wirtschaftsinformatik, Medizininformatik oder Rechtsinformatik. Für einen detaillierteren Blick auf die Teildisziplinen empfiehlt sich das Informatikhandbuch,[14] das jedem der vier Teildisziplinen ein eigenes Kapitel widmet. Im Rahmen dieses Lehrbuches ist eine Verdichtung der Aussagen dieser Kapitel entstanden, die in **Abb. B** dargestellt ist.

Informatik und Gesellschaft

Wenn schon die Informatik als Disziplin über keine stabile Definition verfügt, so verwundert es nicht, dass auch das Selbstverständnis der Teildisziplin Informatik und Gesellschaft (noch) nicht gefestigt ist. Dieser Abschnitt zitiert Beschreibungen des Faches, bevor die Definition, die diesem Lehrbuch zu Grunde liegt, erläutert wird.

In dem ersten Lehrbuch für Informatik und Gesellschaft, das 1995 erschienen ist, stellt Arno Rolf das Fach Informatik und Gesellschaft als gleichberechtigte fünfte Disziplin neben die oben erläuterten Disziplinen theoretische Informatik, praktische Informatik, technische Informatik und angewandte Informatik: »Informatik und Gesellschaft – dieses Fachgebiet analysiert die Wirkungen des Einsatzes der Informatik in unterschiedlichen Bereichen und entwickelt Kriterien und Methoden zur Gestaltung sozialverträglicher Informatiksysteme.«[15] Im Jahr 2014 muss man feststellen, dass sich diese Einordnung des Faches nicht durchgesetzt hat. Die inhaltliche Beschreibung hat jedoch in großen Teilen nach wie vor Bestand.

Fuchs und Hofkirchner formulieren in ihrem 2003 erschienenem Studienbuch Informatik und Gesellschaft die zentrale Frage des Faches: »Wie müssen sozio-technische Systeme, die zur Unterstützung der (zwischen- und überindividuellen) Informationsverarbeitung gebraucht werden, konzipiert und konstruiert, eingeführt und eingesetzt werden, damit sie gesellschaftlichen Fortschritt ermöglichen?«[16] In einem 2008 erschienenen Beitrag stellt Arno Rolf fest, dass es dem Fach Informatik und Gesellschaft an einem »gemeinsamen Kristallisationspunkt«[17] mangelt. Als gemeinsame Orientierung schlägt er vor: »… sozial nützliche Technikgestaltung betreiben zu wollen und Informatik aus der Perspektive ihrer Wechselwirkungen von Menschen und Gesellschaft zu betrachten.«[18] Die Definition von Informatik und Gesellschaft, → auf der dieses Lehrbuch basiert, stellt den Begriff des sozio-technischen Systems in den Mittelpunkt. Kapitel III beschreibt diesen Begriff ausführlich.

Als Wissenschaft interessiert sich Informatik und Gesellschaft dann sowohl für die Beschreibung und Analyse sozio-technischer Systeme als auch für deren Gestaltung. Damit will diese Definition die Entwicklung fortsetzen, die Arno Rolf mit Bezug auf die Akteure im Fachgebiet Informatik und Gesellschaft formuliert hat: »Aus sozialwissenschaftlichen ›Lamentierern‹ sind sozialorientierte Gestalter geworden«[19] Die fehlende einheitliche Definition von Informatik und Gesellschaft als Fach führt dazu, dass es keinen bundesweit einheitlichen Lehrplan für das Fach gibt. Die Fachhochschulen und Universitäten füllen das Fach mit sehr unterschiedlichen Inhalten. **Abb. C** zeigt die an der Fachhochschule Dortmund formulierten Lernziele und Lehrinhalte, weitere Beispiele beschreiben Paech & Poetzsch-Heffter.[20]

14   Rechenberg & Pomberger, 2002
15   Rolf, 1995, S. 6
16   Fuchs & Hofkirchner, 2003, S. 82
17   Rolf, 2008, S. 1
18   ebd., S. 25
19   ebd., S. 1
20   Paech & Poetzsch-Heffter, 2013, S. 248

Das Fach Informatik und Gesellschaft hat sozio-technische Systeme zum Gegenstand:

1 Es entwickelt Theorien und Modelle zu ihrer Beschreibung.

2 Es analysiert und beschreibt die Wechselwirkungen zwischen der Informationstechnik und den sie nutzenden sozialen Systemen.

3 Es entwickelt Methoden zu ihrer Gestaltung, die neben der Technikgestaltung auch die Veränderung im sozialen System im Blick haben.

Verwandte Disziplinen

Die Betrachtung der Teildisziplin Informatik und Gesellschaft zeigt, dass nicht nur Grundlagen der Informatik relevant sind. Vielmehr spielen auch andere Disziplinen und einige der dort definierten Begriffe eine Rolle. In diesem Kapitel wird deshalb auf die beiden Disziplinen der Soziologie und den zentralen Begriff Gesellschaft sowie der Psychologie und den Begriff des Menschen eingegangen. Weitere Begriffe aus diesen Disziplinen werden in den jeweils thematisch passenden Kapiteln dieses Lehrbuchs erläutert.

Soziologie und die Gesellschaft

Da Informatik und Gesellschaft sozio-technische Systeme gestaltet, lohnt sich ein Blick auf die Soziologie als die Disziplin, die sich mit sozialen Systemen beschäftigt. Im Gabler Lexikon ist *Soziologie* definiert als »eine empirische Wissenschaft, die sich auf die Struktur und Funktionsweise von Gesellschaften und das Handeln von Individuen in sozialen Kontexten richtet. [...] Die Soziologie richtet sich u. a. auf die Erforschung sozialen Wandels und der sozialen Ungleichheit, der sozialen Integration, von sozialen Institutionen und Interaktionsprozessen, ferner in zahlreichen Teilgebieten u. a. der Familie, Jugend, Wirtschaft und Betrieb, abweichenden Verhalten, Stadt und Massenkommunikation.«[21] ↓

> **Beispiel aus dem Studierendenleben: Einen Soziologen würde interessieren, wie der Zutritt zur Uni gesellschaftlich organisiert ist, z. B.: Bildungssystem, Einschreibeverfahren, welche Bevölkerungsgruppen haben Zugang, welche nicht?**

Ein für die Soziologie und auch für dieses Lehrbuch zentraler Begriff ist *Gesellschaft*. Gesellschaft kann man definieren »als Gegenstand der Soziologie v. a. die territorial abgegrenzte Organisationsform zur Befriedigung und Sicherstellung der Lebensvollzüge einer größeren Menschengruppe.«[22]

21   Springer Gabler Verlag, 2014a
22   Springer Gabler Verlag, 2014b

Soziologie ist eine empirische Wissenschaft, die Struktur und Funktionsweise von Gesellschaften und das Handeln von Individuen in sozialen Kontexten betrachtet.

»Gesellschaft ist eine örtlich abgegrenzte Organisationsform zur Befriedigung und Sicherstellung des Lebens einer größeren Menschengruppe.«

Detaillierter wird dieser Begriff in soziologischen Lehrbüchern erklärt: »Gesellschaft ist das Gefüge der durch allgemein anerkannte Werte zusammengehaltener Positionen, Institutionen und Organisationen, in denen Rollensegmente und Rollenbündel zusammengefasst sind. Werte und Normen halten das Ganze zusammen, die Anerkennung bestimmter Werte wie des Leistungsprinzips ist auch ausschlaggebend dafür, dass sich das Ganze in Schichten gliedert.«[23] Die Struktur einer Gesellschaft entsteht zum Beispiel durch eine gemeinsame Sprache oder gemeinsame Normen, durch die Sozialisation der nachfolgenden Generationen bzw. Regelungen für normabweichendes Verhalten. Mit Blick auf die Strukturmerkmale europäischer Gesellschaften zeigen sich Veränderungen in den letzten Jahrzehnten zum Beispiel in der zunehmenden Anonymisierung und Bürokratisierung, einer zunehmende Verstädterung und Rollendifferenzierung.

Das Teilgebiet der Soziologie, das einen besonders engen Bezug zu Informatik und Gesellschaft hat, ist die *Techniksoziologie* (vgl. dazu Kapitel VI). Techniksoziologen erforschen die Ursachen und Folgen der zunehmenden Informatisierung und Technisierung unserer Gesellschaft. Sie stellen Fragen nach der Gestaltbarkeit und Steuerbarkeit von Technikentwicklung aus gesellschaftlicher Sicht.[24] In einer Gesellschaft bestehen und entwickeln sich also Normen und Werte, die auch bei der Gestaltung und Nutzung von IT-Systemen eine Rolle spielen. Ein Beispiel ist die im Sommer 2013 diskutierte Abhörpraxis der NSA. Hier wurden auch befreundete Staaten über einen längeren Zeitraum ohne deren Wissen abgehört und die Kommunikationsdaten analysiert. Dieses Beispiel zeigt: Technisch ist vieles möglich, aber nicht alles gesellschaftlich gewünscht. Akzeptiert man die breiteren Definitionen von Informatik, so ist es auch Aufgabe der Informatik, in Form von Aufklärung und Positionierung zum gesellschaftlichen Diskurs beizutragen.

Psychologie und der Mensch

Informatik und Gesellschaft beschäftigt sich nicht nur mit der Gesellschaft als Ganzes, sondern nimmt auch die Perspektive auf den Nutzer, also einzelne Menschen, ein. Damit bewegt sich Informatik und Gesellschaft auch auf den Pfaden der Psychologie.

✕

»Gegenstand der *Psychologie* sind Verhalten, Erleben und Bewusstsein des Menschen, deren Entwicklung über die Lebensspanne und deren innere (im Individuum angesiedelte) und äußere (in der Umwelt lokalisierte) Bedingungen und Ursachen.«[25] Die Disziplin der Psychologie hat das Ziel, menschliches Verhalten zu beschreiben, zu erklären und vorherzusagen. ↓

Beispiele aus dem Studierendenleben:

(a) **Einen Psychologen würde interessieren, wie ein Individuum zu dem Entschluss gekommen ist, Informatik zu studieren.**

(b) **Psychologen versuchen zu erklären, welches Verhalten besonders oft zu Studienerfolg führt. Die gefundenen Zusammenhänge werden dann in der Beratung Studierender angewendet.**

(c) **In Bewerbungsverfahren versuchen Unternehmen mit psychologisch fundierten Methoden vorherzusagen, wie gut ein Kandidat eine zu besetzende Stelle ausfüllen wird.**

---

23   Arbeitsgruppe Soziologie,
        1986, S. 34
24   Weyer, 2008, S. 11
25   Zimbardo & Gerrig, 1999, S. 2

Techniksoziologie beschäftigt sich mit der zunehmenden Technisierung der Gesellschaft und stellt Fragen nach der Steuerbarkeit von Technikentwicklung.

»Psychologie beschäftigt sich mit Verhalten, Erleben und Bewusstsein eines Menschen sowie seiner Entwicklung.«

Für Informatiker sind besonders Erkenntnisse aus zwei Bereichen der Psychologie interessant: Die Arbeits- und Organisationspsychologie legt die Basis für die Gestaltung von Arbeitsaufgaben und -prozessen (vgl. Kapitel VII). Inhalte der Wahrnehmungspsychologie können für die Gestaltung von Benutzungsschnittstellen gewinnbringend eingesetzt werden (vgl. Kapitel VIII).

I.IV Zusammenfassung

In diesem Kapitel wurde die Informatik als sehr junge Disziplin vorgestellt. Es wurde deutlich gemacht, dass sie sich 1960 als eigenständige Wissenschaft etabliert hat und auf Methoden aus der Mathematik und Elektrotechnik stützt. Zentrale Meilensteine dokumentierten die Entwicklung der Informatik als Disziplin. Eine sehr weit verbreitete Definition beschreibt Informatik als Wissenschaft, Technik und Anwendung der maschinellen Verarbeitung und Übermittlung von Informationen. Alternative Definitionen betonen darüber hinaus, dass sich Informatik auch mit dem Nutzungskontext und Auswirkungsaspekt der IT-Systeme auseinandersetzen sollte. Die Vorstellung der vier Teildisziplinen machte das breite Spektrum der Informatik deutlich.

Damit rückt Informatik und Gesellschaft mehr ins Zentrum der Informatik. Das wesentliche Ziel von Informatik und Gesellschaft ist es, IT-Systeme unter Einbezug der Kenntnisse aus der Informatik und der Anwendungsbereiche als sozio-technische Systeme zu gestalten. Hierzu werden Methoden und Gestaltungsoptionen entwickelt, die die Analyse bestehender Systeme und deren Auswirkungen auf die Gesellschaft sowie zukünftige Gestaltung unter Berücksichtigung der gesellschaftlichen Bedingungen ermöglichen.

Zum Abschluss wurden mit der Soziologie und der Psychologie zwei verwandte Disziplinen angerissen, die relevant sind, um Gesellschaft und menschliche Eigenschaften besser verstehen zu können.

I.V Fragen zur Wiederholung

1 Definieren Sie Informatik aus zwei verschiedenen Blickwinkeln.
2 Welche Teildisziplinen der Informatik werden unterschieden?
3 Beschreiben Sie die Disziplin »Informatik und Gesellschaft«.

4   Definieren Sie den Begriff »Gesellschaft«.
5   Welche Rolle spielt die Soziologie für Informatik und Gesellschaft?
6   Welche Rolle spielt die Psychologie für Informatik und
     Gesellschaft?

I.VI   # Zum Nachdenken / Zur Diskussion

1   Welche der dargestellten Definitionen von Informatik kommt
     Ihrer eigenen Sichtweise am nächsten? Begründen Sie.
2   Welche Erwartungen haben Sie an die Lehrveranstaltung
     Informatik und Gesellschaft?

I.VII   # Literatur

Arbeitsgruppe Soziologie (1986): Denkweisen und Grundbegriffe der Soziologie; Eine Einführung. Frankfurt / Main, New York: Campus Verlag.

Coy, W. (2004): Was ist Informatik? In: Hellige, H. D. (Hrsg.) Geschichten der Informatik. Berlin: Springer Verlag, S. 473 – 497.

Duden (1989): Informatik. Ein Sachlexikon für Studium und Praxis. Mannheim et al.: Dudenverlag.

Fuchs, Ch.; Hofkirchner, W. (2003): Studienbuch Informatik und Gesellschaft. Norderstedt: Libri Books on Demand.

GI (2014): Was ist Informatik. Online verfügbar: http://www.gi.de/fileadmin/redaktion/ Download/was-ist-informatik-kurz.pdf; gesichtet am 17. Januar 2014.

Glaser, T. (2009): Die Rolle der Informatik im gesellschaftlichen Diskurs. In: Informatik Spektrum Band 32, Heft 3. S. 223 – 227.

Paech, B.; Poetzsch-Heffter, A. (2013): Informatik und Gesellschaft: Ansätze zur Verbesserung einer schwierigen Beziehung. In: Informatik Spektrum, Band 36, Heft 3, S. 242 – 250.

Rechenberg, P.; Pomberger, G. (2002): Informatikhandbuch. München, Wien: Carl Hanser Verlag.

Rechenberg, P. (2010): Was ist Informatik? In: Informatik Spektrum. Band 33, Heft 1. Seiten 54 – 60.

Rohde, M.; Wulf, V. (2011): Sozio-Informatik. In: Informatik Spektrum, Band 34, Heft 2, S. 210 – 123.

Rolf, A. (1995): Das Selbstverständnis der Informatik. In: Friedrich, J.; Herrmann, Th.; Peschek, M.; Rolf, A. (Hrsg.): Informatik und Gesellschaft. Heidelberg, Berlin, Oxford: Spektrum Akademischer Verlag GmbH. S. 3 – 7.

Rolf, A. (2008): Informatik und Gesellschaft –
ein Orientierungsrahmen. In: Kreowski, H.-J.
(Hrsg.): Informatik und Gesellschaft. Berlin: LIT
Verlag, S. 1 – 27.

Springer Gabler Verlag (Hrsg.) (2014a): Gabler
Wirtschaftslexikon, Stichwort: Soziologie.
Online verfügbar: http://wirtschaftslexikon.
gabler.de/Archiv/142183/soziologie-v3.html;
gesichtet am 17. Januar 2014.

Springer Gabler Verlag (Hrsg.) (2014b): Gabler
Wirtschaftslexikon, Stichwort: Gesellschaft.
Online verfügbar: http://wirtschaftslexikon.
gabler.de/Archiv/54594/gesellschaft-v4.html;
gesichtet am 17. Januar 2014.

Weyer, J. (2008): Techniksoziologie Genese,
Gestaltung und Steuerung sozio-technischer
Systeme. Weinheim, München: Juventa Verlag.

Zimbardo, P. G.; Gerrig, R. J. (1999):
Psychologie (7. Auflage). Heidelberg: Springer
Verlag.

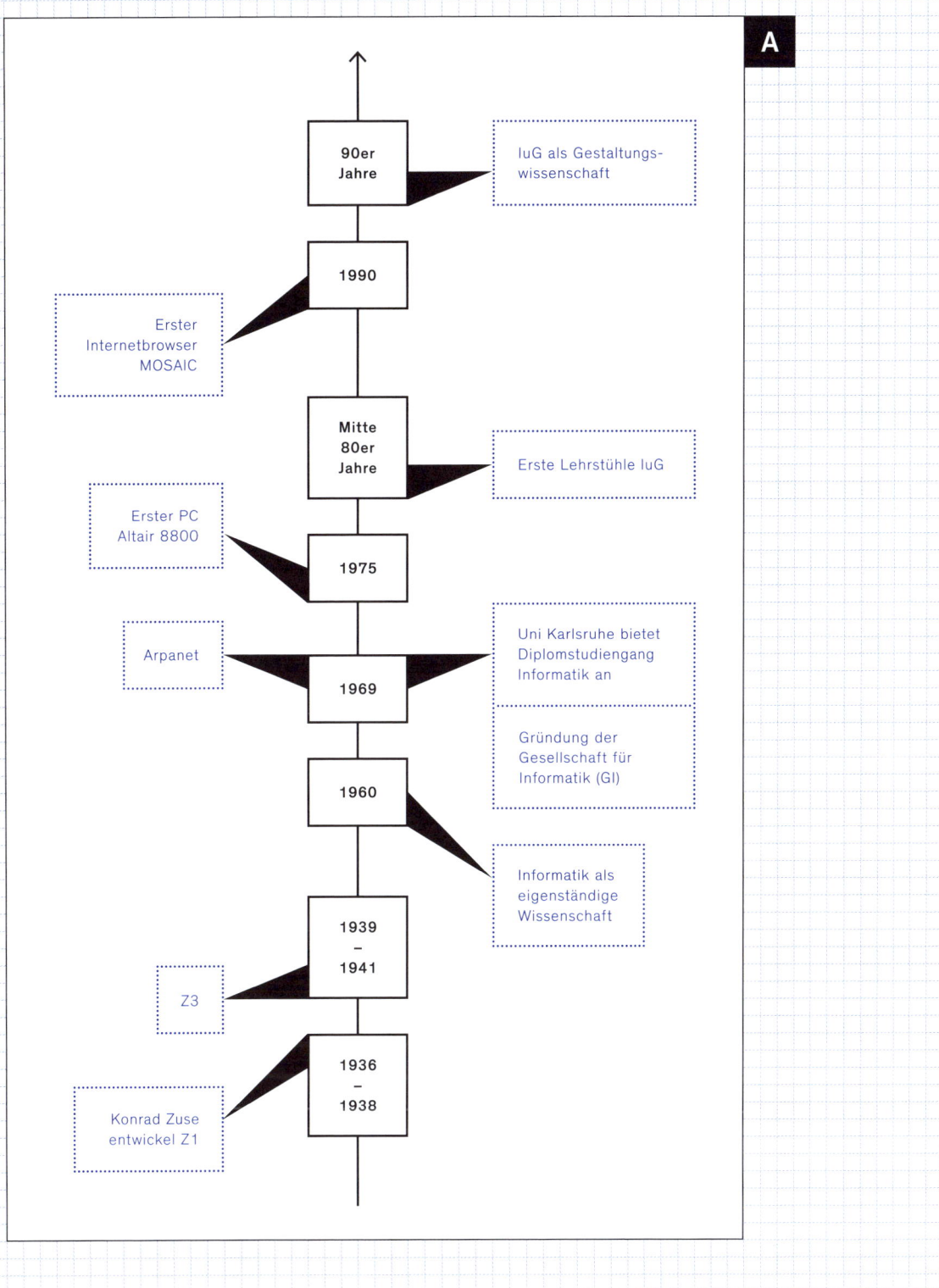

A

90er
Jahre

IuG als Gestaltungs-
wissenschaft

1990

Erster
Internetbrowser
MOSAIC

Mitte
80er
Jahre

Erste Lehrstühle IuG

Erster PC
Altair 8800

1975

Arpanet

Uni Karlsruhe bietet
Diplomstudiengang
Informatik an

1969

Gründung der
Gesellschaft für
Informatik (GI)

1960

Informatik als
eigenständige
Wissenschaft

1939
–
1941

Z3

1936
–
1938

Konrad Zuse
entwickel Z1

A   Ausgewählte Meilensteine
     in der Informatik

1	Jung, A. et al. (2002): Theoretische Informatik. In: Rechenberg, P.; Pomberger, G. (Hrsg.): Informatik-handbuch. Carl Hanser Verlag: München, Wien. S. 31
2	Hagelauer, R. et al. (2002): Technische Informatik. In: Rechenberg, P.; Pomberger, G. (Hrsg.): Informatik-handbuch. Carl Hanser Verlag: München, Wien. S. 259
3	Nievergelt, J. et al. (2002): Praktische Informatik. In: Rechenberg, P.; Pomberger, G. (Hrsg.): Informatik-handbuch. Carl Hanser Verlag: München, Wien. S. 425
4	Purgathofer, W. et al. (2002): Praktische Informatik. In: Rechenberg, P.; Pomberger, G. (Hrsg.): Informatik-handbuch. Carl Hanser Verlag: München, Wien. S. 8

B

a) »Die theoretische Informatik befasst sich mit Grundlagenfragen und abstrahiert von den technischen Gegebenheiten realer Computer. Sie stellt mathematische Modelle von Computern auf und fragt, was sich überhaupt berechnen lässt […] Die theoretische Informatik bedient sich in starkem Maße mathematischer Begriffe und Methoden.« 1

b) »Die technische Informatik behandelt die Bestandteile, den Aufbau und die Zusammenarbeit von Computern (die Hardware). Die ihr zugrunde liegenden Fortschritte der Halbleitertechnik, Optoelektronik und elektrischen Nachrichtentechnik sind es, denen wir hauptsächlich das Gebäude der Informatik verdanken […] Die technische Informatik ist damit die Ursache der meisten Fortschritte in der Informatik, der Motor, der die Informatik antreibt.« 2

c) »Zur praktischen Informatik gehören […] Algorithmen und Datenstrukturen, Programmiersprachen, die verschiedenen Programmierungstechniken, Betriebssysteme, Softwaretechnik […] Die praktische Informatik ist durch die Verschiedenheit ihrer Gegenstände das umfangreichste Teilgebiet der Informatik und in gewisser Weise ihr Zentrum.« 3

d) »In der angewandten Informatik wird […] der Computer als Werkzeug zur Lösung von Aufgaben eingesetzt, die außerhalb seiner eigenen Weiterentwicklung liegen, also für Anwendungen in allen anderen Bereichen.« 4

C

Geplante Lernergebnisse / Kompetenzen:

Nachdem die Studierenden die Veranstaltung besucht haben, kennen sie Wechselwirkungen zwischen Informatik und Gesellschaft. Die Studierenden sind in der Lage, wesentliche Repräsentanten der Informatik in unserer Gesellschaft zu benennen und kennen Inhalte und Strukturen aktueller, gesellschaftlich bedeutsamer IT-Projekte (beispielsweise eGK, ELENA, nPA).

Die Studierenden wissen, dass Technikgestaltung und -aneignung ein sozialer Prozess ist, der unter Einbezug der späteren Nutzergruppen stattfinden sollte. Die Studierenden verstehen also, dass die Gestaltung von IT-Systemen bedeutet sozio-technische Systeme zu gestalten. Nach dem Besuch der Veranstaltung kennen die Studierenden Grundlagen und Beispiele der sozio-technischen Perspektive und verstehen deren Rolle bei dem Erfolg von IT-Projekten. Die Studierenden kennen Theorien und Konzepte, die die sozio-technische Perspektive begründen. Ferner sind sie in der Lage, die Methoden zur Umsetzung in IT-Projekten anzuwenden.

Inhalte:

1.	Definition der Fächer Informatik sowie Informatik & Gesellschaft: Darstellung und Vergleich unterschiedlicher Ansätze
2.	Sozio-technische Perspektive: Historische Einordnung, Entwicklung und Anwendung in der Informatik
3.	Repräsentanten der Informatik in unserer Gesellschaft (derzeit: Gesellschaft für Informatik, Bitkom): Darstellung der Ziele, Mitgliederstrukturen sowie Beispiele für aktuelle Tätigkeiten
4.	Ethische Leitlinien der GI: Darstellung sowie Übertragung auf Studium und Arbeit
5.	Soziologie und Techniksoziologie: beispielhafte Konzepte und ihr Bezug zur Informatik
6.	Technikaneignung als sozialer Prozess (Adoption, Appropriation): Darstellung des Konzeptes sowie Relevanz für IT-Projekte
7.	Computer Supported Cooperative Work (CSCW): Forschungsfeld und Werkzeugkategorie
8.	Psychologie, Arbeits- und Organisationspsychologie: beispielhafte Konzepte und ihr Bezug zur Informatik
9.	Partizipative Softwareentwicklung: Motivation und Methoden

B Die vier Teildisziplinen der Informatik

C Modulbeschreibung Informatik und Gesellschaft an der FH Dortmund

Dieses Kapitel behandelt menschliche Kommunikation. Dies ist aus zwei Gründen interessant: Ein Verständnis über die Eigenschaften menschlicher Kommunikation versetzt Informatiker zum einen in die Lage, Kommunikationsprozesse in Softwareentwicklungsprojekten effizienter und weniger fehleranfällig gestalten zu können. Zum anderen hilft es bei der Anpassung der technischen Systeme zur Unterstützung menschlicher Kommunikation an die Bedürfnisse der Beteiligten.

Für ein umfassendes Verständnis werden Modelle mit unterschiedlichen Perspektiven betrachtet und das kontextorientierte Kommunikationsmodell als Erklärungsansatz für IT-gestützte menschliche Kommunikation vertieft. Abschließend wird die Anwendung dieser Kommunikationsmodelle beleuchtet.

Kommunikation
Lernziele

Drei Arten von Kommunikation kennen und unterscheiden können

—

Die Begriffe Verhalten, Handeln und soziales Handeln kennen und abgrenzen können

—

Kommunikationsmodelle aus den Perspektiven der Nachrichtentechnik, Psychologie und Soziologie kennen und erläutern können

—

Vertreter dieser Perspektiven benennen können

—

Gemeinsamkeiten und Unterschiede der Kommunikationsmodelle benennen können

—

Das kontext-orientierte Kommunikationsmodell kennen und dieses als ein Modell zur Anforderungsbestimmung verstehen können

—

Für ein gegebenes Problem ein Kommunikationsmodell als Erklärungsgrundlage auswählen können

Drei Arten von Kommunikation

Der Begriff Kommunikation spielt in vielen Disziplinen eine große Rolle. So meint zum Beispiel der Begriff Kommunikation in der Elektro- und Nachrichtentechnik die Verbindung zweier technischer Geräte, in der Soziologie hingegen das intentionale Handeln zwischen Menschen. In der Betrachtung der Informatik sind Kommunikationsbeteiligte Menschen und Computer. Durch alle denkbaren Kombinationen dieser beiden Beteiligten ergeben sich drei Arten der Kommunikation **(Abb. A)**. Die Computer-Computer Kommunikation wird in vielen hardware- und netztechniknahen Fächern der Informatik ausführlich betrachtet. Sie wird in diesem Buch deshalb nicht weiter vertieft.

    Die *Mensch-Computer Kommunikation* beschreibt die Schnittstelle der beiden Beteiligten. Hier geht es vor allem um die Gestaltung der Benutzeroberfläche derart, dass Nutzer ihre Arbeitsaufgaben ohne psychische oder physische Beeinträchtigung und mit positiver Einstellung zur Software erledigen können. Dazu sind Kenntnisse u. a. aus der Arbeits- und Wahrnehmungspsychologie relevant, die erklären, wie Menschen Aufgaben strukturieren und Informationen aufnehmen und verarbeiten. Dieses Thema, das auch als Mensch-Maschine Interaktion bezeichnet wird, wird in Kapitel VIII ausführlich beschrieben. Die Perspektive der Mensch-Mensch Kommunikation bildet den Schwerpunkt dieses Kapitels. Für Informatiker ist diese Perspektive mindestens aus zwei Gründen interessant:

— Softwareentwicklungsprozesse finden in Kommunikation statt, zum Beispiel Kommunikation mit dem Auftraggeber oder Kommunikation mit den Mitgliedern des Entwicklungsteams. Ein Verständnis über die Eigenschaften menschlicher Kommunikation führt in diesem Zusammenhang dazu, diese Kommunikationsprozesse effizienter und weniger fehleranfällig zu gestalten.

— Viele Hard- und Softwaresysteme, die von Informatikern entwickelt werden, vermitteln menschliche Kommunikation. Als Beispiele seien hier E-Mail, Foren, Internettelefonie oder soziale Netzwerke genannt. Ein Verständnis der Abläufe menschlicher Kommunikation hilft dabei, die technischen Systeme an die Bedürfnisse der Beteiligten anzupassen.[01]

Die Begriffe Verhalten und (soziales) Handeln

In den unterschiedlichen Modellen wird Kommunikation mit Bezug zu den Begriffen Verhalten und Handeln bzw. sozialem Handeln erläutert. Diese grundlegenden Begriffe sollen deshalb hier zunächst eingeführt werden.

Unter *Verhalten* wird die Gesamtheit aller von außen beobachtbaren Äußerungen eines Lebewesens verstanden. Tier oder Mensch müssen sich dieses Verhaltens nicht bewusst sein – Verhalten ist also nicht bewusstseinspflichtig. Wenn man beispielsweise eine Person namens Anna beobachtet, die mit interessiertem Blick in ein Buch schaut, so zeigt sie ein bestimmtes Verhalten: Sie hält ein Buch, sie schaut in das Buch etc.

Die Definition von Handeln nimmt auf den Begriff des Verhaltens Bezug. *Handeln* wird beschrieben als Verhalten, das intentional d. h. absichtlich ist.[02] Dabei bedeutet Intentionalität, dass einem Verhalten eine Bedeutung zugewiesen wird. Es wird ein Bezug hergestellt zwischen diesem Verhalten und einer in der Zukunft liegenden Erfahrung, die von der sich verhaltenden Person gewünscht wird. So hat sich beispielsweise Anna das Buch gekauft, um in Zukunft mehr über dessen Inhalt zu erfahren. Handeln kann auch auf andere Personen bezogen sein, dann ist von sozialem Handeln die Rede.[03]

01 vgl. z. B. Kienle, 2003
02 Arbeitsgruppe Soziologie, 1986, S. 126
03 Arbeitsgruppe Soziologie, 1986, S. 127

Das Thema Mensch-Computer Kommunikation behandelt die Gestaltung von Benutzeroberflächen mit dem Ziel, dass Nutzer ihre Arbeitsaufgaben ohne psychische oder physische Beeinträchtigung und mit positiver Einstellung zur Software erledigen können.

Unter Verhalten wird die Gesamtheit aller von außen beobachtbaren Äußerungen eines Lebewesens verstanden.

Handeln ist intentionales Verhalten.

Soziales Handeln tritt auf, wenn sich menschliche Handlungen intentional gegenseitig beeinflussen. Dies wäre bei Anna der Fall, wenn sie ihrem Gesprächspartner Paul das Buch reicht und zu ihm sagt: »Das ist ein interessantes Buch, solltest Du Dir auch mal anschauen!« Anna möchte Paul so beeinflussen, das Buch ebenfalls zu lesen. Es sei auch darauf hingewiesen, dass nicht beabsichtigte Einflussnahme auf andere nicht dazu zählt. Der interessierte Blick Annas in das Buch ist kein soziales Handeln, wenn sie dies nicht intentioniert hat. Je nach Blickwinkel auf Kommunikation wird diese als Verhalten, Handeln oder soziales Handeln verstanden. Dies wird in der nun folgenden Vorstellung der Kommunikationsmodelle deutlich.

II.III Kommunikationsmodelle

Zur Beschreibung von Kommunikation sind in den letzten 60 Jahren unterschiedliche Kommunikationsmodelle entstanden. Sie beschreiben Kommunikation aus verschiedenen Blickwinkeln und erklären damit jeweils unterschiedliche Ausschnitte von Kommunikationsphänomenen. Für die Belange von Informatik und Gesellschaft sind hier insbesondere die im Folgenden beschriebenen Modelle interessant.

II.III.I Nachrichtentechnische Perspektive auf Kommunikation

Vielfach wird Kommunikation an Hand des *nachrichtentechnischen Modells* nach Claude Shannon und Warren Weaver erklärt.[04] Dieses Modell diente ursprünglich zur Verdeutlichung der telegrafischen Vermittlung von Botschaften und stellt deshalb den Kanal ins Zentrum der Betrachtung **(Abb. B)**.

Kommunikation gemäß dem nachrichtentechnischen Modell kommt mit wenigen Elementen aus. Ein Sender oder eine Informationsquelle (Q) versendet eine Nachricht. Diese wird durch einen Transmitter (T) kodiert und in einen Kanal eingespeist. Der Kanal ist das Medium der Übertragung. Bei der Übertragung kann es zu einer Störung durch eine Störquelle (S) kommen.

Ein Empfänger R empfängt das Signal, dekodiert es und leitet es an das Ziel (Z) bzw. die Informationssenke weiter. Damit ist die dekodierte Nachricht bei ihrem Ziel (Z) angekommen.

In diesem Modell wird die Information auf die rein syntaktische Ebene reduziert. Der Informationsgehalt einer Nachricht lässt sich messen: Je mehr noch nicht vermittelte Daten übertragen werden, desto höher ist der Informationsgehalt. Dies trifft auf menschliche Kommunikation nicht immer zu (vgl. Beispiel↓). Dem nachrichtentechnischen Modell zu Folge wird der Informationsgehalt kleiner, je größer die Gewissheit bei der betreffenden Person im Beispiel ist. Zudem vernachlässigt das nachrichtentechnische Kommunikationsmodell die Kommunikationspartner. Die Bedeutung der Information für den Empfänger und seine Interpretation der Information wird nicht betrachtet. Letztendlich steckt in dem Modell die Annahme, dass Information für jeden Empfänger das gleiche bedeutet. Dem Ziel und Fokus des Modells

> »Es ist schön, wenn mein Lebenspartner mir mehrfach am Tag sagt, dass er mich liebt. Nach dem nachrichtentechnischen Kommunikationsmodell wäre die Kommunikation überflüssig, weil sie keinen Informationsgehalt hat – ich weiß es ja. Aber ich höre es halt immer wieder gerne. Das tut gut, und das hat Einfluss auf mich.«

04   Shannon & Weaver, 1949

Soziales Handeln bedeutet, dass sich menschliche Handlungen intentional gegenseitig beeinflussen.

Das nachrichtentechnische Modell nach Shannon und Weaver versteht Kommunikation als Übermittlung einer Botschaft von Sender zu Empfänger.

entsprechend steht also die Übertragung einer Nachricht inklusive ihrer Kodierung und Dekodierung im Vordergrund. In vielen Publikationen wird dennoch ein Bezug zwischen der Beschreibung der Kommunikation in diesem Modell und menschlicher Kommunikation hergestellt. Auf Grund der beschriebenen Vernachlässigung der Nachricht selbst oder der Kommunikationspartner erscheint dies allerdings wenig angemessen. Das nachrichtentechnische Modell lässt wesentliche Aspekte menschlicher Kommunikation außer Acht, die für ihre Erklärung relevant sind. Um menschliche Kommunikation zu verstehen, sind deshalb andere Modelle gefragt.

Psychologische Perspektive auf Kommunikation

Kommunikationsmodelle mit Fokus auf die kommunizierenden Menschen sind eher dem psychologischen Bereich zuzuordnen. Anders als das nachrichtentechnische Kommunikationsmodell postulieren Modelle aus diesem Bereich, dass selbst computergestützte menschliche Kommunikation mehr beinhaltet als den Transport einer codierten Nachricht von A nach B mittels eines Kanals und ihre anschließende Decodierung.

Besonders erwähnenswert ist hier *Paul Watzlawick.* Als Kommunikationswissenschaftler und Psychotherapeut untersuchte er gestörte Beziehungen insbesondere in Familiensituationen. Daraus leitete er fünf Axiome zur Kommunikation ab, die im Folgenden erläutert werden. Für weitere Details sei auf Watzlawick et al.[05] verwiesen.

Axiom 1: »Man kann nicht nicht kommunizieren.«[06]

Dieses Axiom besagt, dass alles Verhalten in einer zwischenmenschlichen Situation einen Mitteilungscharakter hat und damit Kommunikation ist. Konsequenterweise hat Verhalten kein Gegenteil – man kann sich nicht nicht verhalten. Dieses Axiom mag für die Erklärung von Problemen in direkten zwischenmenschlichen Beziehungen von Vorteil sein. Für die Informatik und hier insbesondere für die Betrachtung medial vermittelter Kommunikation durch E-Mail, Internettelefonie etc. darf dieses Axiom bezweifelt werden, denn im Gegensatz zu direkter Kommunikation kann man sich hier gerade nicht verhalten. So kann man beispielsweise eine E-Mail nicht versenden oder ein Telefonat nicht initiieren. Dies ist vergleichbar mit der Situation, dass sich zwei Personen in unterschiedlichen Räumen aufhalten. Hier würde auch Paul Watzlawick nicht von Kommunikation sprechen. Aber auch bei direkt wahrnehmbaren zwischenmenschlichen Beziehungen ist dieses Axiom problematisch. Das folgende Beispiel ↓ dient als Erläuterung.

Als Frau Meyer ein Zugabteil betritt, befindet sich Herr Müller in einer schlafenden Position: Der Kopf ist angelehnt, die Augen sind geschlossen. Kommuniziert Herr Müller mit Frau Meyer?

Antwort:
Paul Watzlawick würde sagen ja, Herr Müller überträgt eine Botschaft an Frau Meyer – und wenn es sich bloß um die Botschaft handelt, dass er müde ist. Andere Forscher [07] meinen, dass die Antwort der Frage davon abhängt, ob Herr Müller in dieser Situation bewusst handelt. Stellt er sich schlafend, so ist das im Lichte dieser Betrachtung eine Kommunikation. Die Botschaft an Frau Meyer lautet: Ich möchte nicht gestört werden und mich nicht mit Ihnen unterhalten. Schläft Herr Müller hingegen tatsächlich, so handelt es sich nicht um Kommunikation. Er ist sich noch nicht einmal bewusst, dass Frau Meyer das Zugabteil betritt – er schläft lediglich.

05   Watzlawick et al., 1990
06   ebd., S. 53
07   vgl. z. B Herrmann, 2001

Paul Watzlawick (*1921 †2007) war österreichischer Psychotherapeut, der auch als Kommunikationswissenschaftler bekannt wurde. Er beschrieb das Phänomen der Kommunikation mit Hilfe von fünf Axiomen.

»Ein Mann wird von zwei Wachen in einem Raum gefangen gehalten, der zwei Ausgänge hat. Beide Türen sind geschlossen, aber nur eine ist zugesperrt. Der Gefangene weiß ferner, dass einer seiner Wächter stets die Wahrheit sagt, der andere dagegen immer lügt. Welcher der beiden aber der Lügner ist, weiß er nicht. Seine Aufgabe, von deren Lösung seine Freilassung abhängt, besteht darin, durch eine einzige Frage an einen der beiden Wächter herauszufinden, welche der beiden Türen nicht versperrt ist. Welche Frage sollte der Mann stellen?

Lösung:
Der Mann deutet auf eine Tür und fragt eine der Wachen [...]: ›Wenn ich Ihren Kameraden fragen würde, ob diese Tür offen ist, was würde er sagen?‹ Lautet die Antwort ›nein‹, so ist die Tür offen. Lautet hingegen die Antwort ›ja‹, so ist die Tür zugesperrt.«[08]

Axiom 2: »Jede Kommunikation hat einen Inhalts- und einen Beziehungsaspekt, derart, dass letzterer den ersteren bestimmt und daher eine Metakommunikation ist.«[09]

Dieses Axiom weist darauf hin, dass eine Kommunikation nicht nur einen Inhalt transportiert, sondern von der Beziehung zwischen den Kommunikationspartnern und insbesondere von dem gegenseitigen Bild des oder der Kommunikationspartner(s) begleitet und beeinflusst wird. So spricht man mit seinem Vorgesetzten anders als mit privaten Freunden oder seinen Kindern.

Das Beispiel ↑ verdeutlicht dieses Axiom. Hier bestimmt das Wissen über den anderen den Inhalt der Aussage. Egal, wen der Gefangene fragt, in die Antwort wird in einem Schritt die Lüge eingebaut – sei es in der Antwort des Lügners oder in der Interpretation der Aussage des Lügenden durch den anderen Wächter. Auch der Gefangene bezieht bei seiner Interpretation der Antwort dieses Wissens ein und kann entsprechend die korrekt Antwort geben.

Axiom 3: »Die Natur einer Beziehung ist durch die Interpunktion der Kommunikationsabläufe seitens der Partner bedingt.«[10]

Auch wenn von außen nicht immer erkennbar ist, was in der Kette der Kommunikationen Ursache und was Folge ist, so hat die Interpretation der Beteiligten doch einen maßgeblichen Einfluss auf das wahrgenommene Verhältnis zwischen ihnen. Derjenige, der bei einem Streit den Eindruck hat, sich nur zu verteidigen, weil seiner Meinung nach der andere den Streit begonnen hat, wird sich weniger in der Verantwortung sehen, den Streit zu beenden. Er sieht seine Kommunikation dann immer als Reaktion auf die des anderen. Eskalationen in zwischenmenschlicher Kommunikation entstehen oft dadurch, dass alle Beteiligten sich in der Rolle des Reagierenden sehen. Setzten die Beteiligten andere Interpunktionen in ihre Kommunikationsabläufe, so sähe ihre Interpretation vielleicht anders aus. Bekannt ist dazu das Beispiel einer Laborratte, die ihre Situation wie folgt wahrnimmt: »Ich habe meinen Versuchsleiter so abgerichtet, dass er jedesmal, wenn ich den Hebel drücke, mir zu fressen gibt.«

Axiom 4: »Menschliche Kommunikation bedient sich digitaler und analoger Modalitäten.«[11]

Dieses Axiom fokussiert auf die verschiedenen Kanäle bzw. Modalitäten einer Kommunikation. Mit der analogen Modalität ist die nonverbale Kommunikation (Gestik, Mimik, …) gemeint, die wichtige Aufgaben für die Beziehungsebene hat.

Die digitale Ebene hingegen meint die verbale Kommunikation, die wesentlich für die Inhaltsebene ist. Digitale Kommunikationen haben eine komplexe und vielseitige logische Syntax (Struktur, Aufbau), aber eine auf dem Gebiet der Beziehungen unzulängliche Semantik (Bedeutung). So lassen sich im Modus der digitalen Kommunikation Emotionen wenig gut vermitteln. Analoge Kommunikationen dagegen besitzen dieses semantische Potential. Bei ihnen mangelt es aber an der für eindeutige Kommunikationen

08   Watzlawick et al., S. 53
09   ebd., S. 56
10   ebd., S. 61
11   ebd., S. 68

erforderliche, logische Syntax. Daraus resultieren unter anderem Doppel-deutigkeit und Widersprüche. So kann das Rümpfen der Nase eine abneigende Mimik als Reaktion auf eine Aussage sein oder ein Ausdruck, dass es an dem Ort unangenehm riecht.

Axiom 5: »Zwischenmenschliche Kommuni-kationsabläufe sind entweder symmetrisch oder komplementär.«[12]

In symmetrischer Kommunikation sind Kommunikationspartner gleich geartet. Die Kommunikationspartner nehmen die gleiche Rolle ein. Dies ist zum Beispiel in Studierendengruppen, in Entwicklerteams etc. der Fall. In komplementärer Kommunikation hingegen sind die Kommunikationspartner unterschiedlich geartet und die Erwartungen an die jeweiligen Rollen sind unterschiedlich. Beispiele für komplementäre Kommunikationen sind z. B. Professor – Studierende, Chef – Mitarbeiter, Kunden – IT-Dienstleister. Watz-lawick stellt dar, dass Kommunikationen in symmetrischen Beziehungen dazu dienen, immer wieder Gleichheit zwischen den Beteiligten herzustellen. In komplementären Beziehungen festigen die Kommunikationen die Unter-schiede, damit die Partner ihre jeweilige Rolle wahrnehmen können.

Abb. C fasst die Axiome auf einen Blick zusammen. Dem Ziel und Fokus dieses Erklärungsansatzes entsprechend steht in den Axiomen nach Watzlawick die Betrachtung der zwischenmenschlichen Aspekte im Vorder-grund. Kommunikation wird als Verhalten Einzelner verstanden, das eine Wirkung auf andere Personen hat. Wesentliche Elemente dieses Modells hel-fen auch für das Verständnis der Kommunikation in informatiknahen Kom-munikationssituationen. So kann eine Kommunikationssituation besser verstanden und erklärt werden, wenn die Relation zwischen den Kommunika-tionspartnern (symmetrisch oder komplementär, Axiom 5) und die verschie-denen Ebenen einer Kommunikation (Inhalts- und Beziehungsebene, Axiom 2) in die Betrachtung einbezogen werden. Der Aspekt der verschiedenen Ebenen einer Kommunikation wurde von *Friedemann Schulz von Thun* weiterentwi-ckelt.[13] Insbesondere modifiziert er den Aspekt der verschiedenen Ebenen einer Kommunikation. Während Watzlawick die Unterscheidung zwischen Inhalts- und Beziehungsebene macht, beschreibt Schulz von Thun vier Seiten einer Nachricht **(Abb. D)**. Sachinhalt und Beziehung beschreiben im We-sentlichen die aus der Betrachtung von Watzlawick bekannten Ebenen des

Inhalts- und Beziehungsaspekts. Schulz von Thun ergänzt zum einen die Selbstoffenbarung. Dies bringt zum Ausdruck, dass ein Kommunizierender immer einen Teil von sich selbst preisgibt (vgl. Beispiel ↓).

> **Ein Ehepaar sitzt im Auto. Er ist der Fahrer und sie stehen gerade an einer roten Ampel. Plötzlich sagt sie zu ihm: »Es ist grün.« Diese Aussage hat nicht nur den informierenden Charakter, dass die Ampel grün ist. Vielmehr enthält sie (versteckt) den Appell, dass der Mann nun endlich losfahren soll. Zudem offenbart sich die Frau teilweise selbst – so bringt sie mit ihrer Aussage mindestens ihre Ungeduld zum Ausdruck.**

Zum anderen nimmt Schulz von Thun zusätzlich den Aspekt des Appells hinzu und betont damit, dass eine Kommunikation oft verbunden ist mit einer Handlungsaufforderung. Dabei ist in einem Ausdruck »Mach bitte das Fenster auf!« die Aufforderung direkt formuliert und beinahe unmissverständlich. Handlungsaufforderungen können aber indirekt zum Ausdruck gebracht werden. So kann etwa die Aussage »In diesem Raum ist es aber warm!« den gleichen Appell beinhalten wie der Satz zuvor: »In diesem Raum ist es aber warm, mach bitte das Fenster auf.«

Mit den verschiedenen Ebenen einer Kommunikation ist die psychologische Perspektive also eine gute Grundlage dafür, Kommunikationssituationen zu verstehen und zu erklären. Zusätzlich bietet Watzlawick mit Axiom 4 einen ersten Ansatz, um die reduzierten Möglichkeiten medial vermittelter Kommunikation zu verstehen. Hinweise für Gestaltungsanforderungen an IT-Systeme zur Unterstützung menschlicher Kommunikation hingegen können aus diesem Ansatz noch nicht abgeleitet werden.

12 ⌐ Watzlawick et al., 1990, S. 70
13   Schulz von Thun, 2006

Friedemann Schulz von Thun (*1944) beschreibt vier Seiten einer Kommunikation.

Dm 13

Soziologische Perspektive auf Kommunikation

Die soziologische Perspektive auf Kommunikation geht noch stärker als die psychologische auf die wechselseitige Wirkung der Aktivitäten der Kommunikationspartner ein. Wesentlicher Unterschied zwischen den beiden Perspektiven ist, dass die Soziologie *Kommunikation als Handlung* (und nicht wie die Psychologie als Verhalten) versteht. Damit impliziert die soziologische Perspektive, dass Kommunikation mit einer Intention seitens der Teilnehmer verbunden ist. Soziologen würden demzufolge den Schlafenden im Zug nicht als Kommunizierenden verstehen, da er keine Intention verfolgt. Zusätzlich betont die Soziologie, dass an einer Kommunikation immer mehr als eine Person aktiv beteiligt sind. Ein Vertreter der soziologischen Perspektive ist *Niklas Luhmann.* In seiner Theorie bilden drei Elemente eine Kommunikation[14] **(Abb. E)**:

— Eine Person A, die eine Mitteilung machen möchte, wählt aus einer Menge von Information einen Ausschnitt aus, der Inhalt einer Mitteilung werden soll.

— Anschließend handelt diese Person, um die Mitteilung zu äußern. So wird zum Beispiel ein Satz ausgesprochen oder eine E-Mail geschrieben. Die Person selektiert, wie sie die Information »verpackt«.

— Eine Person B selektiert anschließend die Information aus der Handlung der Person A. Die Person ist damit aktiv an der Kommunikation beteiligt.

Das Beispiel ↗ der Dozentin macht diese drei Elemente deutlich. Damit ist Kommunikation nicht nur Handeln, sondern genauer soziales Handeln. Die der Kommunikation innewohnende dreifache Selektion kann kurz als »Information – Mitteilung – Verstehen« zusammengefasst werden.

Dabei kann es vorkommen, dass die Information, die eine Person in die Mitteilung überführt, eine andere ist als die, die der Kommunikationspartner aus der Mitteilung entnimmt. Wenn beispielsweise ein Passant am Straßenrand stehend einem heranfahrendem Taxi zuwinkt und der Taxifahrer freundlich zurückwinkt, dann würde die Soziologie von Kommunikation sprechen. Aus der Sicht des Passanten wird diese Kommunikation vermutlich nicht als erfolgreich bezeichnet werden: Die Information, die der Passant vermitteln wollte (ich benötige ein Taxi), ist eine andere, als die, die der Taxifahrer selektiert hat (der Passant grüßt mich).

Dem Ziel und Fokus dieses Erklärungsansatzes entsprechend beschreibt die soziologische Perspektive Kommunikation also als soziales Handeln unter zwei oder mehr Personen, die aktiv an der Kommunikation beteiligt sind. Damit bildet die soziologische Perspektive eine weitere gute Grundlage, um menschliche Kommunikation zu verstehen und insbesondere auch dazu, Missverständnisse (wie in dem Beispiel von Passant und Taxifahrer) zu erklären. Ebenso wie bei der psychologischen Perspektive fehlt es hier allerdings an Hinweisen für Gestaltungsanforderungen an IT-Systeme zur Unterstützung menschlicher Kommunikation.

> **Eine Dozentin betritt den Raum und sagt »Guten Tag«. Dies allein ist noch keine Kommunikation, da Kommunikation niemals das Handeln eines Einzelnen ist. Es wird daraus eine Kommunikation, wenn die Studierenden verstehen, dass die Dozentin die Vorlesung beginnen möchte und ihre eigenen Gespräche beenden. Dann ist soziales Handeln erfolgt – die Vorlesung kann beginnen.**

14   Luhmann, 1997

Die soziologische Perspektive nach Luhmann beschreibt Kommunikation als soziales Handeln und erklärt sie an Hand von drei Selektionen.

Niklas Luhmann (*1927 †1998) war deutscher Soziologe, der mit seinem Werk »Soziale Systeme« 1984 eine neue Gesellschaftstheorie vorstellte.

Das kontext-orientierte Kommunikationsmodell

Die bisher beschriebenen Perspektiven erklären menschliche Kommunikation. Es wurde deutlich, dass es sich dabei um eine geeignete Grundlage handelt, um die Kommunikation in Projektteams oder zwischen Softwareentwicklern und Kunden zu verstehen und diese Situationen zu gestalten. Sie lassen allerdings menschliche Kommunikation, die computervermittelt abläuft, aus den Augen. Dementsprechend wird ein Modell benötigt, das die Vorteile der genannten Perspektiven beachtet, aber auch räumlich und zeitlich versetzte Kommunikation mit einbezieht. Dies schafft dann den konzeptionellen Rahmen, um später Werkzeuge zur Unterstützung menschlicher Kommunikation (z. B. E-Mail, Chat, Internettelefonie) fundiert betrachten zu können. Vor diesem Hintergrund ist das kontext-orientierte Kommunikationsmodell[15] entstanden. Es basiert auf der soziologischen Perspektive, dass beide Kommunikationspartner entscheidend zum Gelingen von Verständigung beitragen.[16] Verständigung bedeutet wie in der soziologischen Perspektive, dass zwei voneinander unabhängige Kommunikationspartner Vorstellungen entwickeln können, von denen beide annehmen, dass sie sich ähneln.

Auch das *kontext-orientierte Kommunikationsmodell* beschreibt Kommunikation als soziales Handeln, bezieht aber zusätzlich auch das sonstige, extra-kommunikative Verhalten ein. Dadurch kann beispielsweise das weiter oben beschriebene Verhalten des Schlafenden im Zug erklärt werden. Oder auch das Gähnen eines Kommunikationspartners: Dies kann einerseits kommunikatives Handeln sein – der Kommunikationspartner bringt zum Ausdruck, dass er sich langweilt und die Diskussion zum Gähnen findet. Andererseits kann es auch schlicht bedeuten, dass derjenige müde ist – dann ist es extra-kommunikatives Verhalten.

Ergänzt wird die Betrachtung der Kommunikation als soziales Handeln um die Perspektive auf den Kontext der Kommunikation. Vorläufig soll unter Kontext all das verstanden werden, was die Kommunikation unterstützt. Der Einbezug des Kontextes hat den Vorteil, dass dadurch verschiedene Optionen der IT-Unterstützung unterschieden werden können. Denn es ist gerade die Art, wie sich die Kommunikationspartner auf den Kontext des Kommunikationsgeschehens beziehen können, die für den Erfolg einer Kommunikation aus-

schlaggebend ist.[17] **Abb. F** gibt einen detaillierten Überblick über das kontext-orientierte Kommunikationsmodell. Kommunikation wird als ein Prozess verstanden, bei dem mehrere Selektionen stattfinden: Aus seiner Vorstellungswelt wählt der Mitteilende aus, was er oder sie mitteilen möchte. Auch
bezüglich der Art, wie die Vorstellung mitgeteilt wird, wird aus unendlich vielen Möglichkeiten ausgewählt und ein Kommunikationskonzept entwickelt.
Letztlich entscheidet dann der Rezipient, was er von der Mitteilung im Ausdrucksabbild aufnimmt und inwieweit er dies in einer eigenen Idee zu seiner
eigenen Vorstellungswelt in Bezug setzt. Wie bereits bei der soziologischen
Perspektive deutlich wurde, sind diese Auswahlprozesse in sozialen Interaktio-
nen nicht bestimmbar, sondern können höchstens beeinflusst werden.[18]
Die dadurch gegebene Verständigungsunsicherheit kann durch den verfügba-
ren Kontext gemildert werden.[19] Der innere Kontext eines Kommunikationspartners fasst sein Wissen, seine Gefühle und Einschätzungen zusammen
und ist für die anderen Kommunikationspartner unzugänglich. Der äußere
Kontext hingegen beinhaltet Elemente, die für alle Kommunikationspartner
aktuell gemeinsam wahrnehmbar sind oder in der Vergangenheit wahrgenommen wurden. Dazu gehört auch das extra-kommunikative Verhalten des
Kommunikationspartners.

 Die Bezugnahme auf den Kontext hat zwei wichtige Funktionen. Zum
einen hilft der Kontext festzustellen, ob man sich verstanden hat: Je nach
dem, wie sich eine Situation entwickelt, ergeben sich Hinweise auf den Kom-
munikationserfolg oder auf die Notwendigkeit, das Verständnis zu überprüfen oder nachzubessern. Wenn nach der Aufforderung »Mach bitte das Fenster
auf« der Rezipient die Tür öffnet, so kann davon ausgegangen werden, dass in
der Kommunikation nachgebessert werden muss.

 Zum anderen muss die Explizierung des Mitzuteilenden nicht maximal
sein: Es wird nur das ausgedrückt, was in Ergänzung zum mutmaßlich vorhandenen (inneren und äußeren) Kontext notwendig ist, um das Gemeinte
rekonstruieren zu können. Die Einschätzung, was zu explizieren ist, wird auch

15	Kienle, 2003
16	vgl. auch Clark & Brennan, 1991
17	vgl. auch Ungeheuer, 1982
18	Luhmann, 1997
19	Ungeheuer, 1982

Das kontext-orientierte Kommunikationsmodell
beschreibt Kommunikation als soziales Handeln,
bezieht aber zusätzlich auch das sonstige,
extra-kommunikative Verhalten ein.

auf Grundlage des Partnerbildes (also dem mutmaßlich beim Partner vorhandenen inneren Kontext) getroffen. So reicht in bestimmten Situationen der Ausdruck »Weißt Du noch, gestern ...« aus, um die Kommunikationspartner zum Lachen zu bringen.

Sobald computervermittelt kommuniziert wird, verändert sich die Kommunikation und es erschweren sich die Aufgaben der Kommunikationspartner und die Wahrnehmbarkeit des Kontextes. So ist zu beachten, dass das IT-System verschiedene Übermittlungsleistungen erbringen kann. Neben dem Kommunikationsausdruck (z. B. E-Mail Text, Audio und Videoübertragung bei Internettelefonie) sind dies auch Teile des äußeren Kontextes. Dazu gehört insbesondere auch das extra-kommunikative Verhalten. Das Problem bei computervermittelter Kommunikation ist, dass die unmittelbare Kommunikationssituation weniger stark wahrnehmbar ist als bei direkter Kommunikation. Der Mitteilende muss im Rahmen der Konzeption einer Mitteilung nicht nur die beschränkten Ausdrucksmittel berücksichtigen, sondern genau einschätzen, welche Teile des Kontextes der Kommunikationspartner wahrnehmen kann bzw. schon wahrgenommen hat und welche Teile demgegenüber explizit in den Ausdruck aufzunehmen sind. Letztendlich muss auch zusätzlicher Aufwand betrieben werden, damit der Empfänger eines Ausdrucks die entscheidenden Teile zur Kenntnis nimmt. Gerade bei E-Mail Kommunikation werden oft entscheidende Anteile der Nachricht übersehen. Deshalb ist der Verständigungserfolg intensiver zu überprüfen. Das Beispiel ↓ verdeutlicht das unterschiedliche Ausmaß an Möglichkeiten der Übermittlung und Darstellung des Kontextes.

In E-Mail basierter Kommunikationen ist der äußere Kontext des Kommunikationspartners kaum direkt wahrnehmbar. Vor dem Hintergrund von Baulärm vor dem Bürofenster schreibt sich schnell mal eine genervte Nachricht wie »Ich weiß gar nicht, was Du hast, die Aufgabe lässt sich doch leicht lösen.« Der Empfänger könnte den Grund für diese genervte Nachricht auf sich beziehen – schließlich weiß er nichts von dem Baulärm, der als Teil des äußeren Kontextes den Schreiber der E-Mail negativ beeinflusst.

Es bieten sich in diesem Fall mindestens zwei Lösungsmöglichkeiten an: Der Schreiber könnte selbst reflektierend die E-Mail umformulieren, wohl wissend, dass der Kommunikationspartner die Situation nicht wahrnimmt. Oder er formuliert Informationen über seinen äußeren Kontext und den nervigen Baulärm mit in die E-Mail. Damit wird der Baulärm über den Ausdruck Teil des gemeinsam wahrnehmbaren Kontextes.

Aus dem kontext-orientierten Kommunikationsmodell resultieren nun Anforderungen an die Gestaltung einer Kommunikationsunterstützung.[20] Insbesondere sind hier zu nennen:

- Enge Verknüpfung von Kommunikationsbeiträgen und Kontext.
- Ergänzung von zusätzlichem Material, das als Kontext gemeint ist, durch alle Kommunikationspartner.
- Flexible Darstellung des Inhalts (Kommunikationsbeiträge und Kontextinformationen), damit jeder Kommunikationspartner auf alle Inhalte zugreifen und die für ihn relevanten Inhalte rezipieren kann.

Dem Ziel und Fokus dieses Erklärungsansatzes entsprechend beschreibt das kontext-orientierte Kommunikationsmodell Kommunikation als soziales Handeln. Zusätzlich wurde der Aspekt des Kontextes hinzugenommen, der die Unterschiede zwischen direkter und computergestützter Kommunikation sowie zwischen verschiedenen Computerunterstützungen erklärt. Damit ist das kontext-orientierte Kommunikationsmodell eine gute Grundlage, um menschliche Kommunikation zu verstehen und insbesondere auch dazu, Missverständnisse zu erklären und zu vermeiden. Zudem können in diesem Modell Hinweise für Gestaltungsanforderungen an IT-Systeme zur Unterstützung menschlicher Kommunikation abgeleitet werden.

20   Kienle, 2009

Zusammenfassung

Menschliche Kommunikation ist soziales Handeln mindestens zweier Personen. Beide Personen haben aktiven Anteil an der Kommunikation durch die drei Selektionen (i) der Information einer Mitteilung, (ii) der Art der Mitteilung und (iii) der Information, die der Rezipient aus der Mitteilung vornimmt. Eine wesentliche Rolle bei der Kommunikation spielt der Kontext, auf den die Kommunikationspartner Bezug nehmen und der zur Verständigungssicherung herangezogen werden kann.

In diesem Kapitel wurden unterschiedliche Perspektiven auf menschliche Kommunikation vorgestellt:

— Das nachrichtentechnische Modell beschreibt die technische Übertragung von Information.
— Unter der psychologischen Perspektive nutzte Paul Watzlawick seine Axiome zur Behandlung kommunikativer Störungen in der psychologischen Praxis.

— Friedemann Schulz von Thun erweiterte das zweite Axiom
von Watzlawick zu dem weit bekannten Kommunikationsmodell der vier Seiten einer Nachricht.

— Niklas Luhmann baut in der soziologischen Perspektive
den Kommunikationsbegriff auf dem des Handelns auf.
Er macht damit die Intention zu einem notwendigen
Bestandteil von Kommunikation.

— Das kontext-orientierte Kommunikationsmodell ähnelt
dem soziologischen Modell nach Luhmann, detailliert
aber zum einen die intrapersonellen Vorgänge. Zum anderen bezieht es den Kontext einer Kommunikation mit
ein und macht damit Gestaltungsanforderungen an IT-
Systeme zur Unterstützung menschlicher Kommunikation möglich.

Mit diesen unterschiedlichen Schwerpunkten sind die Modelle für unterschiedliche Anwendungszwecke geeignet. **Abb. G** gibt über einen Überblick über
verschiedene Anwendungszwecke und weist geeignete Modell zu.

Der Schwerpunkt dieses Lehrbuches liegt auf der Betrachtung sozio-
technischer Systeme. Deshalb soll menschliche Kommunikation im weiteren
Verlauf wie in der Box ← verstanden werden.

Fragen zur Wiederholung

1 Welche drei Arten von Kommunikation können unterschieden werden?

2 Nennen Sie jeweils ein Beispiel für Verhalten, Handeln
und soziales Handeln.

3 Ordnen Sie die Personen Paul Watzlawick, Warren
Weaver und Niklas Luhmann einer der besprochenen
Perspektiven auf Kommunikation zu.

4 Beschreibung Sie die vier Seiten einer Nachricht nach
Schulz von Thun in folgendem Beispiel: Ein Projektleiter
sagt in einer Projektsitzung zu seinem Team: »Ich werde
entscheiden, sobald fundierte Testergebnisse vorliegen.«

5   Welche drei Selektionen werden in der soziologischen
     Perspektive auf Kommunikation unterschieden?

6   Die folgenden Aussagen (1–7) beschreiben eine zusam-
     menhängende Handlungssituation. Zur Vereinfachung
     nehmen wir an, dass die Mitteilende Laura ist, der
     Rezipient Paul.

Aha, wir gehen also heute Abend ins Konzert. ①
Es soll eine Überraschung darstellen. ②
Was ist das? – Da liegen zwei Konzertkarten für heute. ③
Vor Überraschungen ist man bei Laura nie sicher. ④
Ich hätte Lust, mit Paul ins Konzert zu gehen. ⑤
Paul mag Überraschungen. ⑥
Zwei Konzertkarten liegen auf dem Tisch. ⑦

Ordnen Sie den einzelnen Aussagen eines der folgenden
Elemente des kontext-orientierten Kommunikationsmodells zu (a-g):

ⓐ   Idee von Laura
ⓑ   Kommunikationskonzept
ⓒ   Ausdruck
ⓓ   Ausdrucksabbild
ⓔ   Idee von Paul
ⓕ   Partnerbild, das Laura von Paul hat
ⓖ   Partnerbild, das Paul von Laura hat.

Zum Nachdenken / Zur Diskussion

1   Welche IT-Systeme zur Kommunikationsunterstützung
     nutzen Sie am liebsten?

2   Wie werden die Bestandteile des kontextorientierten
     Kommunikationsmodells in diesen Systemen umgesetzt?

Literatur

Clark, H. H.; Brennan, S. E. (1991): Grounding in Communication. In: Resnick, L. B.; Levine, J. M; Teasley, S. D., Perspectives on Socially Shared Cognition' American Psychological Association, Washington, DC. S. 127 – 149.

Herrmann, Th. (2001): Kommunikation und Kooperation. In: Schwabe, G.; Streitz, N, Unland, R. (Hrsg.) (2001): CSCW Kompendium. Lehr- und Handbuch zum computergestützten koopera- tiven Arbeiten. Heidelberg u. a.: Springer, S. 15 – 25.

Kienle, A. (2009): Computerunterstützung für die Organisation menschlicher Kommunika- tionsprozesse – Anforderungsanalyse und Systemgestaltung. FernUniversität in Hagen: Forschungsbericht, ISSN: 1865-3944. zgl.: Habilitation, FernUniversität Hagen, 2008, (online verfügbar: http://deposit.fernuni-hagen. de/1928/; gesichtet am 17. Januar 2014)

Kienle, A. (2003): Integration von Wissens- management und kollaborativem Lernen durch technisch unterstützte Kommunikations- prozesse. Lohmar: Eul Verlag.

Luhmann, N. (1997): Die Gesellschaft der Gesellschaft, Frankfurt am Main: Suhrkamp.

Schulz von Thun, F. (2006): Miteinander Reden – Störungen und Klärungen. Reinbek bei Hamburg: Rowohlt Taschenbuchverlag.

Shannon, C. E.; Weaver, W. (1949): The Mathematical Theory of Communication. Urbana (Illinois), The University of Illinois.

Ungeheuer, G. (1982): Vor-Urteile über Sprechen, Mitteilen, Verstehen. In: Ungeheuer (Hrsg.) (1982): Kommunikationstheoretische Schriften 1, Aachen: Rader. S. 229 – 338.

Watzlawick, P.; Beavin, J. H. ; Jackson, D. D. (1990): Menschliche Kommunikation. Formen, Störungen, Paradoxien. Bern: Hans Huber, 8. Auflage.

Arbeitsgruppe Soziologie (1986): Denkweisen und Grundbegriffe der Soziologie: Eine Einführung. Frankfurt a. M.: Campus Verlag.

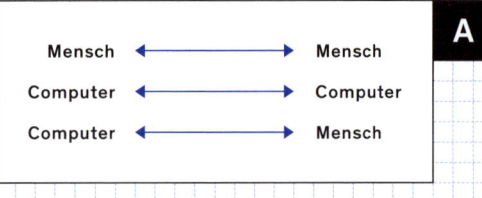

A

Mensch ⟷ Mensch
Computer ⟷ Computer
Computer ⟷ Mensch

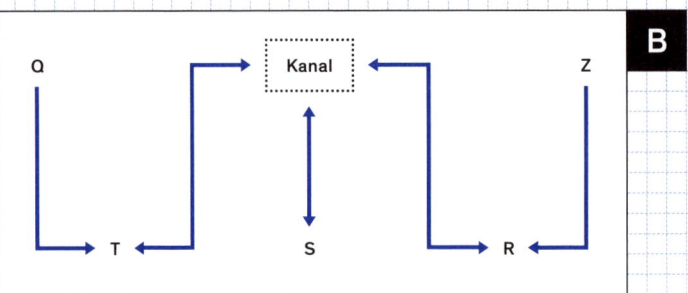

B

Q   Kanal   Z

T   S   R

C

(1) »Man kann nicht nicht kommunizieren.«

(2) »Jede Kommunikation hat einen Inhalts- und einen Beziehungsaspekt, derart, dass letzterer den ersteren bestimmt und daher eine Metakommunikation ist.«

(3) »Die Natur einer Beziehung ist durch die Interpunktion der Kommunikationsabläufe seitens der Partner bedingt.«

(4) »Menschliche Kommunikation bedient sich digitaler und analoger Modalitäten.«

(5) »Zwischenmenschliche Kommunikationsabläufe sind entweder symmetrisch oder komplementär, je nachdem, ob die Beziehung zwischen den Partnern auf Gleichheit oder Unterschiedlichkeit beruht.«

D

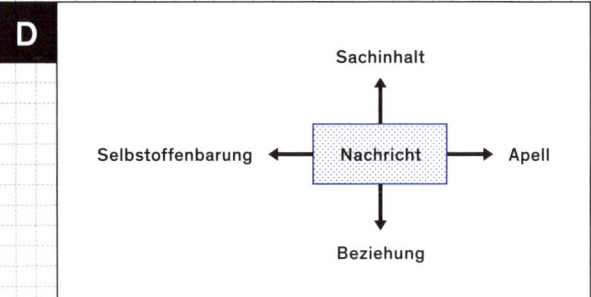

Sachinhalt

Selbstoffenbarung ⟷ Nachricht → Apell

Beziehung

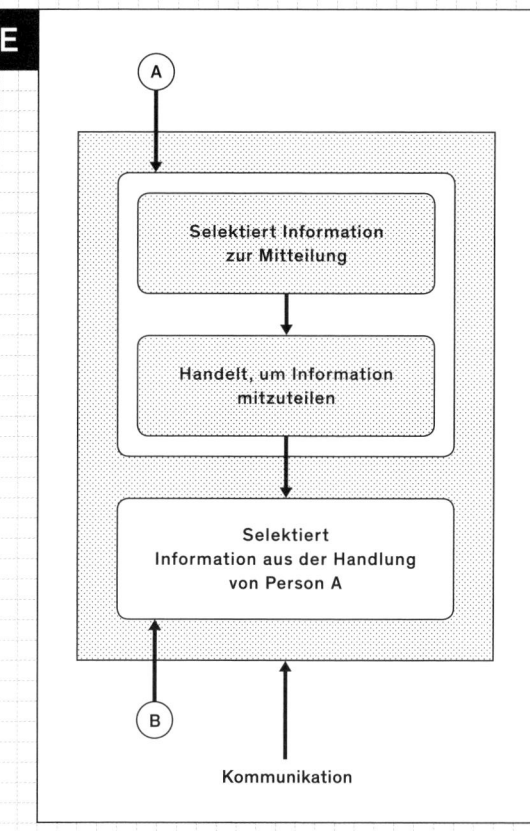

E

Selektiert Information
zur Mitteilung

Handelt, um Information
mitzuteilen

Selektiert
Information aus der Handlung
von Person A

Kommunikation

A	Drei Arten von Kommunikation.
B	Schematische Darstellung des nachrichten-technischen Modells.
C	Fünf Axiome der Kommuni-kation nach Watzlawick.
D	Vier Seiten einer Nachricht nach Schulz von Thun.
E	Dreifache Selektion in der soziologischen Pers-pektive nach Luhmann.

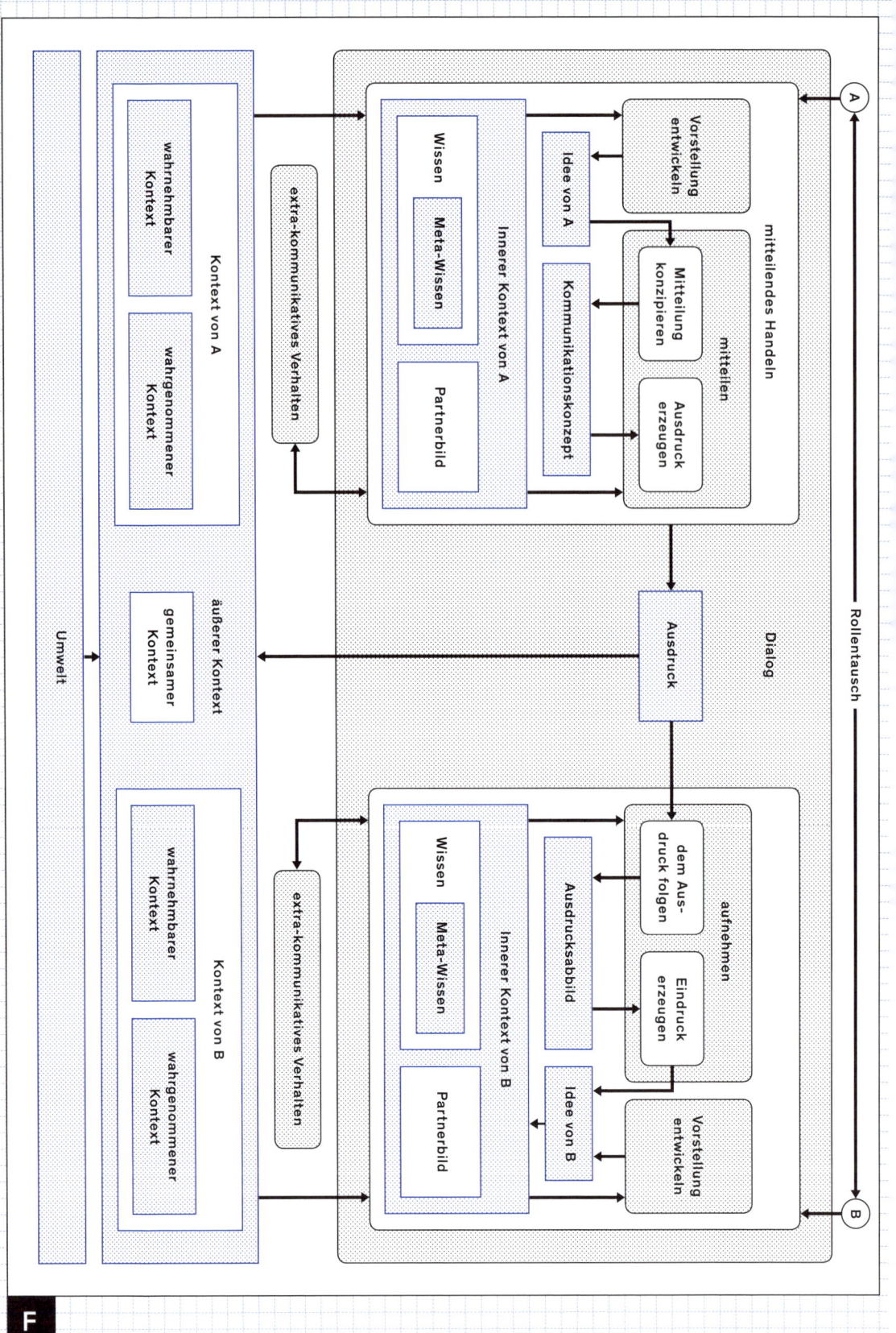

F

G

(a) **Spezifikation und Realisierung nachrichtentechnischer Systeme** ▶ Nachrichtentechnisches Modell von Shannon und Weaver

(b) **Analyse problematischer Situationen in Projektteam** ▶ Psychologische Perspektive (Watzlawick oder Schulz von Thun)

(c) **Gestaltung technischer Systeme** ▶ Kontext-orientiertes Kommunikationsmodell

(d) **Gestaltung sozio-technischer Systeme** ▶ Soziologische Perspektive (Luhmann); Kontext-orientiertes Kommunikationsmodell

Anwendungszweck ▶ Geeignetes Modell

F Das kontext-orientierte Kommunikationsmodell.

G Kommunikationsmodelle und ihre Anwendungszwecke.

III

Das Kapitel beginnt mit einem Rückblick auf den britischen Steinkohlebergbau in den 1950er Jahren, um die historischen Wurzeln des Begriffs sozio-technisches System in das Bewusstsein zu rücken. Die historischen Erkenntnisse werden in die heutige Zeit und auf die Nutzung von IT-Systemen übertragen. Danach werden Konzepte der Systemtheorie genutzt, um technische Systeme, soziale Systeme und sozio-technische Systeme zu beschreiben. Dabei werden sozio-technische Systeme beschrieben als soziale Systeme, die eine besondere Beziehung zu einem technischen System in ihrer Umwelt eingehen.

Die gemeinsame Entwicklung eines autopoietischen sozialen und allopoietischen technischen Systems wird als methodische Herausforderung für sozio-technische Projekte abgeleitet.

III

Grundlagen sozio-technischer Systeme Lernziele

Historische Hintergründe des Konzepte »sozio-technische Systeme« kennen

—

Die Erkenntnisse aus den Projekten im Steinkohlebergbau auf aktuelle IT-Projekte übertragen können

—

Die Lorenzkette erklären können

—

Die Begriffe System und Umwelt allgemein erklären können

—

Technische Systeme als allopoietische Systeme erklären können

—

Soziale Systeme als autopoietische Systeme erklären können

—

Systemtheoretisch fundierte Definition für sozio-technische Systeme erklären können

Ursprünge des Begriffs

Die Gestaltung sozio-technischer Systeme ist ein Konzept, das heute bei der Einführung komplexer, kooperationsunterstützender IT-Systeme in Organisationen hilft. Um die Mächtigkeit und Gültigkeit des Konzeptes zu verstehen, lohnt sich ein kurzer Blick in die Geschichte.

Der Begriff des sozio-technischen Systems wurde geprägt von Forschern des britischen Tavistock Institute of Human Relation:[01] In den 1950er Jahren im Kontext von Forschungen zum britischen Steinkohlebergbau. Traditionell wurde Steinkohle auch in England im Kammerpfeilerbauverfahren abgebaut **(Abb. A)**. In diesem Verfahren trieben die Bergleute den Abbau in Bahnen voran, ließen aber Kohlepfeiler stehen, um die Decke der unterirdischen Lagerstätte zu stützen. Nur so konnten sie den Abbau insgesamt weitertreiben. Ein Teil des wertvollen Rohstoffes blieb aber auf immer unter der Erde und konnte nicht verwertet werden. Der Eigentümer der Minen, in diesem Fall der britische Staat, suchte nach Möglichkeiten, die Effizienz und damit den Gewinn des Steinkohlebergbaus zu erhöhen. Eine naheliegende Optimierung war es, die Abbautechnik so zu verändern, dass auch die tragenden Kohlepfeiler abgebaut werden können. Innovationen im Maschinenbau erlaubten in den 1950er Jahren genau diese Änderung: Anstatt die Kohle nur in Kammern rund um die statisch notwendigen Pfeiler abzubauen, setzte man mächtige Hobel ein, die die Steinkohle über lange Strecken abschabten. Die Decke wurde anschließend durch Metallpfeiler gestützt. So entstand das Verfahren des Strebbaus **(Abb. B)**. Nach dem zweiten Weltkrieg investierte der britische Staat als Eigentümer der Steinkohlegebiete große Summen in die technische Ausstattung und die Umstellung zum Strebbau. Die Umstellung brachte jedoch nicht den erhofften Erfolg: Die Produktivität sank, trotz höherer Löhne und besserer Zusatzleistungen verließen die Arbeiter die Minen und die Krankheitsquoten stiegen. In dieser Situation beauftragte der britische Staat das Tavistock Institute of Human Relation mit der Erforschung der Ursachen.

Die Forscher wandten ihren Blick nicht nur auf die technische Ausstattung der Minen, sondern auch auf die Arbeitsorganisation. Hier stellten sie wesentliche Unterschiede zwischen dem Kammerpfeilerbau und dem Strebbau fest. Im Kammerpfeilerbau arbeiteten Kleingruppen von zwei bis sieben Bergleuten gemeinsam. Nicht selten schlossen diese Gruppen eigene Verträge mit dem Bergwerk ab: Die Gruppe verantwortete den gesamten Prozess des

Abbaus und das Ergebnis. Auch für ihre interne Organisation war sie selber verantwortlich. Mit dem Strebbau fand auch eine andere Arbeitsorganisation Einzug. Gearbeitet wurde in drei Schichten: Die erste Schicht baute mittels der Hobel Kohle ab, die zweite war für die Beladung der Förderbänder zuständig, während die dritte Schicht den Streb voran bewegte. Jede der Schichten war nur für ein Teilergebnis zuständig, die innere Organisation der Schichten war unterschiedlich. Insbesondere in der zweiten Schicht zur Beladung benötigte man große Gruppen. Die Forscher des Tavistock Institute identifizierten die fehlende Berücksichtigung der sozialen Strukturen der Bergarbeiter, die eben auf die selbstverantwortlichen Kleingruppen ausgelegt waren, als Ursache für den ausgebliebenen Erfolg der technischen Investitionen.

Rollen und Hierarchien änderten sich durch die Einführung der Schicht-arbeit auf eine Weise, dass untertage sozial ineffektive Strukturen entstanden. In der Folge wurde die Steigerung der Arbeitsmoral verhindert und die Fluk-tuation der Arbeiter erhöht. Die Forscher damals kamen zu der Schlussfolge-rung, dass die Beziehung sozialer, psychologischer und technischer Aspekte so eng ist, dass man sie nur in Kombination verstehen und gestalten kann.[02] Eine in diesem Sinne gute Arbeitsorganisation sieht Kleingruppen vor, die ihre Arbeit weitgehend selber organisieren und erkennbare, in sich komplette Arbeitsergebnisse erzeugen können. Für die technischen Systeme, die die Ar-beit unterstützen, gilt, dass sie gemeinsam mit der Organisation optimiert wer-den müssen. Grundlegend hierfür ist die Einschätzung, dass kein technisches System eine Arbeitsorganisation vollständig determinieren kann. Es blei-ben immer organisatorische Freiräume, die gestaltet werden können. Diese beiden Einsichten sind so zentral, dass es eigene Begriffe für sie gibt: Die gemeinsame Gestaltung sozialer und technischer Systeme nennt man joint optimization (gleichzeitige Optimierung). Organizational choice (organisato-rische Wahlfreiheit) bezeichnet die Erkenntnis, dass eine Organisation im-mer Optionen hat, sich zu gestalten (die Begriffe werden in Kapitel IV ausführ-lich erläutert).

So bietet der britische Steinkohlebergbau der 1950er Jahre ein Beispiel dafür, dass trotz der erfolgreichen Einführung technisch innovativer Systeme das Gesamtziel der Produktivitätssteigerung nicht erreicht wurde. Um den

01   Trist, 1951
02   Schuler, 1998, S. 197

✕

engen Zusammenhang technischer und organisatorischer Aspekte bei der Organisationsentwicklung und Arbeitsgestaltung deutlich zu machen, prägten die Forscher des Tavistock Institute den Begriff des *sozio-technischen Systems*. Dieser hat Gültigkeit über den Steinkohlebergbau hinaus bis in die Organisation heutiger IT-Projekte.

Sozio-technische Systeme in der Informatik

Auch in der Informatik und insbesondere in der Softwareentwicklung wird der Begriff des sozio-technischen Systems verwendet. In seinem Lehrbuch der Softwareentwicklung beschreibt Sommerville sozio-technische Systeme wie folgt. Sozio-technische Systeme ...

- enthalten ein oder mehrere technische Systeme,
- enthalten das Wissen, wie das System eingesetzt werden sollte, um ein weiter gestecktes Ziel zu erreichen,
- weisen definierte Arbeitsprozesse auf,
- sehen Menschen (die Bediener) als festen Bestandteil des Systems vor,
- werden durch organisatorische Richtlinien geregelt,
- sind von externen Zwängen, wie nationalen Gesetzen und Verordnungen betroffen.[03]

Drei Beispiele für Softwareprojekte, in denen sozio-technische Zusammenhänge nicht ausreichend berücksichtigt wurden: E-Government Projekte,[04] in denen die Hauspost auf Papier durch E-Mail ersetzt werden sollte. Da aber keine Vertretungs- und Weiterleitungsregeln organisiert worden sind, wurden die E-Mails ausgedruckt, mit Eingangsstempeln versehen und weiterhin in die Hauspost gegeben. Projektmanagementsystem,[05] in dem Projektstatusberichte automatisch interpretiert und auch an das Management weitergeleitet wurden. Bei außerplanmäßigen Projektkennzahlen ergriff das System automatisch Maßnahmen. So verlangte es beispielsweise mehr Statusberichte. Da die in den Projekten arbeitenden Menschen die Maßnahmen für nicht sinnvoll hielten, umgingen sie das Projektmanagementsystem, das dann von der Firmenleitung auch wieder zurückgezogen wurde. Die gesamte technische Infrastruktur für ELENA,[06] dem System zum elektronischen Entgeltnachweis, wurde geschaffen, nachdem die Einführung 2009 per Gesetz festgelegt wurde. Ab 2010 übertrugen alle Arbeitgeber in Deutschland die Entgeltdaten ihrer Angestellten in einem Pilotbetrieb an die zentrale Speicherstelle. 2011 ist das Projekt dann durch die Bundesregierung eingestellt worden. Die Einstellung erfolgte nicht wegen Mängeln im technischen System, sondern weil Normen und Rahmenbedingungen nicht beachtet worden sind. So wurde bezweifelt, dass ELENA die Datenschutzgesetze erfüllte. Ferner war die Finanzierung weder für die Ausstattung der Kommunen mit den notwendigen Lesegeräten noch für die Antragsteller mit Signaturkarten gesichert.

Warum wird in einem Lehrbuch der Softwareentwicklung über sozio-technische Systeme gesprochen? Warum beschränkt sich ein solches Lehrbuch nicht auf Methoden zur Entwicklung technischer Softwaresysteme? Dahinter steckt die Erkenntnis, dass auch Softwaresysteme nur dann erfolgreich eingesetzt werden können, wenn sie sinnvoll in einen organisatorischen Zusammenhang eingebettet werden. Für Softwaresysteme gilt genau das, was die Forscher des Tavistock Institute für die modernen Maschinen im Bergbau beschrieben haben: Die Beziehung sozialer, psychologischer und technischer Aspekte ist so eng, dass man sie nur in Kombination verstehen und gestalten kann. Die Liste von gescheiterten Softwareprojekten, in denen dieser Zusammenhang nicht beachtet wurde, ist lang. Einige prominente Beispiele sind hier aufgeführt. ← ↑

03	Sommerville 2007, S. 48 ff
04	Schulzki-Haddouti & Birkelbach, 2004
05	Grudin, 1988
06	Mertens, 2012, S. 438

Mit dem Begriff sozio-technisches System beschrieben britische Forscher erstmals, dass die Beziehung sozialer, psychologischer und technischer Aspekte so eng ist, dass man sie nur in Kombination verstehen und gestalten kann.

✕

Um die Frage, wie die Gestaltung sozio-technischer Systeme gelingen kann, zu beantworten, muss man Methoden für die Gestaltung sowohl des technischen als auch des sozialen Anteils finden. Für die technischen Systeme bieten die Informatik sowie die Ingenieurswissenschaften Methoden und Vorgehensmodelle für Entwicklungsprojekte an (vgl. Kapitel IV).

Welche Methoden wendet man aber an, um so unterschiedliche Elemente wie Menschen, Wissen oder Arbeitsprozesse zu gestalten? Jeder, der schon einmal versucht hat, in einer Familie, einer Wohngemeinschaft oder auch in einem Unternehmen Änderungen herbeizuführen, wird festgestellt haben, dass das so einfach nicht funktioniert. Der folgende Aphorismus, der dem Verhaltensforscher Konrad Lorenz zugeschrieben wird, beschreibt das Phänomen sehr anschaulich: ↓

> Lorenzkette:
> Gesagt ist nicht gehört — Gehört ist nicht zugehört — Zugehört ist nicht verstanden — Verstanden ist nicht einverstanden — Einverstanden ist nicht behalten — Behalten ist nicht eingehalten — Eingehalten ist nicht beibehalten

Für soziale Systeme kann man nicht ein Design entwerfen und dann implementieren, wie es für Softwaresysteme vorgesehen ist. Soziale Systeme haben ein Eigenleben, das sich einer Gestaltung von außen entzieht. Diese intuitive Erkenntnis lässt sich mit Hilfe der Systemtheorie nach Niklas Luhmann genauer beschreiben. Die genauere Beschreibung erlaubt dann die Darstellung von *Gestaltungsmethoden*, die die spezifischen Eigenschaften sozialer und technischer Systeme berücksichtigen.

III.III

Der allgemeine Systembegriff

System: Eine Einheit in einer Umwelt

Der Begriff des Systems ist in unserem Sprachgebrauch allgegenwärtig: So sprechen wir beispielsweise vom Bankensystem, Wirtschaftssystem, Softwaresystem, Betriebssystem, Computersystem, Bildungssystem, Immunsystem oder vom vegetativen Nervensystem. Aber auch der Begriff des soziotechnischen Systems wird immer wieder verwendet, wenn es darum geht, die wechselseitigen Abhängigkeiten von IT-Systemen und sozialen Systemen zu beschreiben.

Eine allgemeine Definition beschreibt ein *System* als »Ganzheit einer Menge von Elementen und deren Relationen zueinander.«[07] Immer wenn es ein System gibt, gibt es notwendiger Weise auch eine Umwelt. Die *Umwelt* des Systems enthält alles das, was nicht zum System selber gehört. Dabei ist die Grenze zwischen System und Umwelt keineswegs immer objektiv eindeutig gegeben.

Um sich dem Begriff des sozio-technischen Systems zu nähern, beleuchten die zwei folgenden Abschnitte zunächst technische und soziale Systeme getrennt. Die Erklärungen greifen auf die Systemtheorie Niklas Luhmanns zurück, weil hier die Unterschiede zwischen technischen und sozialen Systemen so prägnant dargestellt werden.[08] Aus dem komplexen Theoriegebäude, das

07   Kneer & Nassehi, 2000, S. 25
08   Luhmann, 1984

Gestaltungsmethoden für sozio-technische Systeme beschreiben, wie man die Entwicklung sozio-technischer Systeme in Projekten unterstützen kann.

Unter einem System im Allgemeinen versteht man eine Menge von Elementen, die in Beziehung zueinander stehen und so eine Einheit bilden.

Die Umwelt eines Systems enthält alles das, was nicht zu dem System gehört.

Niklas Luhmann für seine Systemtheorie erbaut hat, wird nur ein Bruchteil präsentiert. Vereinfachungen sind dabei unablässig. Nichtsdestotrotz helfen die Begriffe, mit denen Luhmann Systeme beschreibt, besonders gut, die Herausforderungen bei der Gestaltung sozio-technischer Systeme zu verdeutlichen.

Technische Systeme

Technische Komponenten, die in Beziehung stehen

Eine Art von Systemen sind die technischen Systeme. Gemäß der allgemeinen Systemdefinition bestehen technische Systeme aus technischen Komponenten, die miteinander in Beziehung stehen. Die spezifischen Eigenschaften technischer Systeme lassen sich am besten anhand von Beispielen darstellen: Ein Heizungssystem in einem Wohnhaus oder ein Softwaresystem. →

Als Gegenbeispiel zu dem Begriff System kann man sich einen Sack voll Murmeln vorstellen. Die Murmeln bilden kein System, weil ihnen die definierte Beziehung zueinander fehlt.

Technische Systeme sind allopoietisch

Allen technischen Systemen gemeinsam ist, dass sie das Ergebnis eines Konstruktions- und Produktionsprozesses sind. Es gibt Pläne, die Aufbau und Verhalten des technischen Systems genau beschreiben. Ingenieure überlegen sich im Vorhinein, wie ein technisches System funktionieren soll. Ihre Arbeit ist genau dann erfolgreich, wenn sich das technische System vorhersehbar so verhält wie geplant. Diese Eigenschaft *technischer Systeme* wird in der Systemtheorie nach Niklas Luhmann[08] als »allopoietisch«[09] bezeichnet. Darin stecken die griechischen Worte »allo« für fremd und »poiein« für machen. Technische Systeme sind »fremd gemacht« oder anders ausgedrückt: Sie sind von außen hergestellt. Verhalten sich technische Systeme nicht so wie von den Konstrukteuren geplant, so bezeichnet man sie als defekt.

Im Beispiel des Heizungssystems erwartet man von der Regelung, dass sie die Raumtemperatur auf einem definierten Sollwert X hält. Dazu misst ein Temperaturfühler in einem Thermostatventil die Raumtemperatur. Ist diese oberhalb eines Wertes Y, wird der Durchlauf des warmen Wassers gedrosselt und der Heizkörper gibt weniger Wärme ab. Liegt die Temperatur unterhalb

Zu den Elementen eines Heizungssystems gehören ein Heiz-
kessel als Wärmequelle, Rohre, die erwärmte Flüssigkeit
im Haus verteilen, Heizkörper, die die Wärme in Räumen bereitstellen, und Steuerungstechnik wie Thermostatventile,
die die Heizleistung regeln. Die Relation der Elemente untereinander ist im Wesentlichen mechanisch: Rohre und Heizkörper sind beispielsweise bautechnisch miteinander verbunden. Zu der Umwelt eines Heizungssystems gehören unter
anderem das Haus, in das die Heizung eingebaut wird, oder
auch die Menschen, die das Haus bewohnen.

Ein Softwaresystem besteht nach Sommerville »aus mehreren Programmen, Konfigurationsdateien, die zur Einrichtung
dieser Programme verwendet werden, der Systemdokumen-
tation, die die Struktur des Systems beschreibt, der Benutzer-
dokumentation, die die Anwendung des Programms erklärt,
und aus Web-Seiten, von denen der Benutzer die neuesten
Produktinformationen herunterladen kann.«[10] Die Relation
dieser Elemente zueinander ist bereits in der Aufzählung enthalten: Die Konfigurationsdateien dienen zum Aufsetzen der
Programme, die Nutzerdokumentation dient zur Erläuterung
der Programme.

Die Umwelt des Softwaresystems ist durch diese Aufzählung
implizit beschrieben, nämlich alles das, was nicht zu dem
Softwaresystem gehört. Dies sind beispielsweise die Hardware, auf der die Software läuft, das Gebäude, in dem die
Rechner stehen, oder aber die Menschen, die die Software
bedienen werden.

08   Luhmann, 2000, S. 376 ff
09   Kneer & Nassehi, 2000, S. 49
10   Sommerville, 2007, S. 31

Technische Systeme sind allopoietisch.
Sie sind das Ergebnis eines Konstruktions-
und Produktionsprozesses.

eines Wertes Z, wird der Durchlauf erhöht und die Heizleistung steigt. Verhält sich das Thermostatventil anders als beschrieben, so wird man es als defekt bezeichnen, reparieren oder austauschen. Bei Softwaresystemen ist das nicht anders. Der Nutzer erwartet, dass sich die Software so verhält wie es in der Nutzerdokumentation beschrieben steht. Von den Konfigurationsdateien erwartet man, dass sie die Software korrekt installieren. Sollte das nicht der Fall sein, so spricht man schnell von »bugs«, die behoben werden müssen.

Soziale Systeme

Die Elemente sozialer Systeme sind Kommunikationen

Bei der Überlegung, was soziale Systeme sind, kommt man schnell auf den Gedanken, soziale Systeme bestünden aus Menschen, die miteinander in Relation stehen. Damit hätte man eine gute Analogie zu den technischen Systemen geschaffen. Sucht man dann aber Beispiele, so fallen einem soziale Systeme auf, die schon viel älter sind als ein Menschenleben, in denen die Menschen schon oft gewechselt haben, die aber immer noch als soziale Systeme existieren. Traditionsreiche Firmen wie Siemens oder Thyssen-Krupp können hier genannt werden. Aber auch die römisch-katholische Kirche, politische Parteien oder alte Universitäten. In allen genannten Fällen handelt es sich intuitiv um soziale Systeme. Die Frage ist nun, wie man theoretisch erklären kann, dass ein soziales System den mehrfachen Austausch aller seiner Mitglieder übersteht und immer noch als soziales System identifizierbar ist?

Der systemtheoretische Ansatz nach Niklas Luhmann besagt, dass eben nicht Menschen, sondern Kommunikationen die Elemente sozialer Systeme sind.[11] Soziale Systeme bestehen aus Kommunikationen, die sich sinnvoll aufeinander beziehen. Die Menschen (als psychische Systeme) gehören in die Umwelt des sozialen Systems. Das mag auf den ersten Blick überraschen oder sogar abschrecken: Wie soll man sich soziale Systeme ohne Menschen vorstellen? Am Beispiel einer Hochschule lässt sich das verdeutlichen. ↗

Soziale Systeme gibt es in jeder Größenordnung. Ein sehr kleines soziales System besteht aus den Kommunikationen zweier Menschen; unsere Gesellschaft in der Bundesrepublik Deutschland ist ein großes soziales System.

In einer Hochschule finden andauernd Kommunikationen statt: Dozenten unterrichten Studierende, Studierende lernen miteinander, Dozenten fragen Lernziele ab, indem sie Prüfungen durchführen, neue Studierende bekunden ihren Willen zum Studium, indem sie sich zum Studium einschreiben, usw. Dabei wechseln sowohl die Studierenden als auch die Dozenten regelmäßig. Die Hochschule überdauert trotzdem als soziales System. Erst wenn die Kommunikationen aufhörten, wenn niemand mehr unterrichten würde, wenn sich niemand mehr einschreiben würde, erst dann würde das soziale System Hochschule aufhören zu existieren.

Dazwischen gibt es beispielsweise Familien, Unternehmen, Vereine, Wohngemeinschaften. Mit Bezug auf die allgemeine Systemdefinition lässt sich nun folgendes festhalten: Die Elemente *sozialer Systeme* sind Kommunikationen. Die in der Definition geforderte Relation zwischen den Elementen ist die Art und Weise wie sich Kommunikationen aufeinander beziehen. Nur wenn sich Kommunikationen sinnvoll aufeinander beziehen, bilden sie ein soziales System. Auf dieser Basis lassen sich nun weitere Eigenschaften sozialer Systeme beschreiben.

Soziale Systeme sind autopoietisch

Technische Systeme sind als allopoietisch beschrieben worden, sie werden von Menschen konstruiert und produziert. Soziale Systeme sind anders. Sie können nicht von außen produziert werden, sie entwickeln sich von innen von selber. Diese Aussage passt zu der intuitiven Erkenntnis, die der oben zitierten Lorenzkette zu Grunde liegt: Man kann einem sozialen System nicht von außen vorschreiben, wie seine Kommunikationen ablaufen sollen. Die Sprache der Systemtheorie nach Niklas Luhmann beschreibt diese Eigenschaft sozialer

11   Kneer & Nassehi, 2000, S. 65   Soziale Systeme bestehen aus Kommunikationen,
                                        die sich sinnvoll aufeinander beziehen.

✕ Systeme als *autopoietisch*.[12] Darin steckt wieder das griechische Wort »poiein« für machen, diesmal kombiniert mit dem Wort »auto« für selbst. Das heißt, dass sich soziale Systeme selbst erzeugen. In sozialen Systemen folgt immer Kommunikation auf Kommunikation; jede Kommunikation innerhalb des sozialen Systems muss in dem Sinne anschlussfähig sein, dass sie wieder neue Kommunikation im System erlaubt. Solange diese Folge von Kommunikationen nicht abbricht, legen Kommunikationen die Grundlage für weitere Kommunikationen. Das soziale System hält sich so selbst am Leben.

Soziale Systeme sind operativ geschlossen

Hier kommt eine weitere Eigenschaft sozialer Systeme ins Spiel: Sie sind operativ geschlossen.[13] Das bedeutet, dass der Fortgang der Kommunikation ausschließlich innerhalb des sozialen Systems bestimmt wird. Jede Kommunikation in einem sozialen System bezieht sich auf vergangene Kommunikationen im selben System. Ausschließlich dieser Selbstbezug bestimmt den weiteren Verlauf der Kommunikation innerhalb des sozialen Systems. Hier mag sich Widerspruch regen: Ein soziales System existiert doch nicht abgeschlossen und unabhängig von seiner Umwelt. Das ist mit der operativen Geschlossenheit auch nicht gemeint. Im folgenden Abschnitt wird beschrieben, dass soziale Systeme autonom aber nicht autark sind. Zunächst aber soll die Eigenschaft der operativen Geschlossenheit anhand des Beispiels einer studentischen Wohngemeinschaft veranschaulicht werden. ↓

Der Eigentümer eines Hauses vermietet Wohnungen an studentische Wohngemeinschaften. Als Vermieter kann er einer dieser studentischen Wohngemeinschaften ins Gewissen reden, den Hausflur regelmäßiger zu putzen. Der Vermieter kann sogar drohen, den Mietvertrag zu kündigen, falls die Bewohner seiner Aufforderung nicht nachkommen.

Die Mitglieder der Wohngemeinschaft haben viele Möglichkeiten der Reaktion: Sie können einen festen Putzplan vereinbaren, in dem jeder mal an der Reihe ist zu putzen; vielleicht bestimmt die Wohngemeinschaft aber auch ihr

jüngstes Mitglied als denjenigen, der immer zu putzen hat; oder aber die Wohngemeinschaft beschließt, den Vermieter einfach zu ignorieren und das Problem auszusitzen.

In dem Beispiel hat der Eigentümer das Ziel, die Studierenden der WG zum regelmäßigen Flurputzen zu bewegen. Dazu kann er die unterschiedlichsten Maßnahmen ergreifen. Da der Eigentümer zur Umwelt des sozialen Systems studentische Wohngemeinschaft gehört, ist eines nicht möglich: Der Eigentümer kann nicht von außen bestimmen, wie die Kommunikation innerhalb der studentischen WG zum Thema Flurputzen abläuft. Jede neue Kommunikation innerhalb der WG ergibt sich aus den vorhergehenden Kommunikationen innerhalb der WG. Die Art der Kommunikation, auf die sich die WG geeinigt hat, bestimmt den weiteren Verlauf, nicht der Auftritt des Eigentümer. Dies ist mit operativer Geschlossenheit gemeint.

Soziale Systeme sind autonom aber nicht autark[14]

Die Eigenschaft der operativen Geschlossenheit macht soziale Systeme autonom: Sie erhalten sich selber durch fortwährende Kommunikationen am Leben und folgen dabei ihren eigenen inneren Gesetzen. Das bedeutet aber nicht, dass soziale Systeme unabhängig von ihrer jeweiligen Umwelt sind. Sie sind sehr wohl abhängig von den gegebenen Rahmenbedingungen und sie reagieren auch auf Impulse aus ihrer Umwelt. Deshalb sind soziale Systeme nicht autark.

Für das oben genutzte Beispiel einer Hochschule lässt sich das am Bologna-Prozess veranschaulichen. Aus dem Bologna-Prozess ergeben sich Regeln für die Akkreditierung von Studiengängen sowie die Abnahme und Benotung von Prüfungen. Jede Hochschule, die Abschlüsse Bachelor und Master vergeben möchte, muss sich an diese Regeln halten. Hier sind die Hochschulen nicht autark. Sie sind aber autonom in der Art, wie sie die vorgegebenen Regeln umsetzen. Zusammenfassend lautet die theoretische Beschreibung sozialer Systeme nun wie folgt: →

12   Klymenko, 2012, S. 69 ff
13   Mayr, 2012, S. 84 ff
14   Kneer & Nassehi, 2000, S. 51

Soziale Systeme sind autopoietisch. Sie erzeugen ihre Elemente (Kommunikationen) selber.

> »Soziale Systeme sind autopoietische Systeme, die in einem rekursiv-geschlossenen Prozess fortlaufend Kommunikation aus Kommunikation produzieren.«[15]

Soziale Systeme erzeugen Selbstbeschreibungen

Wo endet ein System und wo beginnt seine Umwelt? Bei technischen Systemen ist diese Frage durch die Aufzählung der Elemente und ihrer Relationen zu beantworten. Wie aber ist das bei sozialen Systemen, die sich selbst durch fortwährende Kommunikation immer selber erzeugen? Welche Kommunikation gehört noch zu dem System, welche nicht mehr? Da soziale Systeme operativ geschlossen sind und von außen nicht determiniert werden können, folgt logischerweise, dass sie ihre eigenen Grenzen selber bestimmen müssen. Auch die Bestimmung dieser Grenzen erfolgt selbstverständlich durch Kommunikation. Das Beispiel der Hochschule kann noch einmal zur Veranschaulichung dienen. ↓

Möchte jemand ein Studium aufnehmen, so muss er sich formal einschreiben. Es reicht nicht aus, zum Dekan zu gehen und zu erklären, dass man gerne studieren möchte. Eine solche Kommunikation wäre im sozialen System der Hochschule nicht anschlussfähig.

Die Kommunikation zur Einschreibung ist sehr genau festgelegt: Man muss Unterlagen mitbringen, Informationen zu seiner Person angeben und Erklärungen abgeben. Nur wenn man dem an der jeweiligen Hochschule vorgegebenem Kommunikationsschema folgt, kann man sich erfolgreich

zum Studium einschreiben. Ist man einmal eingeschrieben, beispielsweise für den Studiengang Informatik, so ist genau geregelt, wann und in welcher Form man Studienleistungen erbringen muss, um sein Studium erfolgreich zu absolvieren.

Für eine Hochschule sind die Regeln, die solche Kommunikationen beschreiben in Form von Studienordnungen hinterlegt, eine Studienordnung ist ein Beispiel für das, was in der Systemtheorie Selbstbeschreibung genannt wird.

Auf gesellschaftlicher Ebene ist das Grundgesetz eine Selbstbeschreibung für die Bundesrepublik Deutschland, Unternehmensleitsätze oder Verfahrensanweisungen sind Beispiele für Selbstbeschreibungen in Unternehmen, unausgesprochene Übereinkünfte zwischen Bewohnern einer WG gehören zu deren Selbstbeschreibungen.

Selbstbeschreibungen regeln also, welche Kommunikationen zu einem sozialen System gehören und welche nicht. Mit Hilfe von Selbstbeschreibungen wird das soziale System für seine Umwelt verständlich und in seinen Reaktionen vorhersehbar.[16] Soziale Systeme definieren ihre Grenzen über Selbstbeschreibungen. Folgende Eigenschaften gelten für Selbstbeschreibungen in sozialen Systemen:[17]

- Selbstbeschreibungen beschreiben, welche Kommunikationen innerhalb eines sozialen Systems akzeptabel sind und welche nicht.
- Andere Kommunikationen beziehen sich auf die Selbstbeschreibungen und lassen sich durch sie leiten.
- Selbstbeschreibungen können sowohl die Form flüchtiger – bspw. mündlicher – Kommunikation als auch die Form nachhaltiger textueller Artefakte annehmen.
- Selbstbeschreibungen können von anderen Kommunikationen in sozialen Systemen unterschieden werden.

15 Kneer & Nassehi, 2000, S. 80
16 Willke 1993, S. 200
17 Kunau, 2006, S. 57

Mit Selbstbeschreibungen beschreiben soziale Systeme ihre Grenzen. Sie regeln, welche Kommunikationen zum sozialen System gehören und welche nicht.

Sozio-technische Systeme

Rahmenbedingungen für eine Definition

Nach dem bisher Dargestellten entsteht eine definitorische Zwickmühle: Auf der einen Seite stehen die Ergebnisse der Forscher des Tavistock Institute, dass die Beziehung sozialer, psychologischer und technischer Aspekte so eng ist, dass man sie nur in Kombination verstehen und gestalten kann. Man hat nicht nur ein soziales oder nur ein technisches, sondern ein sozio-technisches System zu gestalten. Es gibt also das sozio-technische System als eine zu gestaltende Einheit, die dann auch definierbar sein muss.

Auf der anderen Seite stehen die Ausführungen der modernen Systemtheorie, welche genau die Gegensätze zwischen allopoietischen technischen Systemen und autopoietischen sozialen Systemen beschreiben. Auf Basis dieses Theoriegebäudes verbietet es sich, einen gemischten Systemtyp bestehend sowohl aus technischen als auch aus sozialen Komponenten zu kreieren. Zumal die Homogenität der Elemente eine Grundlage der Systemtheorie ist.[18]

Im Folgenden wird der Begriff des sozio-technischen Systems so beschrieben, dass er die grundlegenden Aussagen der neueren Systemtheorie nicht verletzt, dass er aber auch handlungsanleitend für erfolgreiche IT-Projekte sein kann.

Soziale und technische Systeme verweben sich miteinander

Facebook, ebay, XING, die Lernplattform einer Hochschule oder e-government Angebote einer Stadtverwaltung sind IT-Systeme, die sehr eng mit den sie nutzenden sozialen Systemen verbunden sind. Intuitiv würde man hier von sozio-technischen Systemen sprechen. Um aber in den folgenden Kapiteln praktische Leitlinien für eine gelingende Gestaltung sozio-technischer Systeme abzuleiten, benötigt man eine mehr als intuitive Beschreibung dieser engen Verbindung. Für eine solche präzisere Beschreibung soll wieder das soziale System einer Hochschule als Beispiel dienen. ↗

In dem Beispiel sind das soziale sowie das technische System beschrieben. Wie kann man nun die Verbindung zwischen sozialem und technischem System beschreiben?

Eine IuG-Vorlesung in einem Wintersemester: Das soziale System besteht aus den Kommunikationen zwischen den Studierenden und der Dozentin. Die Kommunikationen finden während der Vorlesungsveranstaltung statt, wenn die Dozentin unterrichtet und mit den Studierenden diskutiert. Kommunikationen finden aber auch außerhalb der Vorlesung statt, wenn Studierende beispielsweise Ausarbeitungen zu gestellten Aufgaben einreichen und die Dozentin dazu Rückmeldung gibt. In der Umwelt des sich so bildenden sozialen Systems gibt es in diesem Beispiel wie an vielen Hochschulen eine e-learning Plattform als technisches System. Das technische System bietet Funktionen zur Ablage von Dateien, zur Kommunikation via E-Mail oder Chat, und zur Überwachung von Fristen bei der Abgabe von Übungsaufgaben. Diese e-learning Plattform nutzt die Dozentin, um Materialien wie Vorlesungsfolien oder Übungsaufgaben für die Studierenden bereitzustellen. Die Studierenden ihrerseits stellen Lösungen in die Plattform ein. Informationen an alle Beteiligte werden durch die E-Mail-Funktion kommuniziert.

Das technische System dient zur Kommunikationsunterstützung

Wenn IT-Systeme eng mit sozialen Systemen verbunden sind, kann man beobachten, dass das technische System die Kommunikationsprozesse des sozialen Systems unterstützt. Da Kommunikationen die Elemente sind, die das soziale System ausmachen, nimmt das IT-System so ganz entscheidenden Einfluss auf das soziale System.

Im Beispiel der IuG-Vorlesung dient die e-learning Plattform zur Unterstützung der Kommunikationen, die das soziale System der Vorlesung bilden: Durch E-Mails oder News in der Lernplattform informiert die Dozentin die Studierenden über Vorlesungstermine und besondere Einheiten wie Klausurvorbereitungstermine. Die Vorlesung ergänzende Lerninhalte und

18   Luhmann, 1984, S. 23

Übungsaufgaben kommuniziert sie über die Lernplattform. Die Studierenden nutzen ebenfalls die E-Mail-Funktion, um zwischen den Vorlesungsterminen Fragen zu stellen. Auf diese Weise unterstützen IT-Systeme Kommunikation nicht nur, sie rufen Veränderungen hervor.

Das soziale und das technische System prägen sich wechselseitig

Auf Basis der Kommunikationsunterstützung wird die Verbindung von IT-System und sozialem System noch enger: In sozio-technischen Systemen im IT-Kontext kann man eine *wechselseitige Prägung* beobachten:[19]

- Das technische System beeinflusst das soziale System.
- Das soziale System gestaltet das technische System.

Noch in den 1980er Jahren gab es an Hochschulen Skriptenverkaufsstellen, an denen Studierende die ausgedruckten Skripte für ihre Lehrveranstaltungen erwerben konnten. Diese Institutionen gibt es heute nicht mehr, weil sie durch den Einsatz von IT-Systemen in Vorlesungen überflüssig geworden sind. Lernmaterialien werden in der Lernplattform bereitgestellt, die Studierenden können diese auf ihre Rechner laden und verwenden. Hier hat ein IT-System das es nutzende soziale System so beeinflusst, dass es sich in seinen Strukturen verändert hat.

Als weiteres Beispiel kann die Präsenz von Dozenten an der Hochschule dienen. Vor den Zeiten von Lernplattformen und E-Mail haben Dozenten regelmäßig Präsenzsprechstunden angeboten, und Übungsaufgaben wurden auf Papier in Briefkästen abgegeben. Durch die Nutzung elektronischer Kommunikationsunterstützung hat die Notwendigkeit, an der Hochschule präsent zu sein, für Dozenten abgenommen. Viele nutzen diese sich ihnen bietende Freiheit für eine flexiblere Gestaltung ihrer Arbeitszeit.

Es ist aber nicht nur so, dass das technische System das soziale prägt. Umgekehrt gestaltet das soziale System auch das technische: In der e-learning Plattform findet das bspw. durch die Zulassung von Kursteilnehmern und die Zugriffsrechte auf Dokumente statt. Das soziale System Vorlesung hat Regeln, die festlegen, wer welche Unterlagen sehen darf. So kann die Dozentin entscheiden, dass nur Kursteilnehmer die bereitgestellten Folien sehen dürfen. Übungsaufgaben, die Studierende einreichen, sollen für andere Studierende nicht sichtbar sein. Diese sozialen Regeln werden im technischen System der Lernplattform dann als Rechte- und Rollenkonzept umgesetzt und für die

IuG-Vorlesung konfiguriert. So kann eine Lernplattform desselben Herstellers für unterschiedliche Vorlesungen unterschiedlich konfiguriert und genutzt werden. Das soziale System prägt mit seinen Regeln damit auch das technische System.

Sozio-technische Selbstbeschreibungen

Soziale Systeme definieren ihre Grenzen und die darin gültigen Kommunikationen durch Selbstbeschreibungen. Eine enge Verbindung zwischen einem technischen und einem sozialen System wird dadurch deutlich, dass das technische System und seine Nutzung in der Selbstbeschreibung des sozialen Systems vorkommen. Die Nutzung des technischen Systems wird im sozialen System damit verankert. Im Beispiel der IuG-Vorlesung beinhaltet die Selbstbeschreibung beispielsweise die Festlegung, dass es eine Vorlesungseinheit pro Woche gibt. Es gilt die Regel, dass die Dozentin neuen Lernstoff zunächst vorträgt und dann mit den Studierenden darüber diskutiert und Fragen beantwortet. Auch die Zusage der Dozentin, vor jeder Vorlesung Folien in der e-learning Plattform zur Verfügung zu stellen, ist Teil der Selbstbeschreibung der Vorlesung IuG. Dadurch, dass das technische System der e-learning Plattform explizit in der Selbstbeschreibung des sozialen Systems erwähnt wird, wird diese Selbstbeschreibung nun zu einer sozio-technischen Selbstbeschreibung. *Sozio-technische Selbstbeschreibungen* regeln die Grenzen eines sozio-technischen Systems, indem sie festlegen, wie die Kommunikationen im sozialen System das technische einbeziehen.[20] Für soziale Systeme vermutet Niklas Luhmann, dass sie umso erfolgreicher komplexe Strukturen ausbilden,

19   vgl. auch Herrmann, 2001
20   Kunau, 2006, S. 65

Wechselseitige Prägung bedeutet, dass sowohl das technische System das soziale beeinflusst als auch das soziale System das technische gestaltet.

Sozio-technische Selbstbeschreibungen sind Selbstbeschreibungen eines sozialen Systems, die auch die Nutzung eines technischen Systems beschreiben.

je mehr sie sich selbst beobachten und beschreiben. Für IT-Projekte kann man daraus schlussfolgern, dass die sozialen Systeme, die sozio-technische Selbstbeschreibungen erzeugen, besonders erfolgreich in der Ausbildung komplexer Nutzungsszenarien sein werden.[21]

Sozio-technische Selbstbeschreibungen haben dieselben Eigenschaften wie andere Selbstbeschreibungen sozialer Systeme auch, mit dem Zusatz, dass sie den Bezug auf ein technisches System einschließen. Mögliche Inhalte sozio-technischer Selbstbeschreibungen sind:

- Beschreibung der Aufgabenteilung zwischen Menschen und Technik,
- Beschreibung der Nutzung eines technischen Systems im Ablauf eines Arbeitsprozesses,
- Vereinbarungen unter Kollegen hinsichtlich der Nutzung eines technischen Systems,
- Vereinbarungen hinsichtlich der Nutzung ergänzender technischer Systeme,
- Vereinbarung hinsichtlich der Nicht-Nutzung technischer Systeme.

Definition sozio-technischer Systeme für Informatik und Gesellschaft

Trägt man die bis hier beschriebenen Beobachtungen zusammen, so gelangt man zu folgender Definition sozio-technischer Systeme:[22] ↓

Ein soziales System soll dann sozio-technisches System genannt werden, wenn es eine besondere Beziehung zu einem technischen System in seiner Umwelt eingeht.

Diese besondere Beziehung
ist durch folgende Eigenschaften
gekennzeichnet:

1   Das soziale System nutzt das
    technische System zur Unterstüt-
    zung der Kommunikationspro-
    zesse.

2   Das soziale und das technische
    System prägen sich wechselseitig:

    a) Das technische System beein-
        flusst das soziale System.
    b) Das soziale System gestaltet
        das technische System.

3   Das technische System findet
    Eingang in die Selbstbeschreibun-
    gen des sozialen Systems. So
    entstehen sozio-technische Selbst-
    beschreibungen

21   Kunau, 2006, S. 53 f
22   nach Herrmann, 2001 und Kunau,
        2006, S. 81

Zusammenfassung

Das Kapitel startete mit einem Rückblick auf den britischen Steinkohlebergbau der 1950er Jahre. Hier wurde erstmals das Phänomen beobachtet, dass die Gesamtproduktivität trotz des technisch erfolgreichen Einsatzes neuer Maschinen sank. Im Rahmen der Ursachenanalyse beschrieben Forscher des Tavistock Institutes erstmals den engen Zusammenhang zwischen sozialen und technischen Aspekten bei der Gestaltung von Arbeitsabläufen. Sie prägten den Begriff des sozio-technischen Systems. Die folgenden Abschnitte widmeten sich der theoretischen Fundierung für Systeme im Allgemeinen, technische Systeme, soziale Systeme und schließlich sozio-technische Systeme. Es wurde herausgearbeitet, dass technische Systeme allopoietisch sind, während soziale Systeme autopoietisch sind. Die Charakterisierung sozialer Systeme als autopoietisch betont ihren eigenständigen Charakter. Soziale Systeme können nicht wie technische Systeme geplant und erzeugt werden. Sozio-technische Systeme wurden definiert als soziale Systeme, die eine besondere Beziehung zu einem technischen System in ihrer Umwelt eingehen. Als Herausforderung für sozio-technische Projekte wurde die Integration der Entwicklung so unterschiedlicher Systemtypen identifiziert.

Die folgenden Kapitel IV und V verwenden nun die in diesem Kapitel dargestellten theoretischen Erkenntnisse, um allgemeine Prinzipien sowie konkrete Methoden für Projekte mit einer sozio-technischen Perspektive zu erläutern.

Fragen zur Wiederholung

1   Was ist der Ursprung des Begriffes »sozio-technisches System«?

2   Wie lautet die Lorenzkette und welchen Bezug hat sie zur Gestaltung sozio-technischer Systeme?

3   Wie lautet eine allgemeine Erklärung der Begriffe System und Umwelt?

4   Warum bezeichnet man technische Systeme als allopoietisch?

5   Was bedeutet der Begriff autopoietisch in Bezug auf soziale Systeme?

6   Wie lautet die systemtheoretisch fundierte Definition eines sozio-technischen Systems?

7   Was ist die besondere methodische Herausforderung bei der Organisation eines sozio-technischen Projektes?

Zum Nachdenken / Zur Diskussion

1   Diskutieren Sie die Eigenschaften sozio-technischer Systeme anhand des Beispiels ebay. Gehen Sie alle Teile der Definition durch und überlegen Sie, wie diese zu erkennen sind.

2   Sammeln Sie Beispiele für Projekte, die Sie kennen, in denen eine sozio-technische Gestaltung gut oder weniger gut gelungen ist.

Literatur

Grudin, J. (1988): Why CSCW applications fail: problems in the design and evaluation of organization of organizational interfaces. In: Proceedings of the conference on Computer-supported cooperative work, September 26 – 28, 1988, Portland, OR. pp. 85 – 93.

Herrmann, Th. (2001): Sozio-technische Systeme – Warum einfach, wenn es auch kompliziert geht? http://web-imtm.iaw.rub.de/iug/lehre/sts/material/folien/soztech-kompendium.pdf; gesichtet am 14. Januar 2014.

Klymenko, I. (2012): Autopoiesis. In: Jahraus, O.; Nassehi, A. u. a. (Hrsg.): Luhmann Handbuch Leben – Werk – Wirkung. Stuttgart, Weimar: Verlag J.B. Metzler. S. 69 – 71.

Mayr, K. (2012): Geschlossenheit / Offenheit. In: Jahraus, O.; Nassehi, A. u. a. (Hrsg.): Luhmann Handbuch Leben – Werk – Wirkung. Stuttgart, Weimar: Verlag J.B. Metzler. S. 84 – 86.

Kunau, G. (2006): Facilitating Computer Supported Cooperative Work with Socio-Technical Self-Descriptions. Dortmund, 2006.

Luhmann, N. (1984): Soziale Systeme. Grundriss einer allgemeinen Theorie. Frankfurt am Main: Suhrkamp.

Luhmann, N. (2000): Organisation und Entscheidung. Wiesbaden: Opladen.

III.X

Mertens, P. (2012): Schwierigkeiten mit IT-Projekten der Öffentlichen Verwaltung – Neuere Entwicklungen. In Informatik Spektrum Band 35, Heft 6 (2012), S. 433 – 446.

Schuler, H. (Hrsg.) (1998): Lehrbuch Organisationspsychologie. Bern: Hans Huber.

Schulzki-Haddouti, Ch.; Birkelbach, J. (2004): Amt im Netz. In c't 8 / 2004, S. 158.

Sommerville, I. (2007): Software Engineering, 8. Aktualisierte Auflage. München: Pearson Studium, München.

Sydow, J. (1985): Der soziotechnische Ansatz der Arbeits- und Organisationsgestaltung. Frankfurt / New York: McGraw-Hill.

Trist, E.; Bamforth, K. (1951): Some social and psychological consequences of the long wall method of coal getting. In: Human Relations 4 (1951), S. 3 – 38.

Willke, H. (1993): Systemtheorie, 4. Auflage. Stuttgart: UTB.

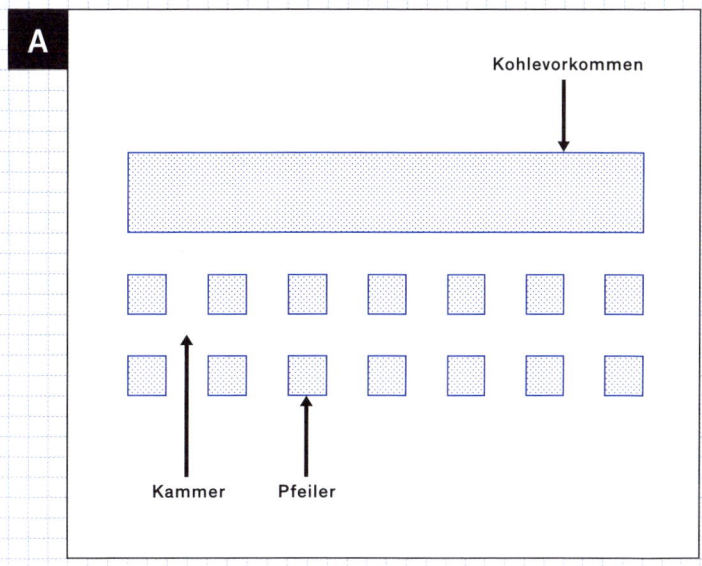

A — Kohlevorkommen — Kammer — Pfeiler

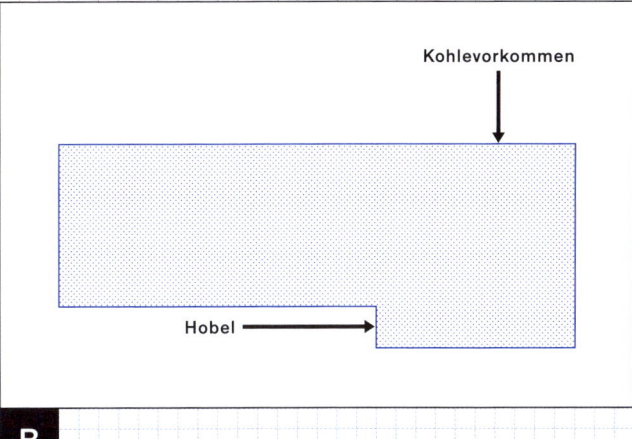

B — Kohlevorkommen — Hobel

A	Schematische Darstellung Kammerpfeilerbau
B	Schematische Darstellung Strebbau

IV

Der systemtheoretischen Betrachtung folgt nun die Übertragung auf Projekte im IT-Kontext. Das Kapitel beginnt mit der ausführlichen Darstellung eines Fallbeispiels, das die Notwendigkeit der integrierten Gestaltung organisatorischer und technischer Themen veranschaulicht. Die sozio-technischen Gestaltungsprinzipien der gleichzeitigen Verbesserung und der organisatorischen Wahlfreiheit werden erläutert. Das Phänomen des evolving use und die Betrachtung von Technikaneignung als sozialen Prozess werden dargestellt. Der Begriff der Technikadoption wird eingeführt. Abschließend diskutiert das Kapitel Vorgehensmodelle der Softwareentwicklung und präsentiert ein generisches Vorgehensmodell zur Gestaltung sozio-technischer Systeme.

IV Prinzipien der Gestaltung sozio-technischer Systeme
Lernziele

Das sozio-technische Prinzip joint optimization / gleichzeitige Verbesserung erläutern können

—

Das sozio-technische Prinzip organizational choice / organisatorische Wahlfreiheit erläutern können

—

Das Phänomen des evolving use / sich entfaltende Nutzung erläutern können

—

Die Teilprozesse der Technikadoption benennen können

—

Das Vorgehensmodell STEPS skizzieren können

—

Aufgaben, die in den Teilschritt Umfeldvorbereitung von STEPS gehören, benennen können

—

Das generische Vorgehensmodell zur Gestaltung sozio-technischer Systeme skizzieren können

Fallbeispiel: Kommunikationsunterstützung in einer Spedition

Die Spedition Stahlexpress ist in einem Nischenmarkt tätig: Sie übernimmt die Auslieferlogistik für Unternehmen der Stahlindustrie. Unternehmen, die Stahlprodukte wie Bleche, Drähte oder Profile herstellen, beauftragen die Spedition Stahlexpress, diese Produkte an die Besteller auszuliefern. Bislang arbeitet Stahlexpress auf Basis der Auftragspapiere seiner Kunden. Stahlexpress bekommt Kopien der Auftragspapiere jeder Stahlbestellung. Auf Basis der Terminangaben auf diesen Papieren planen die sogenannten Disponenten die Auslieferungstouren, die die Fahrer dann fahren.

Aufgabe der Disponenten ist es, die Touren für die Fahrer so zusammenzustellen, dass die Kunden ihre Ware wie zugesagt erhalten, die LKW sinnvoll mit den zum Teil sehr schweren und großen Stahlprodukten beladen sind und die Fahrer die Touren innerhalb der gesetzlich vorgegebenen Bedingungen wie bspw. Pausenzeiten erledigen können.

Aufgabe der Fahrer ist es, die Touren, die sie von den Disponenten übergeben bekommen, so zu fahren, dass alle Kunden ihre Stahlprodukte vereinbarungsgemäß erhalten. Darüber hinaus liegt die Beladung der LKW in der Verantwortung der Fahrer. Die Fahrer müssen insbesondere darauf achten, dass die Stahlteile verkehrstauglich sicher verstaut sind. Nach jedem Entladen von Waren bei einem Kunden muss die auf dem LKW verbleibende Ware zur Weiterfahrt erneut gesichert werden. Die Disponenten übergeben die Informationen zu einer Tour – in der Regel handelt es sich um Tagestouren – morgens früh in Form von Papierstapeln an die Fahrer.

Diese Übergabe findet in den Büros der Disponenten statt und bietet gleichzeitig die Gelegenheit zum persönlichen Austausch. Die Fahrer wiederum dokumentieren ihre Touren und Auslieferungen in Form von Tabellen und unterschriebenen Lieferscheinen, die sie abends nach Rückkehr im Büro ablegen. Diese Dokumente dienen zum einen zur Dokumentation der Arbeit der Fahrer, zum anderen sind sie die Basis, auf der die Spedition Stahlexpress mit ihren Kunden, abrechnet. Die Firmenleitung von Stahlexpress hat nun ein Projekt aufgesetzt, um die Kommunikation zwischen Disponenten und Fahrern elektronisch zu unterstützen. Das Projekt soll die folgenden Ziele erfüllen:

— Die Disponenten sollen im Tagesverlauf automatisch über den Ablauf der Touren der Fahrer informiert sein.
— Die Fahrer werden frühzeitiger über Änderungen an Touren bzw. über weitere Touren informiert.
— Die Zahl der Telefonate zwischen Disponenten und Fahrern wird reduziert, damit die Disponenten in ihrer Arbeit seltener unterbrochen werden.
— Das Papieraufkommen wird reduziert.
— Die Buchhaltung wird schneller über erfolgte Auslieferungen informiert und kann die Dienstleistung schneller in Rechnung stellen.

In dem Projekt wird ein Client-Server System SpedKom entwickelt, das aus zwei Komponenten besteht:

— Ein Dispositionssystem, das den Disponenten bei seiner Arbeit im Büro unterstützt. In dem Dispositionssystem planen und erstellen die Disponenten Touren für die Fahrer.
— Mobile Endgeräte, die die Fahrer mitführen. Auf diese Endgeräte übertragen die Disponenten die geplanten Touren, und die Fahrer nutzen sie zur Dokumentation des Ablaufs ihrer Tour. Die Kunden leisten ihre Unterschrift, mit der sie den Erhalt der Ware dokumentieren, auf dem mobilen Endgerät.

Das Fallbeispiel der Spedition Stahlexpress ← dient im weiteren Verlauf des Buches immer wieder als Quelle für konkrete Szenarien, wenn es um die Veranschaulichung von theoretischen Konzepten, Methoden oder Vorgehensmodellen geht. Das Fallbeispiel der Spedition Stahlexpress basiert auf einer Fallstudie, die im Rahmen eines vom BMBF geförderten Projektes an der TU Dortmund durchgeführt worden ist.[01] Für die Zwecke dieses Lehrbuches ist die ursprüngliche Fallstudie aber umbenannt, verfremdet und umgearbeitet worden.

Wer heute sieht, wie selbstverständlich alle Paketdienste mit Dispositionssystemen arbeiten, wie die Paketboten die ausgelieferten Pakete per Barcode-Scanner identifizieren und wie die Unterschriften der Kunden auf Pads gleich elektronisch erfasst und verarbeitet werden, mag sich wundern, dass hier ein solches Fallbeispiel gewählt ist. Fakt ist aber, dass es noch viele kleinere, spezialisierte Logistikunternehmen gibt, für die sich ein Umstieg auf elektronische Werkzeuge noch nicht lohnt. Insgesamt wird es Informatiker überraschen, in wie vielen Bereichen unserer Gesellschaft noch ganze Geschäftsprozesse papierbasiert ablaufen. Unser Gesundheitssystem oder das Gerichtswesen seien hier als weitere Beispiele genannt.

IV.II Kommunikationsunterstützung – mehr als ein technisches System

Geht man nun alleine mit den klassischen Werkzeugen der Softwareentwicklung an das Projekt heran, so besteht die Gefahr, dass ein sehr gut funktionierendes technisches System entwickelt wird, dass die vom Management erwarteten Ziele aber (trotzdem) nicht realisiert werden. Im Sinne der in Kapitel III erarbeiteten Ergebnisse liegt es nahe, auch in diesem Fallbeispiel das sozio-technische System als Ganzes zu betrachten und zu gestalten. Die Beispiele in **Abb. A** zeigen, welche Art von Themen in Erscheinung treten, wenn man in dem Projekt eine sozio-technische Perspektive einnimmt.

Das grundlegende Prinzip des sozio-technischen Ansatzes besagt, dass man nur dann erfolgreich sein wird, wenn man ein sozio-technisches System als Ganzes betrachtet und versteht. Ein Projekt, das das Kommunikationssystem SpedKom in der Spedition Stahlexpress einführt, muss verstehen, wie die technischen Funktionen mit den organisatorischen Themen zusammenhängen, um sie dann gemeinsam zu gestalten. Zwei Konzepte des sozio-technischen Ansatzes detaillieren dieses grundlegende Prinzip: Gleichzeitige Verbesserung (joint optimization) und organisatorische Wahlfreiheit (organizational choice). Beide Konzepte werden in den folgenden Kapiteln dargestellt.

Gleichzeitige Verbesserung

Das Konzept der *joint optimization* oder gleichzeitigen Verbesserung besagt, dass das soziale System immer gleichzeitig mit dem technischen System verändert werden muss.[02] Ein Projekt zur Gestaltung eines sozio-technischen Systems muss die bestmögliche Passung zwischen technischem und sozialem System finden. Für IT-Projekte, die Systeme für den kommunikationsunterstützenden Einsatz in Unternehmen entwickeln, bedeutet dies, dass sie im Kontext eines größeren Projektes, das die Veränderungsprozesse des sozialen Systems beinhaltet, gesehen werden müssen. Damit ergeben sich drei Ebenen, die innerhalb eines Projektes aktiv gestaltet werden müssen:

- Das technische System,
- Veränderungsprozesse im sozialen System und
- Die Nutzung des technischen Systems durch das soziale System.

Ein vom Stahlexpress-Management genanntes Ziel für die Einführung des Systems SpedKom ist die Ablösung des Lieferscheins auf Papier durch einen elektronischen. Die mobilen Endgeräte erlauben daher, dass der Kunde auf dem Graphikmodul unterschreibt und daher auf Lieferpapiere verzichtet werden kann. Damit durch diese technische Funktion aber tatsächlich der Lieferschein auf Papier ersetzt werden kann, müssen die Kunden mit diesem Verfahren überhaupt einverstanden sein. Dazu muss sichergestellt werden, dass sie alle für ihre eigene Buchhaltung und Weiterverarbeitung notwendigen

01   Herrmann et al., 2005
02   Sydow, 1985, S. 29

joint optimization: In erfolgreichen Projekten finden Änderungen im sozialen System gemeinsam mit der technischen Entwicklung statt.

Unterlagen zur Verfügung haben. Im Rahmen eines sozio-technischen Projektes müssen entsprechende Maßnahmen organisiert werden. Wenn das versäumt wird, wird neben der Nutzung des technischen Systems ein zweiter Prozess gelebt werden, auf dem die notwendigen Papierdokumente gedruckt werden. Damit ist das technische Projekt zwar vordergründig erfolgreich, das Ziel der Einführung eines elektronischen Lieferscheins ist aber nicht realisiert.

Als weiteres Beispiel für die Notwendigkeit einer gleichzeitigen Optimierung kann das Ziel der Reduktion der Telefonate zwischen Fahrern und Disponenten dienen. Die Aufgabe der Disponenten ist komplex und erfordert ein hohes Maß an Konzentration. Immer wieder werden sie unterbrochen, weil Fahrer anrufen und zusätzliche Information zu einer aktuellen Tour benötigen. Das System SpedKom beinhaltet daher sowohl eine Datenbank mit allgemeinen Informationen zu jedem Kunden als auch Möglichkeiten, zu jeder Tour ergänzende Informationen anzugeben. Durch Nutzung dieser technischen Funktionen sollte es möglich sein, die Zahl der notwendigen Telefonate zu reduzieren. Damit die Informationsfelder in SpedKom für die Fahrer aber hilfreich sind, muss die dort einzutragende Information zunächst einmalig zusammengetragen, verschriftlicht und in das System eingegeben werden. Danach muss jemand dafür verantwortlich sein, die Informationen in SpedKom stets aktuell zu halten. Im Rahmen eines sozio-technischen Projektes müssen diese Aufgaben geplant und durchgeführt werden. Denn wenn Fahrer merken, dass die Information veraltet und nicht verlässlich ist, werden sie sehr schnell wieder auf das Telefon zurückgreifen. Auch in diesem Fall wäre dann die technische Umsetzung einer Anforderung sehr gut gelungen, das organisatorische Ziel der Reduktion von Telefonaten aber nicht erreicht.

Organisatorische Wahlfreiheit

Betrachtet man die in **Abb. A** aufgeführten Beispiele von technischen Funktionen und organisatorischen Themen, so wird deutlich, dass wahrscheinlich nicht jede Spedition, die SpedKom einsetzt, zu den gleichen Antworten gelangen wird. **Abb. B** zeigt mögliche Unterschiede im Einsatz von SpedKom bei zwei Speditionen X und Y. Es ist ein Fakt, dass kein technisches System eine Arbeitsorganisation in Gänze bestimmen kann. Technische Systeme legen oft eine bestimmte Arbeitsorganisation nahe, es bleiben aber immer organisatorische Freiheitsgrade in der Verwendung eines gegebenen technischen Systems. Diese Freiheitsgrade müssen im Rahmen einer Technikeinführung aktiv gestaltet werden.

Der Begriff *organizational choice* oder organisatorische Wahlfreiheit bezeichnet die Freiheitsgrade, die jede Organisation bei der Einführung und Nutzung eines technischen Systems hat.[03]

Für Softwareentwickler und IT-Projektleiter ist es sehr wichtig zu wissen, dass sie die Nutzung des von ihnen entwickelten IT-Systems nicht zur Gänze bestimmen können. Sozio-technische Projekte lassen der Organisation Raum, die Regeln zur Nutzung des IT-Systems aktiv zu erarbeiten.

Technikaneignung als sozialer Prozess

Aus eher technischer Sicht könnte ein ideales Projekt wie folgt verlaufen: Die Anforderungen an die Software werden erhoben, die Software wird entwickelt und erfüllt alle Anforderungen, die Software wird getestet und eingeführt, die Nutzer verwenden die Software gemäß der anfangs formulierten Anforderungen. Ist ein IT-Projekt erfolgreich, so wird sein Ergebnis von den Nutzern akzeptiert. Die Akzeptanz eines technischen Systems durch seine Nutzer kann wie folgt definiert werden: »*Technikakzeptanz* beschreibt einen Zustand bzw. einen Prozess der passiven bzw. aktiven Einwilligung in die Einführung

03   Sydow, 1985, S. 30

Organizational choice bedeutet organisatorische Wahlfreiheit in der Nutzung eines technischen Systems.

Technikalakzeptanz bedeutet, dass Nutzer in Einführung und Betrieb eines technischen Systems einwilligen.

und den Betrieb eines technischen Systems seitens seiner Nutzerinnen und Nutzer.«[04] Die Erfahrung mit Softwareprojekten lehrt eine andere Sichtweise: Sehr häufig verwenden Nutzer IT-Systeme anders als die Entwickler es beabsichtigt oder die IT-Abteilungen es erwartet haben. Der Begriff Technikaneignung betont das Prozesshafte mehr als der Begriff der Technikakzeptanz. Im Kontext der Forschung zu *CSCW-Systemen* (vgl. Kapitel IX) haben sich in diesem Zusammenhang drei Begriffe etabliert: Evolving use, appropriation und adoption. Alle drei Begriffe betonen den sozialen Charakter von Technikaneignung insbesondere bei kooperationsunterstützenden Systemen. Die Begriffe überschneiden sich teilweise in ihrer Bedeutung, da sie von unterschiedlichen Forschungsgruppen geprägt worden sind. Jeder der Begriffe betont aber auch einen eigenen Aspekt der Technikaneignung. Der Begriff *evolving use* oder sich entfaltende Nutzung hebt den Aspekt hervor, dass sich die Nutzung einer Software nicht vorher bestimmen lässt: Nutzer tendieren dazu, IT-Systeme neu zu erfinden, indem sie neuartige Wege der Nutzung einführen.[05]

Ein Verband führt ein Customer Relationship Management System (CRM) ein, um sämtliche Kontakte mit seinen Mitgliedern zu pflegen. Dazu werden die Stammdaten der Mitglieder (Name, Adresse, Telefon, E-Mail, Beruf, etc.) in einer Datenbank verwaltet. Hinzukommen die Bewegungsdaten: Jedes Telefonat, jede E-Mail, jeder Schriftwechsel mit dem Mitglied wird in dem CRM-System vermerkt, damit der Verband zu jedem Mitglied ein vollständiges Bild seiner Kontakte erhält. Der Vorteil eines solchen Systems ist, dass den Mitarbeitern des Verbandes bei jedem neuen Kontakt mit einem Mitglied die Kontakthistorie bekannt ist. So können unnötige Fragen vermieden und vorliegende Informationen verwendet werden.

Nach einer Weile stellen die Mitarbeiter des Verbandes fest, dass sich dieses System nicht nur für die Verwaltung der Mitgliederkommunikation nutzen lässt, sondern dass sämtliche Kontakte – auch zu Behörden, politischen Akteuren,

Lieferanten u.ä. – bestens in dem CRM-System eingetragen werden können. Nachdem das CRM-System eine Weile in diesem erweiterten Sinne verwendet worden ist, kommt das Problem auf, dass man in der Datenbank nicht mehr erkennen kannn, wer Mitglied ist und wer nicht. Das wiederum wirft Probleme bspw. bei der Erstellung von Serienbriefen an Mitglieder auf.

Als Konsequenz beauftragt der Verband die Softwareentwickler nun, ein Attribut in der Datenbank einzuführen, mit dem jede Person in der Datenbank einer bestimmten Kontaktgruppe zugeordnet werden kann.

Das in dem Beispiel ↑ beschriebene Wechselspiel zwischen sich entfaltender Nutzung eines IT-Systems und der Erzeugung neuer Anforderungen an das IT-System wird in der Literatur auch mit dem Begriff der appropriation bzw. Aneignung bezeichnet: »Appropriation ist die Art, in der Technologien adoptiert, angepasst und in den Arbeitsalltag integriert werden. Hierzu gehört die kundenspezifische Anpassung im gebräuchlichen Sinne (d. h. die explizite Rekonfiguration der Technologie, um lokale Bedürfnisse zu bedienen); darüber hinaus beinhaltet sie aber auch den Gebrauch der Technologie für Zwecke, die über das hinausgehen, für das sie ursprünglich entworfen war, oder für neue Ziele.«[06] Damit beinhaltet der Begriff appropriation in Ergänzung zu evolving use auch den Aspekt der Technikkonfiguration. Auf gesellschaftlicher Ebene ist die heutige Verwendung des short message service (SMS, vgl. Kapitel VI) ein prägnantes Beispiel sowohl für evolving use als auch für appropriation. Anstelle des Begriffes Technikakzeptanz wird gerade in Zusammenhang mit

04   Hoffmann, 2004, S. 36
05   Andriessen et al., 2003, S. 367
06   Dourish, 2003, S. 467;
      Übersetzung durch Autorinnen

Computer Supported Cooperative Work (CSCW)-Systeme unterstützen kooperative Arbeitsprozesse.

Evolving use bedeutet »sich entfaltende Nutzung« und bezeichnet den Prozess, in dem Nutzer die Nutzung eines IT-Systems gestalten. Das geschieht oft anders als von den Entwicklern geplant.

kooperationsunterstützender Software (vgl. Kapitel IX) eher der Begriff der Technikadoption verwendet, um die aktive Rolle der Nutzer stärker zu verdeutlichen. Hoffmann definiert wie folgt: ↓

»Adoption ist ein von Nutzerinnen und Nutzern vollzogener Prozess, der zu einer dauerhaften Aufnahme oder Einbeziehung eines Technologieangebots in individuelle oder soziale Verhaltensmuster führt. Adoptionsprozesse bestehen dabei aus mehreren aufeinander aufbauenden Teilprozessen:

1   Wahrnehmung / Zurkenntnisnahme des Angebots
2   Interpretation, insbesondere die Ausbildung einer Meinung von der Qualität, der Nützlichkeit und der Bedeutung des Angebots für die eigene Rolle
3   Entscheidung über die Nutzung des Angebots, die in Bezug auf eine Nutzungsoption oder insge-

samt für alle Nutzungsoptionen des Angebot getroffen wird

4   Anpassung des Verhaltens, insbesondere die Entwicklung effektiver und effizienter Nutzungs- und Kooperationsmuster

5   Intensivierung und Ausweitung der Nutzung durch stärkere Beteiligung an den unterstützten Prozessen oder durch Einsatz für zusätzliche Aufgaben

6   Anpassung der Technologie an Bedürfnisse und Praktiken«[07]

Ergänzt man die in diesem Abschnitt dargestellten Überlegungen um die in Kapitel III vorgestellte Sichtweise, dass soziale Systeme autopoietisch und damit selbstorganisierend und selbsterzeugend sind, so wird deutlich, dass der Prozess der Technikaneignung in einem sozialen System nicht deterministisch gesteuert werden kann. Aus dieser Erkenntnis ergeben sich Herausforderungen für die Organisation von IT-Projekten, insbesondere der Softwareentwicklung. Der folgende Abschnitt widmet sich Vorgehensmodellen in der Softwareentwicklung unter dem Aspekt, wie soziale Prozesse der Technikaneignung integriert und unterstützt werden können.

07   Hoffmann, 2004, S. 37

Vorgehensmodelle in der Softwareentwicklung

Softwareentwicklungsprojekte sind oft nach den Regeln von Vorgehensmodellen organisiert. Für das Software Engineering definiert Sommerville wie folgt: »Ein Vorgehensmodell ist eine vereinfachte Beschreibung eines Softwareprozesses, die eine Sicht dieses Prozesses darstellt. Prozessmodelle können Tätigkeiten umfassen, die Teil des Softwareprozesses sind, sowie Softwareprodukte, und die Rollen der Personen, die mit dem Software Engineering befasst sind.«[08]

So geben *Vorgehensmodelle* einen verbindlichen Rahmen für die Projektgruppe, indem sie einzuhaltende Schritte und Abläufe vorgeben. Sie legen aber nicht alle Methoden im Detail fest. So können innerhalb eines Vorgehensmodells beispielsweise unterschiedliche Programmiersprachen oder Modellierungsnotationen Anwendung finden. Zu den in der Softwareentwicklung bekannten Vorgehensmodellen gehören:[09]

— Wasserfall-Modell
— Evolutionäre Entwicklung
— Komponentenbasiertes Software Engineering

Diese Grundtypen kennen zahlreiche Ausprägungen, Weiterentwicklungen und kommen auch in kombinierter Form vor. Der Rational Unified Process (RUP) ist ein Vorgehensmodell, der Elemente aus allen drei Grundtypen vereinigt.[10] Gemäß der Definition für Vorgehensmodelle im Software Engineering fokussieren alle genannten Modelle auf eine gelungene Gestaltung des technischen Systems. Die Grundaktivitäten, die in allen Vorgehensmodellen vorkommen sind: Softwarespezifikation, Softwareentwurf und -implementierung, Softwarevalidierung und Softwareevolution.[11] Die sozialen Prozesse der Technikaneignung spielen keine oder nur eine untergeordnete Rolle. Sie kommen immer dann ins Spiel, wenn sie Berührungspunkte zur Anforderungsanalyse haben. Dies gilt auch für den »Prozess zur Gestaltung gebrauchstauglicher interaktiver Systeme«, der in der DIN EN ISO 9241-210 spezifiziert wird (der Aufbau der Norm wird in Kapitel VIII ausführlich erläutert). Der Prozess sieht explizit einen Schritt »Verstehen und Festlegen des Nutzungskontexts« vor, in dem ein zukünftiger Nutzungskontext für das zu entwickelnde IT-System beschrieben werden soll. Vor dem Hintergrund der in Kapitel III beschriebenen Eigenschaften sozialer Systeme erscheint der Begriff »Festlegen« für einen zukünftigen

Nutzungsprozess schwierig. Aus Sicht des Softwareentwicklungsprozesses ist es andererseits verständlich, dass ein Nutzungskontext beschrieben werden muss, für den eine Software zu entwickeln ist. Der in der Norm beschriebene Prozess konzentriert sich im weiteren auf die Entwicklung des IT-Systems. Er enthält keinen Schritt, in dem der beschriebene zukünftige Nutzungsprozess im Sinne einer Organisationsentwicklung herbei geführt wird.

Möchte man aber sozio-technischen Projekten den Rahmen eines Vorgehensmodells geben, so muss dieses die sozialen Prozesse, die in der Organisation stattfinden, mit einbeziehen. Die Herausforderung besteht darin, Prozesse der Technikentwicklung mit den Prozessen der Organisationsentwicklung in einen logischen Bezug zu setzen. Das Vorgehensmodell STEPS verfolgt diese Idee.

IV.VII # Das Vorgehensmodell STEPS

Floyd veröffentlichte 1989 ein iteratives Vorgehensmodell zur Softwareentwicklung, das sie STEPS nannte.[12] STEPS steht für Softwaretechnik für Evolutionäre Partizipative Systemgestaltung. Partizipative Entwicklungsmethoden sind ein Schwerpunkt in Kapitel V. Hier soll zunächst auf die in dem Vorgehensmodell vorgesehene Integration von Organisations- und Softwareentwicklung eingegangen werden. »Kennzeichnend für *STEPS* ist die Betrachtung von Software im Einsatzkontext, wobei die Einbettung in die unterstützten Arbeits- und Kommunikationsprozesse im Vordergrund steht. Da von einem Zusammenspiel von Softwareeinführung und organisatorischer Veränderung

08	Sommerville, 2007, S. 35
09	ebd., S. 95
10	ebd., S. 112
11	ebd., S. 94
12	Floyd et al., 1989

Vorgehensmodelle geben Projekten einen verbindlichen Rahmen, indem sie Abläufe vorgeben.

STEPS steht für Softwaretechnik für Evolutionäre Partizipative Systemgestaltung. Es ist ein iteratives Vorgehensmodell, das Software- und Organisationsentwicklung integriert.

ausgegangen wird, wird Software-Entwicklung als integrativer Teil einer über-
greifenden Organisationsentwicklung gesehen.«[13] **Abb. C** zeigt das Vorgehensmodell STEPS. In Projekten, die diesem Vorgehensmodell folgen, erarbeiten Nutzer und Entwickler im Schritt Systemgestaltung gemeinsam eine
Systemspezifikation. Danach begeben sich die Softwareentwickler an die Aufgabe, die Software zu realisieren. Parallel dazu ist es die Aufgabe der zukünftigen
Nutzer, den Schritt Umfeldvorbereitung durchzuführen. Eine Systemversion
in STEPS ist dann nicht nur eine Version einer Software. Jede Softwareversion
ist vielmehr eingebettet in einen Arbeitskontext, der im Schritt »Umfeldvorbereitung« organisatorisch umgesetzt worden ist.

    Als Beispiele für Tätigkeiten im Schritt Umfeldvorbereitung nennt Floyd
Qualifizierungsmaßnahmen oder auch organisatorischen Anpassungen. Der
Schritt Umfeldvorbereitung bietet somit Raum für:

— Aktivitäten, die soziale Prozesse der Technik-
aneignung unterstützen
— Maßnahmen, die einer gleichzeitigen Optimierung dienen
— Entscheidungsprozesse, die organisatorische
Wahlfreiheit wahrnehmen
— Gestaltung von Arbeitsprozessen, die die neue
Software nutzen

STEPS ist ein Vorgehensmodell für Softwareentwicklung, in dem die Organisationsentwicklung durch den Schritt »Umfeldvorbereitung« explizit verortet
ist; damit unterstützt STEPS eine sozio-technische Systemgestaltung.

Generisches Vorgehens-
modell zur sozio-technischen
Systemgestaltung

Das Vorgehensmodell STEPS beinhaltet konkrete Vorgaben zum Vorgehen bei
der Softwareentwicklung: Es ist ein iteratives Vorgehensmodell und sieht die
Erstellung einer Systemspezifikation vor der technischen Umsetzung vor. Zur
Einordnung der in Kapitel V dargestellten Methoden ist ein allgemeineres Vorgehensmodell für eine sozio-technische Perspektive in IT-Projekten hilfreich.

Abb. D zeigt ein generisches Vorgehensmodell zur sozio-technischen Systemgestaltung im organisatorischen Kontext.[14] Es macht bewusst keinerlei Annahmen über das Vorgehen bei der Softwareentwicklung.

Im oberen Teil ist der Entstehungs- bzw. Entwicklungsprozess abgebil-
det: Veränderungen im sozialen System werden parallel zu der Entwicklung
im technischen System vorbereitet. Im unteren Teil ist als Ergebnis ein sozio-
technisches System entstanden, in dem sich ein soziales System auf ein technisches System in seiner Umwelt eingestellt hat.

Überträgt man dieses generische System auf einen Organisationskontext,
so entspricht die Veränderung im sozialen System der Planung und Etablie-
rung von Arbeitsprozessen. Alle Schritte, die eine aktive Gestaltung des Nutzungskontextes unterstützen, finden hier ihren Platz. In einem größeren
gesellschaftlichen Kontext finden hier Meinungsbildungs- und Gesetzgebungs-
prozesse statt. In Ergänzung zu der Darstellung im Vorgehensmodell STEPS
ist eine ständige Rückkopplung zwischen der Veränderung im sozialen System
und der Entwicklung des technischen Systems vorgesehen. An dieser Stelle
können unterschiedliche Vorgehensmodelle für die Softwareentwicklung Anwendung finden.

13   Floyd et al., 1997, S. 1
14   nach Kunau, 2006, S. 86

Zusammenfassung

Das Kapitel startete mit dem Fallbeispiel der Spedition Stahlexpress, die zur Verbesserung der Arbeitsprozesse von Fahrern und Disponenten das Software-system SpedKom einführt. Anhand dieses Beispiels sind die zentralen Konzepte früher sozio-technischer Forschungen eingeführt worden: Joint optimization/gleichzeitige Verbesserung und organizational choice/organisatorische Wahlfreiheit. Eine moderne Sicht auf Nutzungsprozesse insbesondere kooperationsunterstützender Software ist vorgestellt worden, indem Technikaneignung als sozialer Prozess dargestellt wurde. Die Begriffe Akzeptanz, evolving use, appropriation und adoption sind erläutert worden. Vorgehensmodelle der Softwareentwicklung wurden vorgestellt und auf ihre Unterstützung einer sozio-technischen Perspektive hin beleuchtet. Mit dem Vorgehensmodell STEPS wurde ein solches Modell detaillierter dargestellt. Abschließend wurde ein generisches Vorgehensmodell präsentiert, das ein sozio-technisches Vorgehen sowohl im organisatorischen Umfeld als auch auf gesellschaftlicher Ebene darstellt.

Kapitel V setzt die Betrachtung sozio-technischer Systeme fort, indem Gestaltungsmethoden sowohl für den organisatorischen Kontext als auch auf gesellschaftlicher Ebene vorgestellt werden. Diese Methoden konkretisieren die hier dargestellten Vorgehensmodelle.

Fragen zur Wiederholung

1   Was versteht man unter dem Prinzip der joint optimization oder gleichzeitige Verbesserung in der sozio-technischen Gestaltung? Erläutern Sie ein Beispiel.

2   Welches Phänomen beschreibt der Begriff organizational choice oder organisatorische Wahlfreiheit? Erläutern Sie ein Beispiel.

3   Was versteht man unter dem Begriff des evolving use bzw. der sich entfaltenden Nutzung?

4   Welche Teilprozesse beinhaltet Technikadoption durch Nutzer?

5   Skizzieren Sie Schritte und Ablauf des Vorgehens-
     modells STEPS.
6   Welche Aufgaben können in dem Teilschritt Umfeldvor-
     bereitung von STEPS vorkommen und wer ist für
     diese Aufgaben verantwortlich?
7   Skizzieren Sie das generische Vorgehensmodell zur
     Gestaltung sozio-technischer Systeme.

Zum Nachdenken / Zur Diskussion

1   Wiederholen Sie die theoretischen Konstrukte der in
     Kapitel III vorgestellten Systemtheorie nach Niklas
     Luhmann. Stellen Sie Beziehungen zwischen diesem
     Theorieansatz und der Sichtweise »Technikaneignung
     als sozialer Prozess« her.
2   Haben Sie die Schritte der Technikadoption schon selber
     erlebt? Diskutieren Sie beispielsweise anhand der an
     Ihrer Hochschule verwendeten Lernplattform.

Literatur

Andriessen, J. H. E.; Hettinga, M.; Wulf, V.
(2003): Introduction to Special Issue
on Evolving Use of Groupware. In: Computer
Supported Cooperative Work 12, pp. 367 – 380.

Floyd, Ch.; Reisin, F.-M.; Schmidt, G. (1989):
STEPS to Software Development with Users.
In: Ghezzi, J.; McDermid, J. A. (Eds.)(1989):
Lecture Notes in Computer Science Nr. 387.
Heidelberg: Springer, pp. 48 – 64.

Floyd, Ch.; Krabbel, A.; Ratuski, S.; Wetzel, I.
(1997): Zur Evolution der evolutionären
Systementwicklung: Erfahrungen aus einem
Krankenhaus. In: Informatik Spektrum 20.
Heidelberg: Springer, S. 13 – 20.

Herrmann, Th.; Schöpe, L.; Erkens, E.; Hülder,
M. (Hrsg.) (2005): Mobile Speditionslogistikunterstützung. Aachen: Shaker.

Hoffmann, M. (2004): Awareness und
Adoption kooperativer Wissensmedien im
Kontextinformeller Zusammenarbeit.
Universitätsbibliothek Technische Universität
Dortmund, Dortmund. http://hdl.handle.
net/2003/19663; gesichtet am 17. Januar
2014.

Kunau, G. (2006): Facilitating computer
supported cooperative work with socio-
technical self-descriptions. Universitätsbibliothek Technische Universität Dortmund,
Dortmund. http://hdl.handle.net/2003/
22226; gesichtet am 17. Januar 2014.

Sommerville, I. (2007): Software Engineering,
8. Aktualisierte Auflage. München: Pearson
Studium, München.

Sydow, J. (1985): Der soziotechnische
Ansatz der Arbeits- und Organisations-
gestaltung – Darstellung, Kritik,
Weiterentwicklung. Frankfurt / New York:
McGraw-Hill.

Technische Funktion	Organisatorische Themen
Das System SpedKom enthält eine Funktion »Routen übertragen«, mittels derer der Disponent dem Fahrer alle Informationen und Unterlagen zu den Auslieferungstouren übermitteln kann.	Sollen die regelmäßigen morgendlichen Treffen zwischen Fahrern und Disponenten grundsätzlich entfallen? Bislang waren diese Treffen notwendig, um den Fahrern die Unterlagen für ihre Touren auszuhändigen. Ergänzend gaben die Treffen bei einer morgendlichen Tasse Kaffee die Gelegenheit zum Austausch zu diversen dienstlichen Themen und auch zu kollegialen Gesprächen. Die Spedition muss entscheiden, wie viel der soziale Kontakt zwischen Fahrern und Disponenten gegenüber der potenziellen Zeitersparnis wiegt.
Das System SpedKom enthält eine Funktion »Ablieferung erfolgt«, mittels derer der Fahrer einträgt, wenn er mit der Ablieferung der Ware bei einem Kunden fertig ist. Dieser Zeitstempel wird an den Server übertragen. So kann der Disponent direkt sehen, dass ein Kunde seine Ware erhalten hat; außerdem kann der Disponent abschätzen, wo sich der Fahrer gerade befindet. Die Spedition Stahlexpress hat sich bewusst gegen eine permanente GPS-Verfolgung ihrer LKW entschieden.	Betrachtet man die Arbeitsabläufe der Fahrer bei einem Kunden im Detail, so stellt man fest, dass er nach der Warenübergabe an den Kunden noch einige durchaus zeitraubende Aktivitäten durchzuführen hat. Insbesondere muss die auf dem LKW verbleibende Ladung wieder transportsicher verstaut werden. Da es sich um zum Teil sehr schwere Stahlprodukte handelt, kann hierfür sogar der Einsatz von Hebewerkzeugen notwendig sein. Die organisatorische Frage ist nun, wann genau der Fahrer die Funktion »Ablieferung erfolgt« betätigt: Direkt nachdem der Kunde die Ware erhalten hat, oder erst nachdem der LKW wieder fahrbereit ist, und der Fahrer den Ort der Ablieferung verlässt? Von der Beantwortung dieser Frage hängt ab, wie der Disponent die an sein System übertragene Zeit interpretiert.
Das System SpedKom enthält eine Funktion, mittels derer der Fahrer die Reihenfolge der Kunden einer Tour umsortieren kann. Die umsortierte Folge wird an den Server übertragen, so dass der Disponent von der Änderung informiert ist.	Die Spedition Stahlexpress muss klären, unter welchen Umständen Fahrer berechtigt sind, die vom Disponenten übertragene Tour umzusortieren. Soll der Fahrer die vom Disponenten übertragene Tour als festen Arbeitsauftrag werten, der nur in Ausnahmefällen wie bspw. Verkehrsstörungen verändert werden darf? Oder ist die übertragene Tour nur als Vorschlag zu werten, die der Fahrer gemäß seiner Erfahrung und in Abhängigkeit der zu be- und entladenden Güter anpassen darf? Oder ist ein Zwischenweg die für die Spedition sinnvollste Lösung?
Das mobile Endgerät verfügt über eine Komponente, auf der der Kunde seine Unterschrift zur Empfangsbestätigung leisten kann.	Die Spedition Stahlexpress muss klären, wie sie mit Kunden umgehen wird, die weiterhin auf Lieferpapieren bestehen und keine Unterschrift auf einem mobilen Endgerät leisten wollen. Wird die Spedition ihre Kunden im Vorfeld informieren? Erhalten die Kunden auf Wunsch weiterhin Papierunterlagen, für die sie vielleicht einen Aufpreis zahlen müssen? Wie soll sich ein Fahrer verhalten, wenn ein Kunde ihm die Unterschrift auf dem mobilen Endgerät verweigert?
Das Kommunikationssystem SpedKom enthält eine Chat-Komponente, über die die Fahrer akute Probleme, Anliegen oder sonstige Informationen an den Disponenten melden können. Der Disponent kann ebenfalls über diese Komponente antworten oder aber ergänzende Informationen in Form von Notizen zum Auftrag oder zu Kundendaten bereitstellen.	Fahrer und Disponenten müssen klären, ob diese Chat-Komponente jegliche Kommunikation per Handy ersetzen soll, oder ob die Kommunikation per Handy nur reduziert werden soll. Im letzteren Fall müssen die Beteiligten klären, unter welchen Umständen eine Kommunikation per Handy nach wie vor sinnvoll ist.

A Beispiele sozio-technischer Systemgestaltung

B

1. **Disponenten und Fahrer treffen sich weiterhin morgens vor der erste Fahrt ◄►** Disponenten und Fahrer begegnen sich nicht mehr persönlich

2. **Kunden können die Lieferung weiterhin optional auf Papier quittieren ◄►** Mit allen Kunden ist die elektronische Unterschrift verbindlich vereinbart worden

3. **Die vom Disponenten bereit gestellte Route ist ein Vorschlag, den der Fahrer verändern darf ◄►** Die vom Disponenten bereit gestellte Route ist eine Arbeitsanweisung, die der Fahrer nicht verändern darf

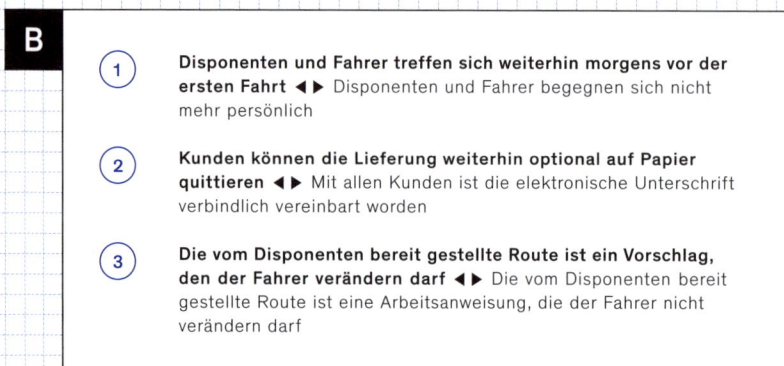

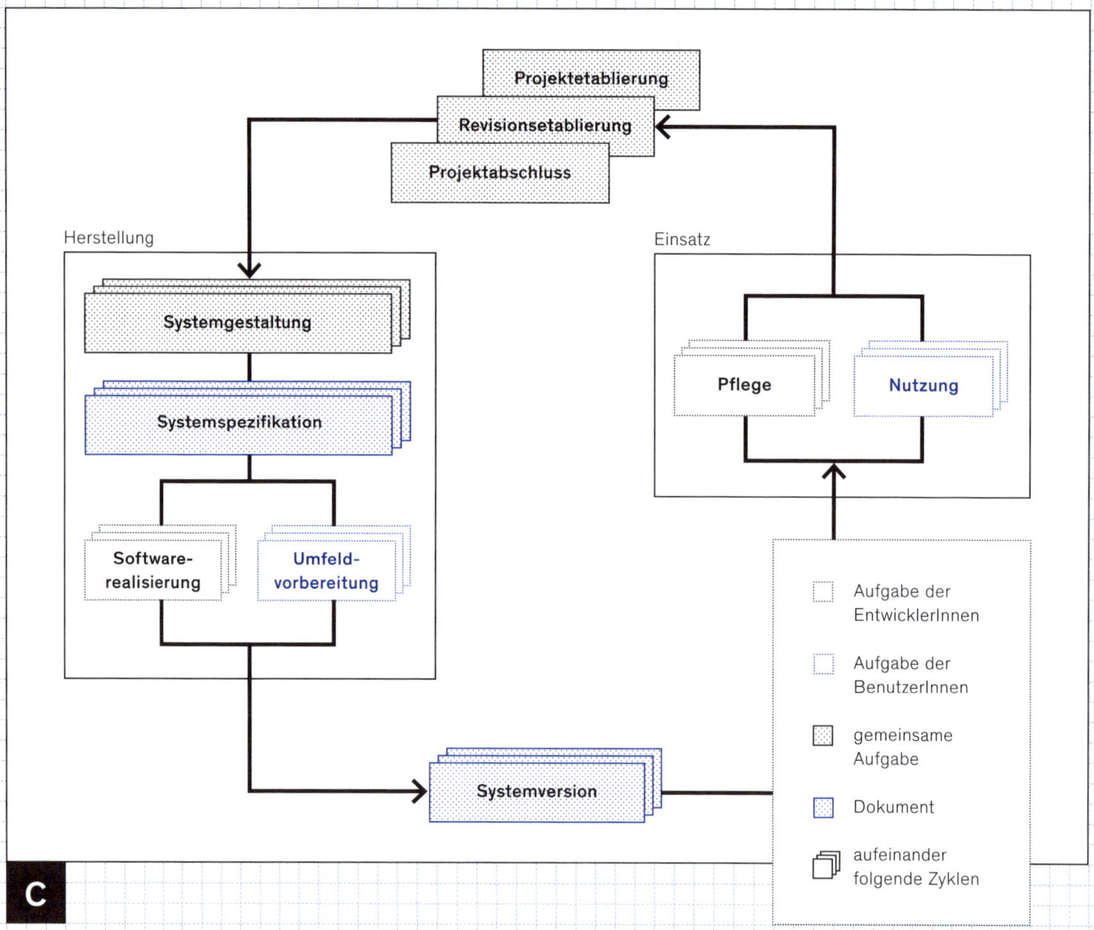

C

Gestaltung sozio-technischer Systeme

| Veränderung im sozialen System | ←→ | Entwicklung des technischen Systems |

↓

Sozio-technisches System

| Veränderung im sozialen System | ←→ | Entwicklung des technischen Systems |

V

Die Gestaltung eines sozio-technischen Systems kann nur mit aktiver Beteiligung der zukünftigen Nutzer erfolgreich sein. Dieses Kapitel widmet sich daher dem Thema Partizipation und erläutert Motive, Grade, Formen und Methoden. Mit dem socio-technical walkthrough (STWT) wird eine in der Praxis erprobte Methode zur Gestaltung sozio-technischer Systeme dargestellt, die im Zusammenhang mit Softwareentwicklungsprojekten angewendet werden kann. Der abstrakten Darstellung der Methode folgt ein Abschnitt mit konkreten Beispielen aus einer Fallstudie.

So sensibilisiert dieses Kapitel für Notwendigkeit und Chancen eines sozio-technischen Vorgehens. Es greift die theoretischen Konstrukte der vorherigen Kapitel auf und zeigt Formen der praktischen Umsetzung.

V

Methoden der Gestaltung sozio-technischer Systeme
Lernziele

Unterschiedliche Motive für den Einsatz partizipativer Methoden benennen können

—

Unterschiedliche Grade von Partizipation benennen und erklären können

—

Unterschiede zwischen direkter und repräsentativer Beteiligung erklären können

—

Die Methode des socio-technical walkthrough (STWT) erklären können

—

Erklären können, wie der socio-technical walkthrough die Konzepte gleichzeitige Verbesserung, organisatorische Wahlfreiheit und Technikaneignung als sozialen Prozess unterstützt

—

Eigenschaften sozio-technischer Modelle erläutern können

—

Bezüge zwischen den theoretischen Konstrukten der Kapitel III und IV, dem Fallbeispiel aus Kapitel IV sowie der Methode des STWT benennen können

Motive für den Einsatz partizipativer Methoden

Methoden zur Gestaltung sozio-technischer Systeme beziehen immer die künftigen Nutzer der Systeme aktiv ein. Methoden, die Nutzer beteiligen, nennt man auch partizipative Methoden. Das lateinische Wort Partizipation lässt sich mit Teilnahme, Teilhabe oder auch Beteiligung übersetzen. Spricht man von *partizipativen Methoden der Softwareentwicklung*, so meint man die Beteiligung der zukünftigen Nutzer an der Entwicklung der Software. Die Motive, partizipative Methoden in einem IT-Projekt anzuwenden, können sehr unterschiedlich sein: Die Erkenntnis, durch Partizipation zu einem besseren Projekterfolg zu gelangen, kann ebenso ausschlaggebend sein wie persönliche oder politische Wertvorstellungen, theoretische Überlegungen, gesetzliche Vorgaben oder die Anwendung von Vorgehensmodellen, die eine Nutzerbeteiligung vorsehen. Die folgenden Abschnitte beleuchten diese unterschiedlichen Motive genauer.

Projekterfolg

Partizipative Methoden helfen, die Prozesskenntnisse der Nutzer in die Softwareentwicklung mit einzubringen. Dadurch steigt die Wahrscheinlichkeit, dass die neue Software die Arbeitsprozesse geeignet unterstützt. Aber sogar unabhängig von der tatsächlichen Qualität wird eine Software, an deren Entwicklung die Nutzer beteiligt waren, auf höhere Akzeptanz stoßen als solche, die ohne Beteiligung eingeführt wird. Beide Aspekte können zu einem besseren Projekterfolg beitragen.

Wertvorstellung

Viele Menschen verbringen einen großen Teil ihrer Arbeitszeit an Computern und müssen mit der durch ihren Arbeitgeber bereitgestellten Software arbeiten. Da erscheint es als humanistisches oder demokratisches Grundrecht, dass diese Menschen die Software, die ihre Arbeitsumgebung so prägt, aktiv mitgestalten dürfen. Partizipative Methoden der Softwareentwicklung unterstützen bei der Wahrnehmung dieses Grundrechts.

Seit den 1980er Jahren gibt es innerhalb der Informatik die Forschungsrichtung *participatory design*.[01] Die Einsicht, dass Technikdesign immer auch eine politische Dimension hat und dass gerade auch IT-Systeme zur Durchsetzung von Managementinteressen dienen können, treibt viele Forscher des Participatory Design (PD) an. Das dritte Beispiel in **Abb. A** in Kapitel IV – Umsortieren der Reihenfolge einer Tour – kann als Beispiel für eine solche politische Dimension dienen: Wie viel Entscheidungsspielraum überlässt das Management der Spedition seinen Fahrern?

In Kapitel VII wird eine Definition humaner Arbeitstätigkeiten aus der Perspektive der Arbeits- und Organisationspsychologie vorgestellt. Die Motivation dieser Perspektive ist es, ein Arbeitsumfeld zu gestalten, das es den arbeitenden Menschen nicht nur erlaubt, psychisch gesund zu bleiben, sondern auch, sich persönlich weiterzuentwickeln. Eine Komponente solcher Arbeitsumfelder ist die Beteiligung der Arbeitnehmer an der Gestaltung ihrer Arbeitsumgebung.

Gesetzliche Vorgaben

Für viele Bereiche des Arbeitslebens gibt es gesetzliche Vorgaben, wie Arbeitnehmer in die Auswahl und Gestaltung von IT-Systemen mit einzubeziehen sind. Das Betriebsverfassungsgesetz (BetrVG) regelt dies für Betriebe, die Landespersonalvertretungsgesetze (LPVG) für Dienststellen der Länder und Gemeinden. Den Arbeitnehmern wird sowohl bei den IT-Systemen selber als auch bei den damit verbundenen Arbeitsprozessen ein Mitgestaltungsrecht eingeräumt (vgl. im Detail Kapitel VII). Partizipative Methoden der Softwareentwicklung können Arbeitnehmervertreter und künftige Nutzer dabei unterstützen, ihre Rechte wahrzunehmen.

01   Kensing & Blomberg, 1998

Partizipative Methoden der Softwareentwicklung beziehen die künftigen Nutzer in den Entwicklungsprozess mit ein.

Participatory design (PD) ist eine Forschungsrichtung in der Informatik, die partizipative Methoden entwickelt.

Vorgehensmodelle

Es gibt Vorgehensmodelle, die eine Beteiligung der zukünftigen Nutzer explizit vorsehen. In Kapitel IV sind das Modell STEPS sowie die nutzungsorientierte Gestaltung nach DIN ISO 9241-210 beispielhaft vorgestellt worden. Methoden der partizipativen Softwareentwicklung können genutzt werden, um den Rahmen, den das Vorgehensmodell beschreibt, zu konkretisieren.

Theoretische Überlegungen

Die Systemtheorie beschreibt soziale Systeme als Systeme, die aus Kommunikationen bestehen und sich nur von innen heraus kommunikativ verändern können (vgl. ausführlich Kapitel III). Wenn sich ein soziales System wie beispielsweise die Spedition Stahlexpress so verändern soll, dass sie ihre Geschäftsprozesse auf die Nutzung des Systems SpedKom umstellt, dann geht das nur durch Kommunikation innerhalb der Organisation. Es werden also partizipative Methoden benötigt, die diese besondere Art der Kommunikation unterstützen.

Unabhängig davon, welches Motiv hinter der Anwendung partizipativer Methoden steckt, muss Partizipation vorbereitet und durchgeführt werden, damit am Ende nicht sogar nachteilige Effekte eintreten. So muss allen transparent sein, wer mit welchem Ziel am Entwicklungsprozess beteiligt ist. Der folgende Abschnitt erläutert unterschiedliche Grade der Partizipation.

Grade der Partizipation

Beteiligt man zukünftige Nutzer am Softwareentwicklungsprozess, so kann diese Beteiligung hinsichtlich der Art der Kommunikation sowie der Verbindlichkeit sehr unterschiedlich ausfallen.[02] Im Folgenden werden vier Grade der Partizipation dargestellt, die sich in den Dimensionen Kommunikation und Verbindlichkeit unterscheiden, und die in unterschiedlichen Situationen sinnvoll angewendet werden können.

Information

Die zukünftigen Nutzer werden über den Einsatz einer neuen Software informiert. Es handelt sich um eine kommunikative Einbahnstraße, die Nutzer werden nicht um ihre Meinung gefragt. ↗

In einem Beratungsunternehmen führt die Buchhaltung eine neue Software zur Erfassung und Abrechnung von Dienstreisen ein. Wenige Tage bevor die Software produktiv geschaltet wird, erhalten alle reisenden Berater eine E-Mail mit den wichtigsten Änderungen im Verfahren und in der Nutzung der Software.

Diese Art der Nutzerbeteiligung ist sinnvoll, wenn es zwar viele Nutzer gibt, diese in ihrem (Arbeits-)leben von der Software aber nur am Rande betroffen sind. Eine geeignete Informationspolitik trägt in solchen Fällen sowohl zur Akzeptanz als auch zum effektiven Einsatz der neuen Software bei.

Datenerhebung

Auch bei der Datenerhebung handelt es sich um eine kommunikative Einbahnstraße: Die zukünftigen Nutzer werden – typischerweise im Rahmen einer Anforderungserhebung – um ihre Meinung zu Nutzungskontext und Softwareeigenschaften befragt. Die Softwareentwickler sollen durch die Datenerhebung das Umfeld der zu entwickelnden Software besser einschätzen können. Welche der Informationen tatsächlich in die Softwareentwicklung einfließen und wie sie umgesetzt werden, ist nicht festgelegt. Insofern ist diese Art der Beteiligung für die zukünftigen Nutzer unverbindlich. ↓

Ein Reiseveranstalter mit vielen in ganz Deutschland verteilten Büros möchte seine Buchungssoftware überarbeiten. Im Rahmen des Projektes versendet die Zentrale des Reiseveranstalters einen Fragebogen an alle Büros; die dortigen Mitarbeiter sollen Fragen zu ihrer Erfahrung mit der bisherigen Software sowie zu ihren wichtigsten Änderungswünschen für eine neue Software beantworten.

02   Kensing & Blomberg, 1998, S. 173

Beratung

In der Beratung entwickelt sich ein Dialog zwischen den zukünftigen Nutzern und den Entwicklern einer Software. Gemeinsam erörtern sie die Gestaltung und den Einsatz der neuen Software. Die Kommunikation zwischen Entwicklern und Nutzern ist somit intensiver. Aber auch in der Beratung ist nicht festgelegt, wie die Meinung der zukünftigen Nutzer in die Softwareentwicklung einfließt. Es kann durchaus sein, dass das Entwicklungsteam oder ein übergeordnetes Management die Kompetenz hat, gegen den Rat der Nutzer zu entscheiden. Das deutsche Betriebsverfassungsgesetz[03] sieht diese Art der Partizipation für Betriebsräte im Abschnitt »Gestaltung von Arbeitsplatz, Arbeitsablauf und Arbeitsumgebung« in § 90 »Unterrichtungs- und Beratungsrechte« vor. ↓

Der oben genannte Reiseveranstalter lädt aus den drei größten Büros jeweils die zwei erfahrensten Mitarbeiter ein, um im Rahmen eines Workshops unterschiedliche Prototypen der neuen Buchungssoftware zu diskutieren. Das Entwicklungsteam holt sich so die Beratung der Nutzer bei der Entscheidung ein, welcher Ansatz weiterverfolgt werden soll. Die endgültige Entscheidung liegt aber beim Entwicklungsteam und dem Management in der Zentrale.

Mitbestimmung

Die Mitbestimmung ist hinsichtlich Kommunikation und Verbindlichkeit die intensivste Form der Partizipation. Es findet ein Dialog zwischen Entwicklern und zukünftigen Nutzern über die Software statt. Darüber hinaus ist eindeutig geregelt, dass die Meinung der Nutzer in der Entwicklung berücksichtigt werden muss. Für Konfliktfälle ist ein Eskalationsweg beschrieben. Das deutsche Betriebsverfassungsgesetz sieht diese Form der Partizipation beispielsweise im Abschnitt »Gestaltung von Arbeitsplatz, Arbeitsablauf und Arbeitsumgebung« in § 91 »Mitbestimmungsrecht« vor. ↗

> Der oben genannte Reiseveranstalter bildet für die Entwick-
> lung des neuen Buchungssystems eine Projektgruppe, in der
> neben den Entwicklern auch drei Nutzer vertreten sind. Es
> ist vereinbart, dass alle Fragen zur Gestaltung und Nutzung
> der Software in der Projektgruppe im Konsens zu beant-
> worten sind. Das Projekt erhält einen Lenkungsausschuss,
> der im Konfliktfall berät und ggfs. entscheidet.

Keiner der beschriebenen Grade an Partizipation ist für sich genommen besser oder schlechter als die anderen. Jeder hat in entsprechenden Projektkontex-
ten seine Berechtigung. Unabdingbar für den Erfolg jeder Partizipation ist
aber Transparenz. Wenn Softwareentwickler zukünftige Nutzer um ihre Meinung fragen, ist es wichtig, im Vorfeld zu klären, ob dies nur im Sinne einer
Datenerhebung geschieht, ob eine Beratung gewünscht ist, oder ob sogar eine
verbindliche Mitbestimmung gemeint ist. Frustration und damit negative Stim-
mung für ein Projekt entstehen, wenn sich Nutzer in dem Glauben an eine
gleichberechtigte Zusammenarbeit auf ein Projekt einlassen, um im weiteren
Verlauf feststellen zu müssen, dass ihre Meinung nur im Sinne einer unverbind-
lichen Beratung gefragt war. Neben dem Grad der Partizipation ist auch zu
entscheiden, welche Nutzer direkt oder indirekt in die Softwareentwicklung
einbezogen werden. Der folgende Abschnitt erläutert die unterschiedlichen
Formen der direkten und repräsentativen Beteiligung von Nutzern.

V.III
Formen der Partizipation

Formen der Beteiligung zukünftiger Nutzer an dem Softwareentwicklungsprozess kann man danach unterscheiden, ob die Nutzer direkt persönlich beteiligt werden, oder ob sie durch andere Personen vertreten werden. Die letztere
Form bezeichnet man als indirekte oder repräsentative Beteiligung. Die Formen der direkten und indirekten Beteiligung lassen sich mit allen im vorherigen Abschnitt beschriebenen Graden der Beteiligung kombinieren.

Direkte Beteiligung

Im Falle der direkten Beteiligung werden die zukünftigen Nutzer der Software persönlich in das Entwicklungsprojekt integriert. Der Vorteil der direkten Beteiligung liegt in dem Fachwissen, das die Nutzer in das Projekt einbringen können. Durch eine direkte Beteiligung lässt sich auch die Akzeptanz für eine Software erhöhen, da jeder Nutzer in die Entwicklung persönlich eingebunden war. Verbindet man die Form der direkten Beteiligung mit einem hohen Grad an Partizipation wie Beratung oder Mitbestimmung, so stellen sich methodische Fragen, die im Folgenden kurz angerissen werden.

Die Wahl von geeigneten Dokumentationsformen sowie Vorgehensmodellen stellt eine Herausforderung bei der Organisation von IT-Projekten mit direkter Beteiligung zukünftiger Nutzer dar. Die Nutzer sind Fachexperten in ihrem Arbeitsgebiet, das durch die neue Software unterstützt werden soll. Sie sind aber häufig weniger geübt in der Projektarbeit oder gar in der Entwicklung von IT-Systemen. Eine weitere Herausforderung bei der direkten Beteiligung zukünftiger Nutzer ist, den notwendigen Abstand zu den Ist-Prozessen zu gewinnen. Die erfolgreiche Gestaltung sozio-technischer Systeme erfordert Veränderungen auch in der Arbeitsorganisation. Gerade Fachexperten, die sich in jedem Detail der Arbeit auskennen, fällt es manchmal schwer, ganze Prozesse in Frage zu stellen und zu überdenken. Stattdessen werden immer wieder technische Lösungen für Probleme gesucht, die es bei einer anderen Arbeitsorganisation gar nicht gäbe. Hier können Schulungsmaßnahmen alle Beteiligten für solche Denkfallen sensibilisieren und Methoden lehren, kreativ neue Wege zu beschreiten. Ergänzend kann das Projektteam um Externe ergänzt werden, die einen Blick »von außen« beisteuern.

An seine Grenzen stößt der Ansatz der direkten Beteiligung, wenn es entweder zu viele oder zu wenige Nutzer für die Projektarbeit gibt. Zu viele Nutzer kann es in größeren Unternehmen geben, wenn beispielsweise in einem Finanzbereich mit 50 Mitarbeitern ein *ERP-System* eingeführt werden soll. In solchen Fällen arbeitet man oft mit wenigen sogenannten Keyusern, die die zukünftigen Nutzer im Projekt repräsentieren. Aber auch das Problem, dass zu wenige Nutzer für die IT-Projektarbeit zur Verfügung stehen, darf nicht unterschätzt werden. Nicht jeder, der gerne und gut als Finanzbuchhalter arbeitet, hat Freude an IT-Projekten. Eine andere Form der Beteiligung, die repräsentative oder auch indirekte Beteiligung genannt wird, bietet hier eine Alternative; ihr widmet sich der folgende Abschnitt.

Repräsentative Beteiligung in Unternehmen

In der Form der repräsentativen Beteiligung vertreten Betriebs- oder Personalräte die Interessen der zukünftigen Nutzer. In Deutschland ist diese Vertretung durch das Betriebsverfassungsgesetz bzw. die Landespersonalvertretungsgesetze geregelt. Die Form der repräsentativen Beteiligung umgeht einige
Probleme der direkten Beteiligung: Arbeitnehmervertreter sind für diese Aufgabe explizit von ihrer eigentlichen Arbeitstätigkeit freigestellt. Sie können
sich daher gezielt für die Arbeit in IT-Projekten weiterbilden und in dieser auch
durch Kontinuität Erfahrung sammeln. Dadurch, dass sie unternehmensweit
tätig sind und eben nicht mehr in den Detailprozessen des Arbeitsalltags stecken, fällt ihnen oft der Blick auf das Ganze leichter. Die gesetzlichen Regelungen zur Mitwirkung und Mitbestimmung geben der Teilnahme von Arbeit-
nehmervertretern in IT-Projekten einen verbindlichen Rahmen; dies erleichtert
den Mitwirkenden die Projektarbeit oft.

Die Vorteile der repräsentativen Beteiligung tragen direkt auch ihre
Nachteile in sich: Eben weil Arbeitnehmervertreter eine Distanz zu dem Arbeitsalltag der zukünftigen Nutzer haben, bringen sie nicht deren detaillierte Fach-
kenntnisse mit. Ein weiteres Risiko der repräsentativen Beteiligung ist, dass
einzelne Projekte zum Spielball größerer Auseinandersetzungen zwischen Arbeitgeber und Arbeitnehmer werden. Die Repräsentanten im konkreten Projekt
vertreten dann nicht mehr die Interessen der zukünftigen Nutzer mit dem
Ziel, ein arbeitsfähiges sozio-technisches System zu gestalten; ihr Verhalten
im Projekt hat dann vielmehr das Erreichen eines anderen, außerhalb des
Projektes liegenden Ziels zum Maßstab. Mischformen zwischen direkter und
indirekter Beteiligung kommen in der Praxis häufig vor und helfen, die Vorteile beider Ansätze zu kombinieren.

Repräsentative Beteiligung in der Gesellschaft

Verlässt man den Kontext von Unternehmen, so stellt sich die Frage, wie
Beteiligung im gesellschaftlichen Kontext funktionieren kann. Wie beteiligt

ERP-Systeme (Enterprise Ressource Planning)
sind integrierte Systeme, die vor allem die
kaufmännischen Prozesse eines Unternehmens
unterstützen.

man zukünftige Nutzer an der Entwicklung von IT-Systemen wie der elektronischen Gesundheitskarte (eGK), dem neuen Personalausweis (nPA) oder dem elektronischen Entgeltnachweisverfahren (ELENA)? Am Beispiel der zum Zwecke der Einführung der eGK gegründeten gematik können mögliche Formen der Beteiligung von Interessensgruppen erläutert werden.

Die Einführung einer elektronischen Gesundheitskarte in Deutschland ist mit Wirkung zum 1. Januar 2004 im fünften Sozialgesetzbuch (SGB V) festgeschrieben. Zur Realisierung dieses IT-Vorhabens wurde eigens eine Gesellschaft gegründet: Die *Gesellschaft für Telematikanwendungen* der Gesundheitskarte mbH, kurz gematik genannt. Laut Gesetz hat die gematik für die eGK »1. die technischen Vorgaben einschließlich eines Sicherheitskonzepts zu erstellen, 2. Inhalt und Struktur der Datensätze für deren Bereitstellung und Nutzung festzulegen sowie die notwendigen Test- und Zertifizierungsmaßnahmen sicherzustellen. Sie hat die Interessen von Patientinnen und Patienten zu wahren und die Einhaltung der Vorschriften zum Schutz personenbezogener Daten sicherzustellen.«[04]

Wenn die eGK mit den geplanten Funktionen im Einsatz ist, dann sind die folgenden Akteure an ihrer Nutzung beteiligt:[05]

— Ca. 80 Mio Versicherte
— 21.000 Apotheken
— 123.000 niedergelassene Ärzte
— 65.000 Zahnärzte
— 2.200 Krankenhäuser
— 250 Krankenkassen

Durch die Festlegung von Strukturen und Kontrollgremien der gematik hat der Gesetzgeber eine repräsentative Beteiligung für das Projekt der Einführung einer eGK geschaffen. Unter diesem Aspekt relevant sind die Gesellschafter der gematik, der Fachausschuss sowie der Beirat.[06]

Gesellschafter der gematik sind die Spitzenorganisationen der *Leistungserbringer* und *Kostenträger* im deutschen Gesundheitswesen. Dazu gehören beispielsweise die Bundesärztekammer, die kassenärztliche Bundesvereinigung sowie der Spitzenverband der gesetzlichen Krankenversicherungen. Die Gesellschafterversammlung ist das oberste Gremium der gematik und trifft die Entscheidungen.

Fachausschuss der gematik: Hier werden die fachlichen Entscheidungen der Gesellschafterversammlung vorbereitet. In den Fachausschuss entsenden die Gesellschafter entsprechende Vertreter ihrer Organisationen.

Der Beirat berät die Gesellschaft in fachlichen Belangen von grundlegender Bedeutung. Im Beirat vertreten sind:

- Vertreter der Länder
- Vertreter der Patienteninteressen
- Vertreter der Wissenschaft
- Vertreter der Industrieverbände
- Der Bundesbeauftragte für den Datenschutz und die Informationsfreiheit
- Der Beauftragte für die Belange der Patientinnen und Patienten (bei der Bundesregierung)
- Vertreter von Bundesbehörden
- Vertreter weiterer Gruppen

04   SGB V § 291b (1)
05   Bales et al., 2007, S. 3
06   gematik, 2014

Die Gesellschaft für Telematikanwendungen der Gesundheitskarte mbH (gematik) untersteht der Aufsicht des Bundesministeriums für Gesundheit und ist für Konzeption, Zulassung und Betrieb einer Telematikinfrastruktur für das deutsche Gesundheitswesen verantwortlich.

Leistungserbringer im Gesundheitswesen sind diejenigen, die im Rahmen der gesetzlichen Krankenversicherung Leistungen erbringen. Dies sind bspw. Ärzte, aber auch Hebammen, Psychotherapeuten oder Apotheker.

Kostenträger im Gesundheitswesen sind diejenigen, die Leistungen finanzieren. Dies sind in erster Linie die Krankenversicherungen.

Methoden der Partizipation

Methoden der Partizipation müssen zwei Zielen dienen: Zum einen müssen sie die IT-Experten – Laien im fachlichen Anwendungsgebiet – darin unterstützen, etwas über das Arbeitsgebiet der zukünftigen Nutzer zu lernen. Zum anderen müssen sie die Fachexperten – Laien auf dem Gebiet der Softwareentwicklung – darin unterstützen, an der Technikentwicklung mitzuwirken. Zur Erreichung des ersten Ziels können Informatiker während der Anforderungserhebung Methoden der qualitativen Forschung [07] anwenden:

Dokumentenanalyse

In Unternehmen existieren in der Regel Dokumente wie Jahresberichte, Unternehmensleitlinien, Arbeitsplatzbeschreibungen, Prozessbeschreibungen, Organisationshandbücher und ähnliches. Solche Dokumente können ein erster Einstieg sein, um das Umfeld für ein IT-Projekt kennenzulernen.

Interviews

Die IT-Experten befragen die zukünftigen Nutzer und andere Projektbeteiligte zu dem anstehenden IT-Projekt. Methodisch zu unterscheiden sind geschlossene Interviews, die mit einem festen Fragenkatalog operieren, von offenen Interviews, die eine freiere Entwicklung des Gesprächsverlaufs erlauben. [08]

Schriftliche Befragungen

Sind persönliche Gespräche nicht möglich, so kann man zukünftige Nutzer auch schriftlich mit Hilfe von Fragebögen um ihre Einschätzung bitten.

Teilnehmende Beobachtung

IT-Experten begeben sich für eine gewisse Zeit in die Arbeitsumwelt der zukünftigen Nutzer. Sie nehmen an dem Arbeitsalltag teil und dokumentieren diesen. [09]

Arbeitsanalysen

Die Arbeitspsychologie stellt Werkzeuge zur Arbeitsanalyse zur Verfügung. Diese zielen jeweils darauf, bestimmte psychologisch relevante Eigenschaften einer Arbeit zu ermitteln. Ziele solcher Werkzeuge können bspw. die Identifikation von Belastungsschwerpunkten oder der Vergleich von Arbeitsplätzen sein.[10] Zur Erreichung des zweiten Ziels, nämlich Fachexperten an der Softwareentwicklung teilhaben zu lassen, werden aus dem Software Engineering bekannte Methoden wie Szenarien, Use Cases und Prototypen verwendet.[11] Die Zusammenarbeit zwischen IT-Experten und Fachexperten findet oft im Rahmen von Workshops statt. Für die Gestaltung sozio-technischer Systeme gibt es eine besondere Workshopmethode, die des socio-technical walkthrough, der in den folgenden Abschnitten detaillierter vorgestellt wird.

STWT – Übersicht und Einordnung

Der walkthrough ist ein Begriff, der in der Informatik in unterschiedlichen Kontexten Tradition hat. Als code walkthrough bezeichnet er eine Methode der Qualitätssicherung von Programmcode. Zum Testen von Software hinsichtlich ihrer Gebrauchstauglichkeit (Usability) wird der cognitive walkthrough[12] verwendet. Der groupware walkthrough[13] wiederum erweitert letzteren, so dass er auf kooperationsunterstützende Software angewendet werden kann.

Allen *walkthrough* Methoden gemeinsam ist, dass ein Gegenstand, etwa ein Software-Programm oder ein Dokument, schrittweise anhand von Leitfragen überprüft wird. Die Inspektion kann mehrere Gegenstände, Softwaresysteme, Dokumente oder deren Kombination umfassen. Wesentlich ist, dass das, was inspiziert werden soll, in mehrere Teile zerlegt werden kann, von denen jedes unter derselben Fragestellung analysiert wird. Außerdem muss eine gut nachvollziehbare Reihenfolge geplant werden, entlang derer sämtliche Teile besprochen werden können, damit beim schrittweisen Durchgehen nichts vergessen wird.

07   Flick et al., 2013, insb. Kapitel 5
08   Sommerville, 2007, S. 184 ff
09   ebd., S. 190 ff
10   Schüpbach, 1995, S. 167 ff
11   Sommerville, 2007, S. 186 ff
12   Polson et al., 1992
13   Pinelle & Gutwin, 2002

Unter walkthrough werden Methoden verstanden, in denen ein Gegenstand (bspw. eine Software) schrittweise anhand von Leitfragen überprüft wird.

Im code walkthrough ist dies Programmcode mit der Frage, ob jede Zeile das gewünschte Ergebnis liefert; im cognitive walkthrough inspiziert man Benutzeroberflächen beispielsweise unter den folgenden Fragestellungen: »Wird der Nutzer erkennen, welches die für sein Ziel korrekte Funktion ist?«, »Wird der Nutzer erkennen, dass die korrekte Funktion zur Verfügung gestellt wird?«, »Kann der Nutzer den Fortschritt erkennen, wenn er die korrekte Funktion einmal ausgelöst hat?«[14]

Im *socio-technical walkthrough* (STWT) gehen die Teilnehmer grafische Darstellungen computergestützter Arbeitsprozesse schrittweise durch.[15] Die Leitfragen hängen von der jeweiligen Projektphase ab. Zu Beginn eines Entwicklungsprojektes kann man fragen: »Wie kann ein Softwaresystem diesen Arbeitsschritt unterstützen?«. Im weiteren Verlauf, wenn erste Prototypen vorliegen, könnte eine Frage lauten: »Unterstützt diese Maske diesen Arbeitsschritt sinnvoll?«; im Rahmen der Produktivsetzung einer neuen Software kann man fragen: »Welche zusätzlichen Vereinbarungen müssen an dieser Stelle getroffen werden?«

Der STWT gehört zu den partizipativen Methoden und ermöglicht es zukünftigen Nutzern und IT-Experten, gemeinsam an der Gestaltung eines sozio-technischen Systems zu arbeiten. **Abb. D** fasst den Ablauf und die wesentlichen Elemente eines STWT zusammen. Sein Ziel ist es, durch eine integrierte Betrachtung und Gestaltung von Arbeitsprozessen und IT-Systemen die in Kapitel IV vorgestellten Konzepte zu unterstützen:

— Joint optimization: Im STWT wird das sozio-technische System als Ganzes betrachtet. Sowohl die organisatorische als auch die technische Optimierung sind Themen.

— Organizational choice: Im STWT werden die Stellen im Arbeitsprozess identifiziert, in denen eine Organisation ein IT-System unterschiedlich in ihre Strukturen und Abläufe einbetten kann. Die Gestaltungsoptionen werden diskutiert, Entscheidungen getroffen und dokumentiert.

— Technikaneignung als sozialer Prozess: Der STWT ist ein Workshopkonzept, in dem der Austausch zwischen den zukünftigen Nutzern eine zentrale Rolle spielt. So wird der soziale Prozess der Technikaneignung frühzeitig angestoßen.

Der STWT als Methode unterstützt das sozio-technische Vorgehensmodell (vgl. **Abb. D** aus Kapitel IV). Er kann insbesondere in den folgenden Situationen zum Einsatz kommen:

— Ein neues technisches System soll in einer Organisation zum Einsatz kommen. Im Sinne der sozio-technischen Systemgestaltung müssen die organisatorischen Strukturen und Prozesse in Verbindung mit dem Design des technischen Systems partizipativ erarbeitet werden.

— Der Ist-Zustand eines sozio-technischen Systems soll verbessert werden, und es ist nicht von vornherein klar, ob auch das technische Subsystem verändert oder ersetzt wird.

— Mitarbeiter sollen für Arbeitsabläufe innerhalb eines sozio-technischen Systems qualifiziert werden

Zum STWT als Methode gehören drei Elemente, die in den folgenden Abschnitten erläutert werden:

— Darstellung sozio-technischer Systeme in Form grafischer Modelle

— Vor- und Nachbereitung von STWT-Workshops

— Durchführung von STWT-Workshops

V.VI Modellierung sozio-technischer Systeme

Um in einem Workshop über zukünftige IT-gestützte Arbeitsprozesse zu sprechen und um diese zu planen, benötigt man ein Abbild dieser Prozesse. Eine weit verbreitete Methode, Arbeitsprozesse abzubilden, sind Prozessmodelle. Menschen nutzen Modelle in vielfältigen Zusammenhängen, wenn

14   Cockton et al., 2003, S. 1124   Socio-technical walkthrough (STWT) beschreibt
15   vgl. Herrmann et al.,2002   ein Workshopkonzept zur Gestaltung sozio-
      und Herrmann, 2009   technischer Systeme.

✕

sie einen komplexen Gegenstand darstellen, erklären oder gestalten wollen. Modelle gibt es in vielen Wissenschaften wie der Architektur, dem Maschinenbau, aber auch in der Physik oder der Chemie. Allen *Modellen* ist gemeinsam, dass sie die Realität für einen bestimmten Zweck vereinfacht darstellen.

Die Informatik verwendet Modelle ebenfalls in vielen ihrer Teildisziplinen: So dienen Entity-Relationship Diagramme dazu, den logischen Zusammenhang zwischen Objekten für einen Datenbankentwurf darzustellen; Use Case Diagramme der UML helfen, den Funktionsumfang eines Softwaresystems zu spezifizieren; Statusübergangsdiagramme beschreiben das Systemverhalten zur Laufzeit. Das Ziel dieser Modellierungen ist es, ein technisches System im Prozess seiner Entwicklung präzise zu beschreiben. Geschäftsprozessmodelle beschreiben Abläufe in einem Unternehmen in ihrer logischen und chronologischen Reihenfolge. Der Zweck dieser Modellierung ist es, organisatorische Abläufe – zunächst unabhängig von einer technischen Unterstützung – zu dokumentieren. Häufig verwendete Notationen sind in diesem Zusammenhang ereignisgesteuerte Prozessketten (EPK) sowie die Business Process Modelling Notation (BPMN). Der Zweck des STWT ist es, ein sozio-technisches System im Ganzen zu verstehen und zu gestalten. Daher müssen die in diesem Kontext verwendeten Modelle sowohl Arbeitsprozesse als auch deren technische Unterstützung darstellen. Da ein Modell immer eine Komplexitätsreduktion zu einem bestimmten Zweck vornimmt, wird das technische System in einem sozio-technischen Modell so dargestellt, dass seine Nutzung im organisatorischen Kontext diskutiert werden kann. Sozio-technische Modelle unterscheiden sich von anderen Modellen der Informatik dadurch, dass ihr originärer Zweck nicht die Spezifikation eines IT-Systems zu Entwicklungszwecken ist. In den in diesem Buch gezeigten Beispielen wird die Modellierungsnotation SeeMe[16] verwendet. Sie ist als semistrukturierte Modellierungsmethode genau mit dem Ziel entwickelt worden, organisatorische und technische Aspekte eines Arbeitsablaufes integriert darstellen zu können.[17] Der Einsatz in partizipativ organisierten IT-Projekten hat gezeigt, dass SeeMe eine Methode ist, mit der auch nicht IT-affine Nutzer sehr gut arbeiten können.[18] Die wesentlichsten Elemente der Notation SeeMe sind

— Aktivitäten, die als Vierecke mit abgerundeten Ecken dargestellt werden.

— Entitäten, die als Vierecke dargestellt werden.

— Rollen, die als Ellipsen dargestellt werden.

Die **Abb. A** und **B** zeigen diese Elemente sowie ihre möglichen Beziehungen. **Abb. C** stellt beispielhaft dar, wie eine Studentin (Rolle) ein Textverarbeitungssystem (Entität) nutzt, um einen Text (Entität) zu schreiben (Aktivität). Darstellungen des IT-Systems werden im Verlauf eines Projektes gemäß ihres Entwicklungsstandes in unterschiedlichen Formen in die Darstellung der Arbeitsabläufe integriert, **Abb. E** und **Abb. F** zeigen Beispiele dazu:[19]

- Darstellung als technische Entitäten im Prozessmodell
- Verweise auf Dokumente mit funktionalen Anforderungsbeschreibungen
- Einbindung von Prototypen als Grafiken
- Einbindungen von Prototypen als verlinkte lauffähige Komponenten

Vor- und Nachbereitung von STWT-Workshops

Verwendet man den STWT in einem IT-Projekt, so ist es sinnvoll, in einer Vorbereitungsphase Methoden der Datenerhebung anzuwenden (vgl. Abschnitt V.IV). Für die Personen (zum Beispiel externe Softwareentwickler oder Berater), die nicht mit dem Unternehmen vertraut sind, dienen diese Erhebungen dazu, sich einen ersten Einblick in das Umfeld zu verschaffen, in dem die Systementwicklung stattfinden soll. Für alle Projektbeteiligten hilft diese Phase, ein gemeinsames Verständnis des Projektauftrags sowie des -umfelds zu schaffen. Nach dieser initialen Phase folgt eine Reihe von moderierten Workshops, die dem walkthrough Prinzip gehorchen. Zur Vorbereitung dieser Workshops gehören Aufgaben, die allgemein für Gruppensitzungen im Vorfeld zu erledigen sind.[20] Die folgenden Erläuterungen konzentrieren sich auf diejenigen Aspekte der Vor- und Nachbereitung, die spezifisch für den STWT als Methode

16   SeeMe, 2014
17   Herrmann et al.1999
18   Loser, 2005
19   Kunau & Menold, 2005, S. 4 ff
20   Hartmann et al., 2012

Unter einem Modell wird eine kommunizierbare Abbildung eines Ausschnittes der Realität verstanden, die ausgewählten Zielen dient und eine Komplexitätsreduktion impliziert.

sind. Eine wichtige Aufgabe der Vorbereitung ist es, die Leitfrage zu formulieren, anhand derer der walkthrough durchgeführt wird: »Sie muss einerseits offen genug sein, um die Teilnehmer anzuregen, sich in die zukünftige Arbeitssituation zu versetzen und an möglichst alle relevanten Aspekte zu denken, andererseits muss es dem Moderator / der Moderatorin möglich sein, die Diskussion anhand der Moderationsfrage immer wieder zu fokussieren. Die Moderationsfragen eines STWT-Workshops dienen dazu, den Teilnehmern zu helfen, sich konkrete Arbeitssituationen vor Auge zu führen.«[21] Eine weitere Aufgabe in der Vorbereitung ist die Erarbeitung eines Modells, anhand dessen der STWT durchgeführt werden soll. Für den allerersten Workshop kann dieses Modell das Ergebnis der initialen Datenerhebungsphase sein. Für die weiteren Workshops wird es sich in der Regel um Modelle handeln, die in vorherigen Workshops modifiziert und erarbeitet worden sind. Solche Modelle, die im Laufe eines Workshops angepasst worden sind, sind oft eher durch den Diskussionsverlauf als durch Prinzipien guten Modellierens geprägt. Hier ist die Aufgabe zwischen den Workshops, diese Diagramme so aufzubereiten, dass sie in Folgeworkshops gut lesbar verwendet werden können, aber immer noch als Arbeitsergebnis der Gruppe erkennbar sind.[22]

Schließlich müssen kontinuierlich die Arbeitsergebnisse der Projektgruppe zwischen den Workshops eingearbeitet werden. Dies betrifft das Ergebnis von Umfeldvorbereitungen (vgl. STEPS, Kapitel IV) ebenso wie die aktualisierte Einbindung des weiterentwickelten technischen Systems.

Durchführung von STWT-Workshops

Das letzte hier vorzustellende Element der STWT-Methode ist die Durchführung der Workshops selber. Zusammengefasst sind STWT-Workshops moderierte Gruppendiskussionen, in denen die Teilnehmer bestimmte Aspekte eines soziotechnischen Systems gemeinsam weiter entwickeln. Die Teilnehmer für einen STWT-Workshop müssen so gewählt sein, dass sie Entscheidungen für die zukünftige IT-gestützte Arbeit treffen können. Daher ist es sinnvoll, neben den zukünftigen Nutzern auch die Projektleitung sowie Vertreter des Managements dabei zu haben. Die Teilnahme eines IT-Experten, der an der Entwicklung des technischen Systems mitwirkt, ist immer sinnvoll, auch wenn der Fokus eines STWT nicht auf der detaillierten Technikplanung liegt. Es ist wichtig, jemanden zu haben, der Anregungen zu weiteren technischen Möglichkeiten geben kann, oder auch die Grenzen des technisch Machbaren aufzeigen kann. Ein STWT benötigt einen Moderator, der die Sitzung strukturiert und insbesondere immer wieder auf die Leitfrage zurückführt. Je nachdem, wie komplex die verwendeten Diagramme sind, und je nachdem, wie sehr sie in einer Sitzung verändert werden, ist es sinnvoll, eine weitere Person hinzuzunehmen, die für die Dokumentation der besprochenen Änderungen zuständig ist. Ansonsten ist der Moderator in der Regel derjenige, der auch die Diskussionsergebnisse dokumentiert.

Während des STWT-Workshops sind die gerade diskutierten Prozessdiagramme sowie die aktuelle Repräsentation des technischen Systems immer für alle sichtbar. Ein typischer STWT verläuft in den folgenden Phasen:[23]

— Startphase: Der Moderator präsentiert ein Diagramm, das die Ergebnisse der bisherigen Arbeit darstellt. In der Regel wird er von einem Übersichtsdiagramm ausgehen und dort das Thema der aktuell anstehenden Diskussion verorten.

— Arbeit mit der Leitfrage: Der Moderator formuliert die vorbereiteten Leitfragen, anhand derer in der aktuellen Sitzung gearbeitet werden soll. Ab dann gehen die Teilnehmer den relevanten Diagrammteil Schritt für Schritt durch.

— Diskussion: In Beantwortung der Leitfragen kommen unterschiedlichste Beiträge wie Antworten, Meinungen, neue Anregungen oder weitere Verweise auf Dokumente zusammen. Aufgabe des Moderators ist es, einen Rahmen zu schaffen, in dem jeder seine Perspektive auf das sozio-technische System zum Ausdruck bringen kann.

— Konfliktaufdeckung und -lösung: Die Darstellung und Diskussion unterschiedlicher Perspektiven auf das sozio-technische System wird in der Regel Konflikte aufdecken.

21   Kunau & Menold, 2005, S. 4 ff
22   ebd.
23   Herrmann, 2009

Je nach Art des Konfliktes und Kultur der Organisation können diese Konflikte direkt im Workshop oder aber außerhalb gelöst werden.

— Dokumentation im Diagramm: Ergebnisse aber auch offene Fragen dokumentiert der Moderator direkt im Prozessdiagramm. So können alle Beteiligten sehen, dass und wie ihr Beitrag festgehalten wird. Nach einer längeren Diskussionsphase fokussiert der Moderator immer wieder auf das Diagramm, hält Ergebnisse dort fest und führt den walkthrough strukturiert weiter.

STWT – Beispiele

Beispiele der Fallstudie Stahlexpress (vgl. Kapitel IV) erläutern im Folgenden die Anwendung des STWT in unterschiedlichen Phasen eines IT-Projektes. Der Schwerpunkt der Darstellung liegt auf der sozialen Seite der sozio-technischen Gestaltung. Jedes der Beispiele liefert seinen Beitrag zur Anforderungsanalyse und Spezifikation des Systems SpedKom. Die Aufarbeitung dieser Informationen in einem Softwareentwicklungsprozess ist jedoch nicht der Fokus dieses Lehrbuchs. Im Folgenden geht es darum, zu sensibilisieren, wie in jeder Phase eines IT-Projektes auch die Seite der Organisationsentwicklung unterstützt werden kann. Dies ist immer mit dem Ziel verbunden, am Ende ein gut funktionierendes sozio-technisches System zu gestalten.

STWT zu Projektbeginn

Ein erster STWT für das Fallbeispiel Stahlexpress lässt sich wie folgt zusammenfassen:

— Vorbereitung: Modelle der Ist-Prozesse auf Basis der Vorerhebungen
— Teilnehmer: Disponenten, Fahrer, Management, Software-Entwickler, Analysten, Moderatorin
— Leitfrage: »Welche Informationsflüsse gibt es in diesem Arbeitsschritt?«

- Durchführung: Die Teilnehmer gehen die Arbeitsprozesse von Disponenten (grau, oben) und Fahrern (grau, unten) Schritt für Schritt durch; sie diskutieren Verständnisfragen und ergänzen die anfallenden Informationsflüsse (blau, Mitte)
- Ergebnis: Validierte Darstellung der IST-Situation inklusive der durch das neue System zu unterstützenden Informationsflüsse (siehe **Abb. E**)

Auf den ersten Blick kann man sagen, dass hier eine Datenerhebung stattgefunden hat, mittels derer die Softwareentwickler einen Einblick in die Ist-Prozesse und die ersten Anforderungen an das System SpedKom gewonnen haben.

Durch den Workshop haben alle Teilnehmer ein vollständiges Bild des Arbeitskontextes erhalten, in dem das neue System eingesetzt werden soll. Mit Bezug auf das Vorgehensmodell DIN ISO 9241-210 ist hier die Forderung erfüllt, dass der Nutzungskontext genau verstanden werden muss. Mit Bezug auf die älteren Konzepte der sozio-technischen Systementwicklung trägt ein solcher Workshop dazu bei, das Arbeitssystem in allen seinen Einzelteilen zu verstehen. So kann man die gleichzeitige Verbesserung von organisatorischem und technischem System vorbereiten.

In dem Fallbeispiel bei Stahlexpress stellte sich heraus, dass Disponenten und Fahrer, obgleich sie teils seit Jahren zusammen gearbeitet hatten, gar nicht genau die Arbeitsabläufe und Herausforderungen der jeweils anderen kannten. STWT-Workshops können in frühen Projektphasen dazu beitragen, dass Mitarbeiter mit unterschiedlichen Aufgaben, die gemeinsam ein neues Softwaresystem nutzen sollen, ihre jeweiligen Arbeitsgebiete vorstellen und ein gemeinsames Verständnis von der Gesamtaufgabe erlangen. Dies wiederum hilft in den späteren Projektphasen, wenn es darum geht, die sinnvolle Nutzung des neuen Softwaresystems gemeinsam zu organisieren. Für sehr technisch ausgerichtete Informatiker werden solche Workshops immer wieder zu Geduldsproben, weil sie anscheinend Nebensache sind und nicht direkt zum Projektziel der Softwareentwicklung beitragen. Betrachtet man Technikaneignung jedoch als sozialen Prozess, so können genau solche Diskussionen den Grundstein für den Projekterfolg legen.

STWT Workshops in der Prototypingphase

Ein STWT, der Prototypen im Kontext der Arbeitsprozesse evaluiert, kann im Fallbeispiel Stahlexpress wie folgt zusammengefasst werden:

- Vorbereitung: Prozessdiagramme, in denen Aktivitäten mit dem aktuellen Stand von GUI-Prototypen verlinkt sind.
- Teilnehmer: Disponenten, Fahrer, Management, Software-Entwickler, Analystinnen, Moderatorin
- Leitfrage: »Wie könnte SpedKom DIESE Aktivität unterstützen?«
- Durchführung: Die Teilnehmer gehen die Prozessdiagramme Schritt für Schritt durch und erarbeiten, wie die Arbeitsprozesse mit Nutzung des Systems SpedKom aussehen sollen.
- Ergebnisse: Ergänzte Prozessdiagramme (**Abb. F**), in denen Vereinbarungen zur Nutzung des Systems SpedKom dargestellt sind.

Auf den ersten Blick hat auch hier eine weitere Anforderungsanalyse stattgefunden: Die Teilnehmer haben diskutiert, welche Funktionen die Software für einen bestimmten Arbeitsschritt bereitstellen muss, und wie die Benutzerführung auf dem kleinen Display ergonomisch gestaltet werden kann. Den darüber hinausgehenden Beitrag zum sozialen Prozess der Technikaneignung illustrieren die folgenden Beispiele. Das organisatorische Thema, wann ein Fahrer über das System SpedKom seine Abfahrt von der Anlieferungsstelle beim Kunden meldet, ist im Rahmen eines Prototyping-STWT aufgekommen (vgl. Kapitel IV, **Abb. A**, zweites Thema). Die Teilnehmer diskutierten, mit welchem der Arbeitsschritte des Fahrers beim Kunden die Funktion »Abfahrt eintragen« denn verbunden werden soll. Die Einigung lautete, dass die Abfahrt wirklich erst ganz zum Schluss mit Verlassen des Geländes dokumentiert werden soll. Die so getroffene organisatorische Regel – ein Beispiel für eine sozio-technische Selbstbeschreibung – ist im Prozessdiagramm dokumentiert. Genau dazu ist es wichtig, dass das Prozessdiagramm nicht nur die Elemente enthält, die für eine Anforderungsanalyse der Software relevant sind, sondern auch solche, die organisatorische Regeln dokumentieren. Für eine gelungene sozio-technische Systemgestaltung ist es wichtig, organisatorischen Themen, aus denen keine Anforderungen an das Softwaresystem resultieren, trotzdem Raum zu geben. Sehr technisch fokussierte Informatiker tendieren oft zu der Aussage: »Das können Sie ja später immer noch entscheiden.« Aus einer sozio-technischen Sicht ist es aber für eine erfolgreiche Nutzung der Software wichtig, dass diese organisatorischen Fragen explizit diskutiert und die Entscheidungen auch dokumentiert werden.

Die in **Abb. A** in Kapitel IV bereits vorgestellte Diskussion, ob und wann ein Fahrer die vom Disponenten vorgestellte Route verändern darf, ist ebenfalls in einem STWT der Prototypingphase aufgetaucht. Die Teilnehmer diskutierten die Arbeitsschritte der Übergabe der Routeninformationen von Disponenten an Fahrer. Dabei fiel auf, dass die im Prototypen vorgesehene Funktion »Route umsortieren« zu keinem der Arbeitsschritte passte. Der Vorschlag, einen Arbeitsschritt »Route prüfen und ggfs. umsortieren« einzufügen, führte dann zu der Diskussion, ob ein solcher Schritt überhaupt gewünscht war. Dass die Sortierfunktion an sich für Notfälle wichtig ist, war unstrittig. Strittig war nur, unter welchen Umständen die Fahrer sie nutzen durften. So ist auch dies ein Beispiel dafür, wie sich organisatorische Themen mit Themen der Anforderungsanalyse mischen. In diesem Fall handelt es sich um ein gutes Beispiel für das Phänomen der »organisatorischen Wahlfreiheit«. Zwei Speditionen, die beide das System SpedKom einsetzen, können die Autonomie der Fahrer sehr unterschiedlich gestalten. Von der vollständigen Freigabe der Funktion für die Fahrer, über eine sehr geregelte Nutzung bis hin zur Sperrung der Nutzung sind viele Spielarten möglich. Entscheidend für eine gute sozio-technische Gestaltung ist auch hier die Diskussion und bewusste Entscheidung für eine Variante.

Ein letztes Beispiel soll zeigen, wie auch die Nicht-Nutzung der Software in STWT-Workshops diskutiert und geregelt werden kann. Die im Beispiel in Kapitel IV vorgestellten Chat- und Notizfunktionen wurden von den Teilnehmern sehr schnell mit den Aktivitäten im Prozess verbunden, in denen der Fahrer mehr Informationen von den Disponenten benötigte. Damit war der Aspekt der Anforderungsanalyse für die Softwareentwicklung geklärt. Die Teilnehmer jedoch begannen eine intensive und auch emotional geführte Diskussion darüber, ob und unter welchen Umständen der Fahrer sich denn weiterhin per Handy melden dürfe. Als Ergebnis der Diskussion wurde in den Prozessdiagrammen vermerkt, dass unter besonderen Umständen in den jeweiligen Arbeitsschritten auch die Handys anstelle des Systems SpedKom zum Einsatz kommen dürfen.

Allen Beispielen gemein ist die Aussage, wie sehr eine gelungene sozio-technische Gestaltung davon abhängt, Themen, die nicht unmittelbar zum technischen Entwicklungsprozess beitragen, ihren Raum zu geben, sie bewusst zu gestalten und die Ergebnisse zu dokumentieren.

V.X Zusammenfassung

Unter den Überschriften Projekterfolg, Wertvorstellung, gesetzliche Vorgaben, Vorgaben aus Vorgehensmodellen, und theoretische Überlegungen startete dieses Kapitel mit der Vorstellung unterschiedlicher Motive für eine partizipative Vorgehensweise in IT-Projekten. Es folgte dann die Unterscheidung unterschiedlicher Grade von Partizipation. Insbesondere wurden Information, Datenerhebung, Beratung und Mitbestimmung erläutert. Die Formen der direkten und repräsentativen Beteiligung wurden mit ihren Vor- und Nachteilen dargestellt. Anhand der für die Einführung der elektronischen Gesundheitskarte zuständigen gematik wurde ein Beispiel repräsentativer Beteiligung auf gesellschaftlicher Ebene betrachtet. Auf einen allgemeinen Überblick partizipativer Methoden folgte die detaillierte Darstellung des socio-technical walkthrough (STWT), der die partizipative Gestaltung sozio-technischer Systeme unterstützt. Unter Verwendung des Fallbeispiels aus Kapitel IV wurde gezeigt, wie die in den vorherigen Kapiteln vorgestellten theoretischen Konstrukte (bspw. gleichzeitige Verbesserung, organisatorische Wahlfreiheit, Technikaneignung als sozialer Prozess, Umfeldvorbereitung, sozio-technische Selbstbeschreibung) in der Praxis vorgefunden und unterstützt werden können.

V.XI Fragen zur Wiederholung

1   Welche Motive für den Einsatz partizipativer Methoden können Sie benennen?

2   Welche Grade von Partizipation gibt es?

3   Wie unterscheidet sich die direkte von der repräsen-
     tativen Beteiligung zukünftiger Nutzer? Was sind die
     Vor- und Nachteile?

4   Erläutern Sie die Grundzüge der Methode des socio-
     technical walkthrough (STWT).

5   Wie unterstützt der socio-technical walkthrough die
     Konzepte gleichzeitige Verbesserung, organisato-
     rische Wahlfreiheit und Technikaneignung als sozialer
     Prozess?

6   Geben Sie ein Beispiel einer sozio-technischen Selbst-
     beschreibung, die in einem STWT erarbeitet werden
     kann.

V.XII

Zum Nachdenken / Zur Diskussion

1   Überlegen Sie, wie Sie einen STWT durchführen würden
     und welche Themen Sie vorrangig diskutieren und gestal-
     ten würden. Nutzen Sie möglichst ein Projektbeispiel
     aus Ihrer eigenen Erfahrung. Alternativ überlegen Sie an-
     hand des folgenden Beispiels: In einem Seminar soll eine
     e-learning Plattform genutzt werden, um in Zweiergrup-
     pen Referate auszuarbeiten, Feedback von der Dozentin
     einzuholen, eine fristgerechte Abgabe zu organisieren
     und Handouts für alle Seminarteilnehmer zur Verfügung
     zu stellen.

2   Betrachten Sie die repräsentative Beteiligung bei der
     Einführung der elektronischen Gesundheitskarte; ange-
     fangen bei der Einbringung und Verabschiedung eines
     Gesetzes bis zur Gründung und Organisation der gematik.
     Wie bewerten Sie für sich die Beteiligung der Versicher-
     ten? Wo fühlen Sie sich gut vertreten und welche anderen
     Formen der Beteiligung können Sie sich vorstellen?

Literatur

Bales, S.; Dierks, Ch.; Holland, J.; Müller, J. H. (Hrsg) (2007): Die elektronische Gesundheitskarte. Heidelberg: C.F. Müller.

Betriebsverfassungsgesetz (2014): http://www.gesetze-im-internet.de/betrvg/index.html; gesichtet am 10. April 2014.

Cockton, G.; Lavery, D.; Woolrych, A. (2003): Inspection-Based Evaluations. In: Jacko, Julie A.; Sears, Andrew (Eds.): The Human-Computer Interaction Handbook. Mahwah, New Jersey: LEA. pp. 1118 – 1138.

Flick, U.; Kardorff, E. von; Steinke, I. (Hrsg.) (2013): Qualitative Forschung, Ein Handbuch. 10. Auflage. Reinbek bei Hamburg: Rowohlt.

gematik (2014): homepage: http://www.gematik.de; gesichtet am 17. Januar 2014.

Hartmann, M.; Rieger, M.; Funk, R.; Rath, U. (2012): Zielgerichtet moderieren. Ein Handbuch für Führungskräfte, Berater und Trainer. Weinheim: Beltz, 6. Auflage.

Herrmann, Th.; Hoffmann, M.; Loser, K.-U. (1999): Modellieren mit SeeMe – Alternativen wider die Trockenlegung feuchter Informationslandschaften. In: Desel, J.; Pohl, K. ; Schürr, A. (Hrsg.) (1999): Proceedings of Modellierung 99. Stuttgart: Teubner, S. 59 – 74.

Herrmann, Th.; Kunau, G.; Loser, K.-U. (2002): Sociotechnical Walkthrough – ein methodischer Beitrag zur Gestaltung soziotechnischer Systeme. In: M. Herczeg; Prinz, W.; H. Oberquelle, H. (Hrsg.) (2002): Mensch & Computer 2002: Vom interaktiven Werkzeug zu kooperativen Arbeits- und Lernwelten. Stuttgart: Teubner, S. 323 – 332.

Herrmann, Th. (2009): Systems Design with the Socio-Technical Walkthrough, In: Whitworth, B.; de Moore, A. (Eds.)(2009): Handbook of - Research on Socio-Technical Design and Social Networking Systems, Hershey: Idea Group Publishing, pp. 336 – 351.

Kensing, F.; Blomberg, J. (1998): Participatory Design: Issues and Concerns. In: Computer Supported Cooperative Work, pp. 167 – 185.

Kunau, G.; Menold, N. (2005): Technisch unterstützte, kooperative Arbeitsprozesse: partizipative Gestaltung und Qualifizierung. In: Herrmann, Th.; Schöpe, L.; Erkens, E.; Hülder, M. (Hrsg.) (2005): Mobile Speditionslogistikunterstützung. Aachen: Shaker.

Loser, K.-U. (2005): Unterstützung der Adoption kommerzieller Standardsoftware durch Diagramme. Universitätsbibliothek Technische Universität Dortmund. https://eldorado.tu-dortmund.de/bitstream/2003/21659/1/DissLoser.pdf: gesichtet 17. Januar 2014.

Pinelle, D.; Gutwin, C. (2002): Groupware Walkthrough: Adding Context to Groupware Usability Evaluation. In: CHI letters Volume 4, Issue 1. pp. 455 – 462.

Polson, P. G.; Lewis, C.; Riemann, J.; Wharton, C. (1992): Cognitive walkthrough: a method for theorybased evaluation of user interfaces. In: Int. J. f. Man-Machine Studies 36. Academic Press. pp 741 – 773.

Schüpbach. H. (1995): Analyse und Bewertung von Arbeitstätigkeiten. In: Schuler, H. (Hrsg.) (1995): Organisationspsychologie. Bern: Hans Huber.

SeeMe (2014): http://www.imtm-iaw.rub.de/research/projekte/seeme/; gesichtet am 17. Januar 2014.

Sommerville, I. (2007): Software Engineering, 8. Aktualisierte Auflage. München: Pearson Studium.

Rolle ▶ Eine Menge von Rechten und Pflichten, die einer Person, einer Abteilung, einer Arbeitsgruppe oder einer anderen organisatorischen Einheit zugeordnet sind.

Aktivität ▶ Aktivitäten beschreiben Verhalten. Sie rufen Änderungen in ihrer Umgebung hervor.

Entität ▶ Eine Entität ist ein passives Phänomen. Entitäten werden von Aktivitäten verwendet und verändert. Entitäten sind Ressourcen für Rollen und Aktivitäten.

A

A Grundelemente von SeeMe

B

```
        ┌──────────────────────────────────────────────────┐
        │                                                  │
        │   ┌────────┐   ┌──────────────────┐   ┌────────┐  │
        │   │ Rolle 1│──▶│ hat Erwartungen an│──▶│ Rolle 2│  │
        │   └────────┘   └──────────────────┘   └────────┘  │
```

Rolle 1 — hat Erwartungen an — Rolle 2

führt aus · gehört zu · beeinflusst

Aktivität 1 — wird gefolgt von — Aktivität 2 · wird beschrie-ben durch

verändert · wird benutzt

Entität 1 — ist zugeordnet — Entität 2

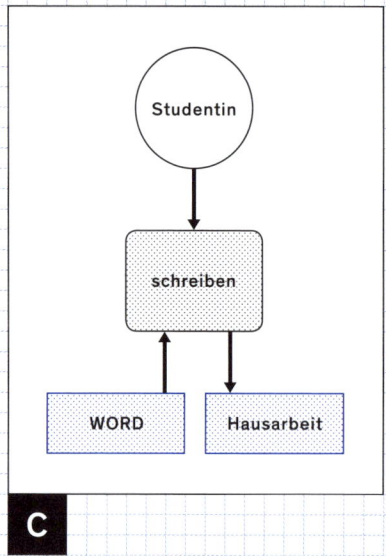

C

Studentin

schreiben

WORD · Hausarbeit

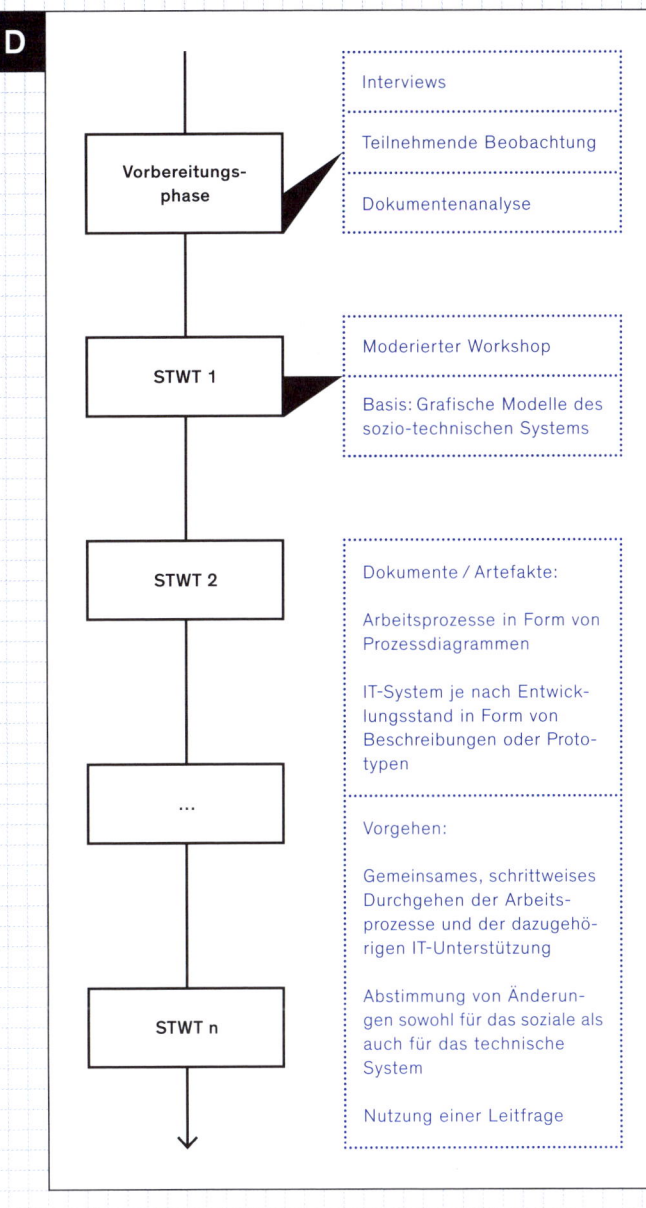

D

Vorbereitungs-phase
- Interviews
- Teilnehmende Beobachtung
- Dokumentenanalyse

STWT 1
- Moderierter Workshop
- Basis: Grafische Modelle des sozio-technischen Systems

STWT 2

...

STWT n

Dokumente / Artefakte:

Arbeitsprozesse in Form von Prozessdiagrammen

IT-System je nach Entwick-lungsstand in Form von Beschreibungen oder Proto-typen

Vorgehen:

Gemeinsames, schrittweises Durchgehen der Arbeits-prozesse und der dazugehö-rigen IT-Unterstützung

Abstimmung von Änderun-gen sowohl für das soziale als auch für das technische System

Nutzung einer Leitfrage

B SeeMe – Alle Standardrela-tionen im Überblick

C SeeMe – Beispiel

D STWT – Abfolge moderierter Workshops

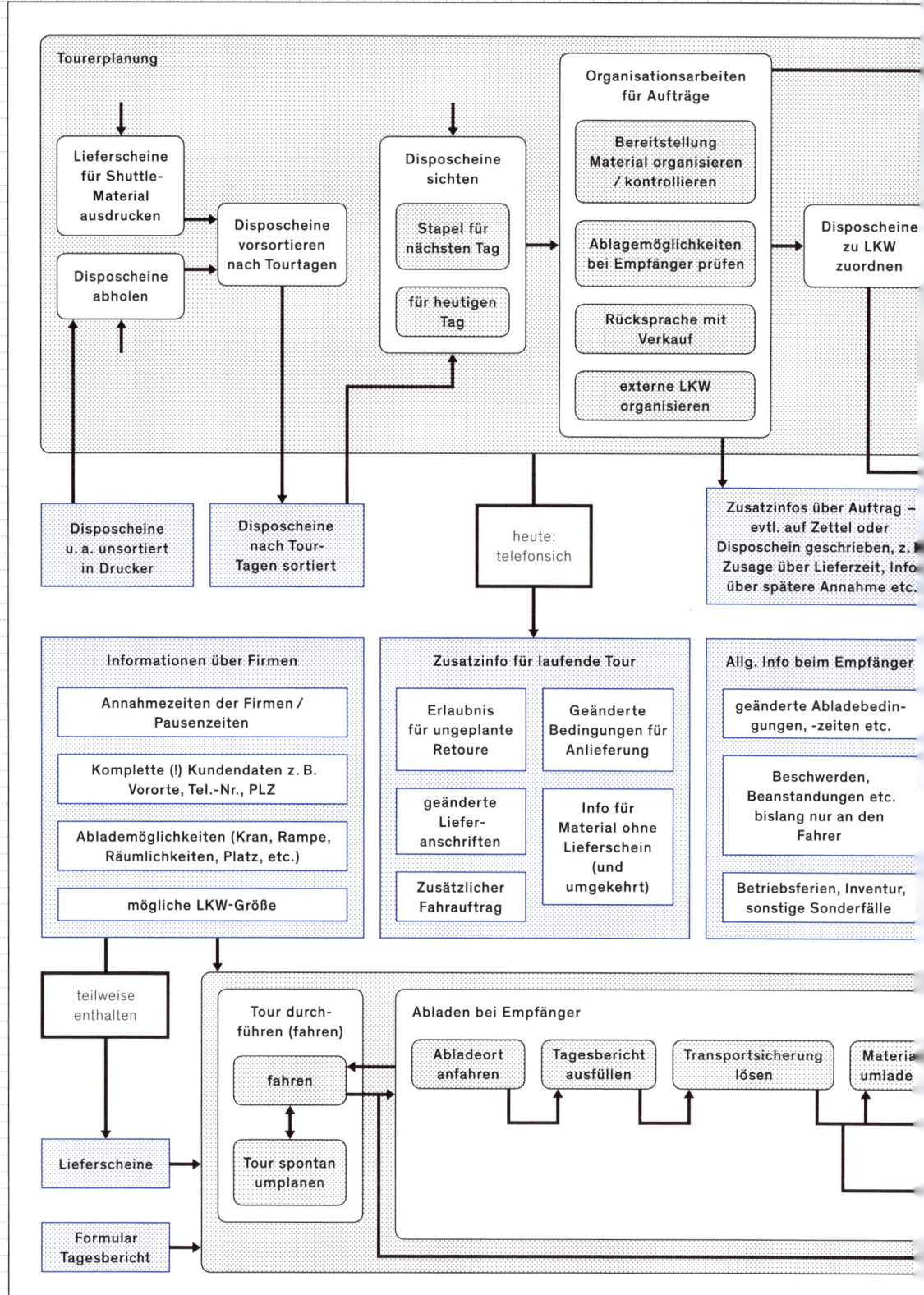

E   Darstellung einer IST-Situation in SeeMe

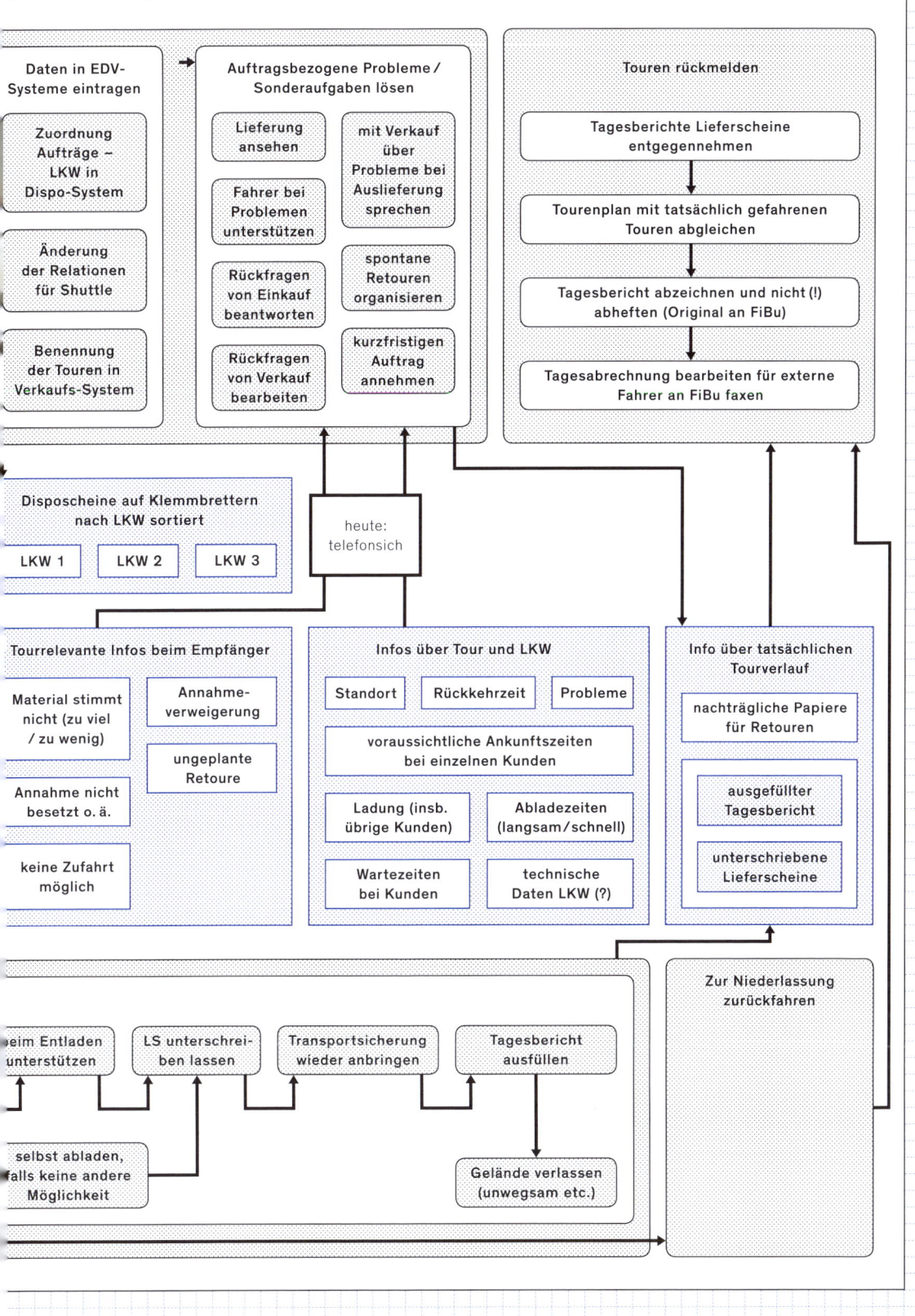

Daten in EDV-Systeme eintragen

- Zuordnung Aufträge – LKW in Dispo-System
- Änderung der Relationen für Shuttle
- Benennung der Touren in Verkaufs-System

Auftragsbezogene Probleme / Sonderaufgaben lösen

- Lieferung ansehen
- Fahrer bei Problemen unterstützen
- Rückfragen von Einkauf beantworten
- Rückfragen von Verkauf bearbeiten
- mit Verkauf über Probleme bei Auslieferung sprechen
- spontane Retouren organisieren
- kurzfristigen Auftrag annehmen

Touren rückmelden

- Tagesberichte Lieferscheine entgegennehmen
- Tourenplan mit tatsächlich gefahrenen Touren abgleichen
- Tagesbericht abzeichnen und nicht (!) abheften (Original an FiBu)
- Tagesabrechnung bearbeiten für externe Fahrer an FiBu faxen

Disposcheine auf Klemmbrettern nach LKW sortiert

- LKW 1
- LKW 2
- LKW 3

heute: telefonsich

Tourrelevante Infos beim Empfänger

- Material stimmt nicht (zu viel / zu wenig)
- Annahme nicht besetzt o. ä.
- keine Zufahrt möglich
- Annahme-verweigerung
- ungeplante Retoure

Infos über Tour und LKW

- Standort
- Rückkehrzeit
- Probleme
- voraussichtliche Ankunftszeiten bei einzelnen Kunden
- Ladung (insb. übrige Kunden)
- Abladezeiten (langsam/schnell)
- Wartezeiten bei Kunden
- technische Daten LKW (?)

Info über tatsächlichen Tourverlauf

- nachträgliche Papiere für Retouren
- ausgefüllter Tagesbericht
- unterschriebene Lieferscheine

Zur Niederlassung zurückfahren

- eim Entladen unterstützen
- LS unterschrei-ben lassen
- Transportsicherung wieder anbringen
- Tagesbericht ausfüllen
- selbst abladen, falls keine andere Möglichkeit
- Gelände verlassen (unwegsam etc.)

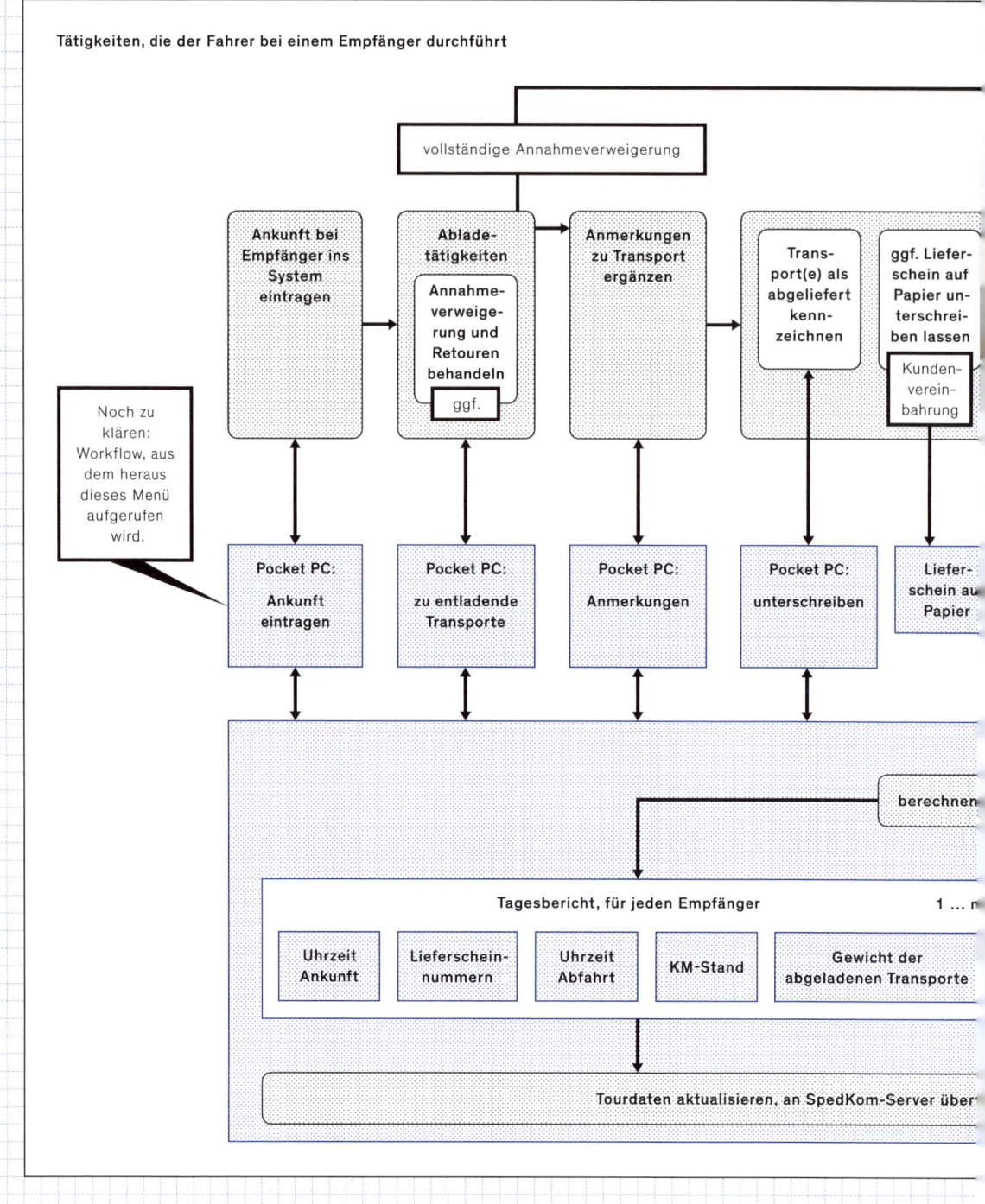

Tätigkeiten, die der Fahrer bei einem Empfänger durchführt

vollständige Annahmeverweigerung

Ankunft bei Empfänger ins System eintragen

Ablade-tätigkeiten

Annahme-verweige-rung und Retouren behandeln

ggf.

Anmerkungen zu Transport ergänzen

Trans-port(e) als abgeliefert kenn-zeichnen

ggf. Liefer-schein auf Papier un-terschrei-ben lassen

Kunden-verein-bahrung

Noch zu klären: Workflow, aus dem heraus dieses Menü aufgerufen wird.

Pocket PC:

Ankunft eintragen

Pocket PC:

zu entladende Transporte

Pocket PC:

Anmerkungen

Pocket PC:

unterschreiben

Liefer-schein au Papier

berechnen

Tagesbericht, für jeden Empfänger   1 ... n

Uhrzeit Ankunft

Lieferschein-nummern

Uhrzeit Abfahrt

KM-Stand

Gewicht der abgeladenen Transporte

Tourdaten aktualisieren, an SpedKom-Server über

F   Prototyping mit Prozessbezug

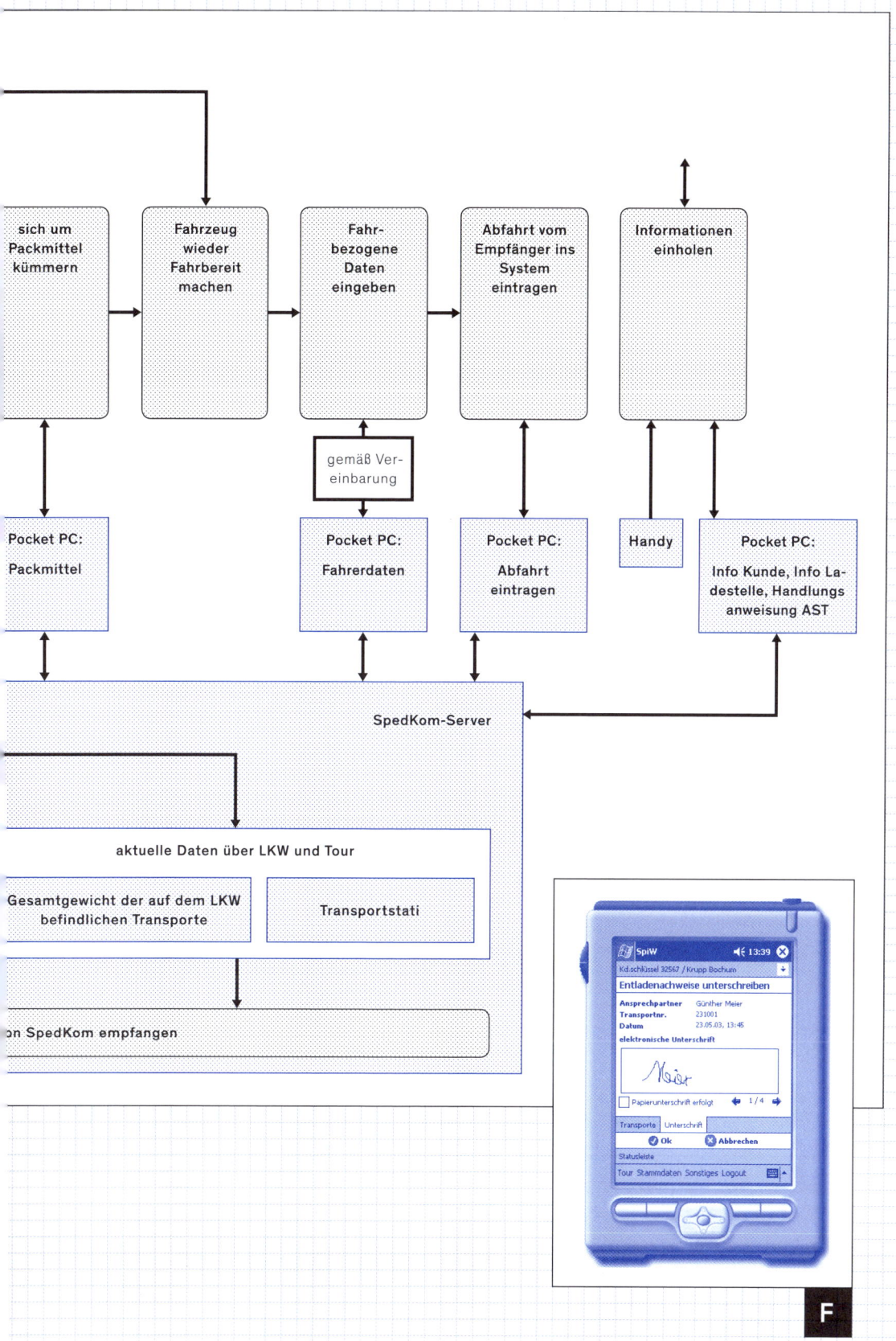

| sich um Packmittel kümmern | Fahrzeug wieder Fahrbereit machen | Fahr- bezogene Daten eingeben | Abfahrt vom Empfänger ins System eintragen | Informationen einholen |

gemäß Ver- einbarung

| Pocket PC: Packmittel | | Pocket PC: Fahrerdaten | Pocket PC: Abfahrt eintragen | Handy | Pocket PC: Info Kunde, Info La- destelle, Handlungs anweisung AST |

SpedKom-Server

aktuelle Daten über LKW und Tour

| Gesamtgewicht der auf dem LKW befindlichen Transporte | Transportstati |

on SpedKom empfangen

SpiW ◀€ 13:39 ⊗
Kd.schlüssel 32567 / Krupp Bochum
Entladenachweise unterschreiben
Ansprechpartner Günther Meier
Transportnr. 231001
Datum 23.05.03, 13:45
elektronische Unterschrift

Meier

☐ Papierunterschrift erfolgt   ◀ 1 / 4 ▶
Transporte | Unterschrift
✓ Ok   ⊗ Abbrechen
Statusleiste
Tour Stammdaten Sonstiges Logout

F

VI

Dieses Kapitel verlässt den Organisationskontext und nimmt eine gesellschaftliche Perspektive ein. Es geht es Frage nach, wie das Verhältnis zwischen Gesellschaft und Technik beschrieben und bewertet werden kann. Kann man Technik eine Eigendynamik zuschreiben, die es ihr erlaubt, sich aus eigener Kraft weiter zu entwickeln? Oder ist Technikentwicklung nicht doch sozial gesteuert? Darf man technische Artefakte als neben Menschen gleichberechtigt handelnde Akteure in einem Netzwerk beschreiben?

Techniksoziologie als Wissenschaft bietet ein theoretisches Instrumentarium. Aktuelle Beispiele wie SMS, sich vernetzende Autos oder intelligente medizinische Assistenzsysteme dienen zur Illustration und Überprüfung der theoretischen Konstrukte.

VI Techniksoziologie
Lernziele

Ziele der Techniksoziologie als Wissenschaft erklären können

—

Unterschiede der Sichtweisen des Sozialdeterminismus und des Technikdeterminismus erklären können

—

Grundzüge der Actor-Network-Theory erklären können

—

Beispiele für Inskription aus dem Kontext der Informatik benennen können

—

Aufgaben des TAB erklären können

—

Ziel und Ablauf des Turing Tests erklären können

—

Phänomene cultural lag und technological fix erklären und mit Beispielen belegen können

—

Benennen können, wie unterschiedlich das Verhältnis von Mensch und Technik ausgeprägt sein kann

Techniksoziologie

»Die zunehmende Technisierung und Informatisierung aller Bereiche der Gesellschaft wirft Fragen nach den sozialen Ursachen und Folgen dieser Prozesse, aber auch nach der Gestaltbarkeit und Steuerbarkeit von Technikentwicklung auf.«[01] Dieses Zitat fasst das Erkenntnissinteresse der Techniksoziologie zusammen. Während sich Informatiker mit der konkreten Gestaltung von IT-Systemen und ihrer Nutzung beschäftigen, analysieren Soziologen das Verhältnis zwischen Gesellschaft und Technik im Allgemeinen. Um das eigene Handeln in einen gesellschaftlichen Kontext setzen zu können, und um in Diskussionen über die Rolle von IT-Systemen in unserer Gesellschaft mitwirken zu können, sind Grundkenntnisse der soziologischen Denkansätze für Informatiker relevant. Das in dem obigen Zitat zusammengefasste Erkenntnisinteresse der Techniksoziologie lässt sich in die folgenden Teilfragen differenzieren:[01]

— »Technikgenese: Wie entstehen neue Technologien, wie setzen sie sich durch, und in welchem Maße prägen soziale Prozesse die Entstehung und Entwicklung von Technik?

— Soziale Strukturen von Technik: Welchen Stellenwert haben soziale Faktoren für das Funktionieren technischer Systeme? [...]

— Technikfolgen: Welche Auswirkungen haben Prozesse der Technisierung auf gesellschaftliche Strukturen der Arbeits- und Lebenswelt?

— Technikgestaltung/-steuerung: Mit welchen Mitteln lässt sich die Entwicklung von Technik steuern bzw. kontrollieren? Welche Rolle spielen dabei die Unternehmen, die Politik, aber auch die Techniknutzer und die breite Öffentlichkeit?...«

Dabei richtet sich das Interesse der Techniksoziologie auf Technik im Allgemeinen. Entsprechend beziehen sich die Denkweisen und Erklärungsansätze auf alle Technologien wie bspw. Atomkraftwerke oder Gentechnik, Industrieroboter oder eben auch Informationstechnologie. Die folgenden Abschnitte zeigen unterschiedliche Richtungen, aus denen man sich den genannten Fragen nähern kann. Die Darstellungen orientieren sich an den Lehrbüchern von Johannes Weyer (2008) und Nina Degele (2002), legen den Schwerpunkt aber auf die Informationstechnologie aus Sicht von Studierenden der Informatik. Den Anfang machen zwei grundlegend unterschiedliche Sichtweisen auf das Verhältnis zwischen Gesellschaft und Technik:[02]

— Die technikdeterministische Sichtweise geht davon aus, dass sich Technik aus einer Eigendynamik heraus immer weiter fortentwickelt und die Gesellschaft sich reaktiv an den technischen Wandel anpassen muss.

— Die sozialdeterministische Sichtweise betont, dass jede Technik von Menschen gemacht und ein Mittel zur Realisierung sozialer Zwecke ist.

Keine der Sichtweisen ist dazu geeignet, alle Phänomene im Verhältnis von Technik und Gesellschaft zu erklären. Eine einseitige Prägung entweder von Technik durch die Gesellschaft oder der Gesellschaft durch Technik entspricht nicht den Alltagserfahrungen. Realistischer ist es, von einer Wechselwirkung zwischen Gesellschaft und Technik zu sprechen.[03] Die beiden folgenden Abschnitte greifen die Sichtweisen des Technikdeterminismus und Sozialdeterminismus auf, um die jeweiligen Denkweisen anhand von Beispielen deutlich zu machen.

VI.I.I Technikdeterministische Sichtweise

Dieser Abschnitt erläutert zunächst die technikdeterministische Sichtweise, die der Technik eine Eigendynamik zuspricht und die Gesellschaft in einer reaktiven Rolle sieht. Diese Sichtweise lässt sich anhand von vier Aussagen charakterisieren. →

01   Weyer, 2008, S. 11
02   Degele, 2002, S. 34 ff
03   vgl. auch Weyer, 2008, S. 34

Die technikdeterministische Sichtweise kann durch folgende Aussagen
charakterisiert werden:

1   Technik ist etwas, das außerhalb
    der Gesellschaft steht und sich
    unabhängig von dieser entwickelt.

2   Technischer Wandel geschieht
    unverursacht alleine dadurch,
    dass technischer Fortschritt mach-
    bar ist.

3   Technische Entwicklungen folgen
    ihrer eigenen Logik und sind durch
    soziale Prozesse oder den mensch-
    lichen Willen nicht steuerbar.

4   Die Gesellschaft muss sich mit
    den durch den technischen Fort-
    schritt entstandenen Fakten
    auseinandersetzen.

Das Moore'sche Gesetz ↓ gibt eine solche Sichtweise wieder. Gordon Moore, Gründer und Manager von intel sagte 1965 eine Entwicklung in der Halbleitertechnik voraus, die bis heute ihre Gültigkeit hat. Dabei geht das Moore'sche Gesetz allein von der technischen Machbarkeit aus, gesellschaftliche Prozesse sind keine Einflussgröße.

> ## Das Moore'sche Gesetz: Das Preis / Leistungsverhältnis von Prozessoren halbiert sich alle 18 Monate.[04]

Die Folge einer durch Technik determinierten Entwicklung ist, dass neue Technik sozialen Wandel erzwingt. Die Gesellschaft hinkt den technischen Entwicklungen hinterher und muss sich durch Veränderung ihrer Werte, Normen und Verhaltensweisen immer wieder auf neue technische Gegebenheiten anpassen. Der amerikanische Soziologe William Ogburn prägte für diese Situation den Begriff des *cultural lag.*[05]

    Dass die deutsche Bundeskanzlerin Angela Merkel noch im Jahr 2013 formulierte: »Das Internet ist für uns alle Neuland«, kann als ein Beispiel für die These des cultural lag interpretiert werden. In seiner technischen Entwicklung war das Internet zu dem Zeitpunkt selbstverständlich schon lange kein Neuland mehr. Entsprechender Spott folgte auch in allen sozialen Medien. Das Zitat fiel aber im Kontext der gesellschaftlichen Diskussion über die Spähprogramme der Nachrichtendienste. Es ging darum, wie eine Balance zwischen der freien, unkontrollierten Nutzung des Internets einerseits und dem Schutz vor terroristischen Anschlägen andererseits gelingen kann. Aus dieser Perspektive gesehen machte der Begriff Neuland Sinn, weil die Gesellschaft hierfür noch keinen Konsens erzielt und in Normen festgelegt hat. Die deutsche

04   Endres & Rombach, 2003, S. 244 f
05   Degele, 2002, S. 15

cultural lag bezeichnet die Einschätzung, dass sich eine Gesellschaft reaktiv technischen Entwicklungen anpasst.

Gesellschaft hat auch im Jahr 2014 die Integration der Technik Internet in ihre Werte und Normen noch nicht abgeschlossen. Die Diskussionen um das Leistungsschutzrecht oder Urheberrechte allgemein sind weitere Beispiele für die These des cultural lag bezogen auf Informationstechnologie.

✕   Ein weiterer Begriff, der mit einer technikdeterministischen Sichtweise verbunden ist, ist der des *technological fix*. Da der Technik eigendynamische Eigenschaften zugeschrieben werden, denen die Gesellschaft folgen muss, ist es folgerichtig zu glauben, dass eine sich weiterentwickelnde Technik auch die schlimmsten Probleme dieser Welt lösen kann.

✕   Als aktuelles Beispiel für diese Sichtweise kann die von *Raymond Kurzweil* im Silicon Valley mitbegründete Singularity University dienen. ↓ Der Gründung der Universität liegt die Annahme eines exponentiellen Wachstums der Technik im Allgemeinen zu Grunde. Daraus werden zwei Handlungsnotwendigkeiten abgeleitet:

— Die Gesellschaft muss auf den technologischen Wandel vorbereitet werden.

— Es gilt herauszufinden, wie die dringendsten Probleme der Menschheit (Hunger, Armut, Krankheit) mit Hilfe dieser neuen Technologien (Robotertechnik, Nanotechnologie, Gentechnik) angegangen werden können.[06]

Die Universität möchte ihre Studierenden auf diese Aufgaben vorbereiten.

Gründungsidee der Singularity University im Silicon Valley:

»Our mission is to educate, inspire and empower leaders to apply exponential technologies to address humanity's grand challenges.«

»Unsere Mission ist es, Führungskräfte auszubilden, zu inspirieren und zu befähigen, die exponentiellen Technologien anzuwenden, um die großen Herausforderungen der Menschheit zu lösen.« [07]

Sozialdeterministische Sichtweise

Die These der Eigendynamik von Technik wird in Frage gestellt von Beispielen, in denen es ausgereiften Technologien nicht gelingt sich durchzusetzen. Aus dem Bereich der Informationstechnologie kann die selbstorganisierende Vernetzung von Autos als ein solches Beispiel → dienen. Die Technik, mittels derer sich Autos über eine W-Lan Verbindung lokal relevante Verkehrsinformationen direkt gegenseitig zusenden, gilt als fertig entwickelt und hat in Pilotversuchen ihre Stärke bewiesen.[08] Trotzdem bevorzugen große Autobauer immer noch eine hierarchisch organisierte Infrastruktur, in der die von ihnen angebotenen Verkehrszentralen Informationen über Mobilfunk verteilen. Eine Interpretation der Situation ist, dass sich hier die Eigendynamik von Technik nicht gegen die Marktinteressen einer Industrie durchsetzen kann:[09] Eine hierarchisch organisierte Telematik-Infrastruktur erlaubt es den Autoherstellern, Dienstleistungen einer Verkehrszentrale kostenpflichtig anzubieten. Vernetzen sich Autos direkt miteinander, ist ein gewinnbringendes Geschäftsmodell schwerer zu organisieren.

Auf jeden Fall macht das Beispiel deutlich, dass auch funktionierende Technik in unserer Gesellschaft nur eine Chance hat, wenn sie über aktive Förderer verfügt. Diese wiederum müssen ein Interesse an der Förderung der Technik haben.

06   Singularity University, 2014a
07   Singularity University, 2014b;
      Übersetzung durch die Autorinnen
08   sim-TD Projekt, 2014
09   Spehr, 2013

Technological fix: Ansatz, alle Probleme – auch sozial verursachte – technisch zu lösen.

Raymond Kurzweil (*1948) hat zunächst Entwicklungsarbeit in der Schrift- und Spracherkennung geleistet, bevor er auch Autor wurde und zu Themen der Technikentwicklung schrieb. Heute ist er Kanzler der Singularity University und Director of Engineering bei Google.

Sim-TD (sichere intelligente Mobilität – Testfeld Deutschland) bezeichnet ein Forschungsprojekt, das zwischen 2008 und 2013 von Autoherstellern, Bundesministerien und dem Land Hessen durchgeführt wurde. Das Ziel war die Entwicklung und Erprobung einer integrierten Infrastruktur, in der Autos sowohl untereinander als auch mit Teilen der Verkehrsinfrastruktur (bspw. Ampeln) und mit Verkehrsleitzentralen vernetzt sind. Diese Kommunikationsinfrastruktur trägt den Namen car-to-X und ermöglicht den Austausch von Informationen aus der Sensorik von Autos. So kann die Information, dass in einem Auto das ABS (Antiblockiersystem) eingegriffen hat, für folgende Autos die Warnung enthalten, dass ein Hindernis auf sie zukommt. Informationen aus den TCS (Traction Control System) vorherfahrender Autos kann vor schlechten Straßenbedingungen warnen. Zusätzlich zu Mobilfunkanbindungen werden für die lokale car-to-car Kommunikation auf W-LAN Technologie basierende Komponenten in die Fahrzeuge eingebaut. Das Projekt wurde im Juni 2013 mit einem von allen Teilnehmern erfolgreich bewerteten Test abgeschlossen.[10]

Der Transrapid, Atomkraft oder Gentechnik sind weitere Beispiele von Techniken, deren Einsatz und Weiterentwicklung durch die Gesellschaft gesteuert und eingeschränkt werden. Diese Beispiele sprechen für eine andere Sicht auf das Verhältnis zwischen Technik und Gesellschaft, nämlich eine sozialdeterministische Sicht. ↓

Die sozialdeterministische Sicht auf Technik kann durch die folgenden Aussagen charakterisiert werden:

1 Technische Entwicklungen sind immer auch soziale Prozesse, deren Verlauf sowohl von den handelnden Menschen als auch von gesellschaftlichen Strömungen beeinflusst werden.

2 Die Aneignung von Technologien durch Nutzer ist ein sozialer Prozess, der oft anders verläuft als die Konstrukteure der Technik sich das vorgestellt haben.

3 Technische Artefakte verkörpern die Umsetzung sozialer Ziele

Das in Weyer genannte Zitat von Lynn White aus dem Jahr 1962 macht den Zusammenhang zwischen sozialen Prozessen und technischen Eigenschaften deutlich: »Die Annahme oder Ablehnung einer Innovation ... hängt gleichermaßen von den gesellschaftlichen Bedingungen und den Visionen ihrer Führer wie vom Charakter des technischen Gegenstandes selbst ab.«[11]

Die Zusammensetzung des Konsortiums für das sim-TD Projekt trägt dem ersten Punkt der obigen Definition der sozialdeterministischen Sichtweise Rechnung: Das Konsortium ist als *Private-Public-Partnership (PPP)* gegründet worden. Die Realisierung der technischen Möglichkeiten der car-to-X

10   sim-TD Projekt, 2014
11   Weyer, 2008, S. 32

Private Public Partnership (PPP) bezeichnet die Zusammenarbeit von öffentlicher Hand und privaten Unternehmen in Projekten.

Kommunikation benötigt sowohl die Autobauer als auch die öffentliche Hand. Erstere müssen die Technik in ihre Autos einbauen, eine Investition, die sie nur vornehmen werden, wenn ertragsversprechende Geschäftsmodelle dafür gefunden werden. Letztere müssen die öffentliche Infrastruktur wie Ampeln oder Brücken mit Übertragungstechnik ausstatten. Mittel dafür wird es nur geben, wenn ein gesellschaftlicher Nutzen, für den Politiker sich einsetzen können und wollen, erkennbar ist.

Der zweite Punkt der obigen Definition der sozialdeterministischen Sichtweise kam im Kontext von Softwareeinführungen in Unternehmen in Kapitel IV und V schon vor: Technikaneignung ist ein sozialer Prozess, der weder von der Technik noch ihren Entwicklern vollständig bestimmt werden kann. Dies lässt sich auch auf die gesellschaftliche Ebene übertragen. Ein Beispiel dafür ist die Nutzung des Short-Message-Service (SMS). ↓

Der Shortmessage Service ist Ende der 1980er Jahre entwickelt worden, um im GMS-Netz Statusmitteilungen vom Anbieter an Nutzer zu senden.[12] Die erste SMS ist 1992 versendet worden, seit 1994 steht der Dienst der Allgemeinheit zur Verfügung. Die Zahl der Nutzer ist kontinuierlich steigend: Wurden im Jahr 2007 noch 23 Mrd. SMS in Deutschland versandt, so waren es 2011 46 Mrd und 2012 60 Mrd.[13]

Der ursprüngliche Zweck, technische Statusmeldungen zu versenden, ist in den Hintergrund getreten. SMS werden im Privatleben genutzt, um persönliche Informationen auszutauschen. Immer mehr werden SMS auch im Geschäftsleben genutzt: Autowerkstätten erinnern per SMS an den nächsten Servicetermin; Fluglinien informieren per SMS über Flugverspätungen; TANs für online Banking werden per SMS verschickt; Bus- und Bahntickets können per SMS gekauft werden.

Die heute weit verbreitete Nutzung von SMS war weder beabsichtigt noch vorhersehbar. Sie ist vielmehr in einem sozialen Prozess entstanden, in dem zunächst Privatleute den Dienst für sich als nützlich erkannt haben und später dann immer mehr Anwendungsfälle hinzukamen.

Der letzte Punkt in der Charakterisierung der sozialdeterministischen Sichtweise besagt, dass technische Artefakte soziale Absichten verkörpern. Diese Perspektive hat der Soziologe *Bruno Latour* in der von ihm geprägten Actor-Network-Theory ausgearbeitet. Da diese Theorie auch im Kontext der Informatik immer wieder verwendet wird,[14] fasst der folgende Abschnitt die Kerngedanken, die einen direkten Bezug zu Informatik und Gesellschaft haben, zusammen.

VI.II Actor-Network-Theory (ANT)

In dem Beispiel der Bodenschwelle → in einer Spielstraße verkörpert das technische Artefakt Bodenschwelle die soziale Norm, dass Autofahrer mit reduzierter Geschwindigkeit fahren sollen. Apelle und Schilder haben nur bei wenigen Autofahrern zu dem gewünschten Verhalten geführt. Das physische Artefakt zwingt die meisten Autofahrer jedoch dazu, sich normkonform zu verhalten.

Bruno Latour spricht davon, dass soziale Normen durch Technik gehärtet werden. Technische Artefakte enthalten Handlungsskripte; oder anders ausgedrückt: Gewünschtes Verhalten wird in Technik *inskribiert*.[15]

12   Mobilfunkgeschichte, 2014
13   BITKOM, 2013
14   Kunau, 2006, S. 15 ff
15   Degele, 2002, S. 130 ff

Bruno Latour (*1947) französischer Soziologe, der in der Actor Network Theory (ANT) das Verhältnis von Technik und Gesellschaft auf neuartige Weise beschrieben hat.

Inskription bezeichnet die Einschreibung sozialer Normen in technische Artefakte.

In einer Wohnstraße fahren Autos regelmäßig zu schnell, es kommt zu Unfällen, bei denen Kinder verletzt werden. In Bürgerversammlungen wird das Thema angesprochen, Autofahrer werden ermahnt, langsam zu fahren und auf spielende Kinder zu achten. Nach einiger Zeit muss man feststellen, dass diese Ermahnungen nichts geholfen haben, bis auf sehr wenige Ausnahmen haben die Autofahrer ihr Verhalten nicht geändert. Im nächsten Schritt wird die Straße offiziell zu einer Spielstraße erklärt, ein entsprechendes Schild wird aufgestellt, das die Autofahrer zu Vorsicht ermahnt. Wiederum nach einiger Zeit stellt man fest, dass sich zwar mehr Autofahrer an die in Spielstraßen vorgegebene Geschwindigkeitsbegrenzung halten. Immernoch fahren aber zu viele Autos zu schnell und gefährden die Kinder. Daraufhin beschließt der Rat der Stadt auf Antrag der Anwohner, die Straße mit Bodenschwellen zu versehen. Diese physischen Hindernisse veranlassen nun nahezu alle Autofahrer zu dem gewünschten Verhalten: Sie bremsen und fahren mit deutlich reduzierter Geschwindigkeit weiter.

Gerade auch IT-Systeme sind dazu geeignet, Normen zu inskribieren, wie die Beispiele zeigen: ↓

Inskriptionen in IT-Systemen gibt es in vielen Kontexten:

— In Bestellsystemen sind Wertgrenzen hinterlegt, bis zu denen ein Einkäufer alleine entscheiden kann. Überschreitet eine Bestellung diesen Wert, verhindert das System, dass der Einkäufer die Bestellung alleine freigeben kann.

— In e-learning Systemen können Dozenten Zeiten eingeben, bis zu denen Studierende bearbeitete Aufgaben spätestens abgeben müssen. Ist der angegebene

Zeitpunkt verstrichen, nimmt das System keine Eingaben durch Studierende mehr an.
— Softwarehersteller sind daran interessiert, dass ihre Software legal erworben und bezahlt wird. Im Rahmen der Softwareinstallation wird daher die Eingabe eines eindeutigen Schlüssels verlangt, den der Nutzer nur bei rechtmäßigem Erwerb der Software erhält.

Die Idee, dass Konstrukteure von Technik menschliche Handlungsskripte in die Technik einschreiben, gehört in die sozialdeterministische Denkweise von Technik: In der Technik manifestieren sich soziale Absichten.

Die Actor-Network-Theory (ANT) verlässt dann aber eine Grundannahme der Soziologie, nämlich die, dass Handeln immer intentionales menschliches Verhalten ist (vgl. Kapitel I und II). In der ANT handeln vielmehr technische und menschliche Akteure in einem Netz, in dem sie gleichberechtigt miteinander verbunden sind. Damit werden technischen Artefakten Eigenschaften zugeschrieben, die bislang Menschen vorbehalten waren. Latour begründet diese Beschreibung des Verhältnisses von menschlicher Gesellschaft und Technik eben mit den Handlungsskripten, die in jeder Technik enthalten sind.

Anhand der Streitfrage, ob Menschen oder Waffen töten, lässt sich die Motivation der ANT nachvollziehen.[16] Stellt man die Schusswaffe in den Mittelpunkt der Betrachtung, so kann man sagen, dass diese durch ihre technischen Eigenschaften tötet. Damit würde man aber verleugnen, dass es eines Menschen bedarf, der diese Schusswaffe auf einen anderen Menschen richten und abdrücken muss. Stellt man so den Menschen in den Mittelpunkt, kann man sagen, dass der Mensch tötet. Damit würde man aber verleugnen, dass der Mensch eine Waffe benötigt, um einen anderen Menschen zu erschießen.

Bruno Latour löst dieses Dilemma, indem er definiert, dass aus Mensch und Waffe etwas Neues entsteht: Ein Hybrid-Akteur oder Aktant. Dabei ist es wichtig zu sehen, dass nicht einfach Mensch und Technik addiert werden, durch das Zusammentreffen entsteht eine Einheit mit neuen Eigenschaften. Eine Waffe kann zu verschiedenen Zwecken verwendet werden: Sie kann zur Wildtierjagd oder als Sammlerstück dienen. Sie kann aber auch eben genutzt werden, um Menschen zu ermorden. Ganz beliebig ist die Nutzung einer Waffe jedoch nicht – sie trägt das Handlungsskript des Tötens in sich, mit diesem Ziel ist sie von Menschen konstruiert worden. Ein Mensch kann seine Konflikte auf unterschiedliche Weisen lösen; andere umzubringen ist nur die extremste

16   Degele, 2002, S. 128 ff

Form. Hält der Mensch aber eine Waffe in der Hand, so kann die Form der gewaltsamen Konfliktlösung insbesondere im Affekt plötzlich angemessen erscheinen. Ein Mensch kann sein Verhalten durch Hinzutreten einer Waffe verändern.

In der Actor-Network-Theory geht nicht darum, das Verhältnis zwischen Gesellschaft und einer außerhalb liegenden Technik zu beschreiben. Vielmehr ist die Technik ein inhärenter Teil der Gesellschaft. Eine Gesellschaft im Sinne der ANT besteht aus einem Geflecht von Aktanten, die menschlicher oder technischer Natur sein können.[17] Mit Bezug zu IT-Systemen lässt sich die Handelsplattform ebay als ein solches Netz interpretieren. ↓

Das technische System, das die Handelsplattform ebay realisiert, und die es nutzenden Menschen haben einen vorher nicht gekannten, räumlich nahezu unbeschränkten Markt für den Handel zwischen Privatleuten ins Leben gerufen. Dabei haben die Menschen auch vorher schon privaten Handel getrieben, dieser war aber auf lokale Anzeigenblätter und Flohmärkte beschränkt. Das technische System ebay handelt selbst natürlich nicht, ermöglicht das räumlich ungebundene Handeln aber durch seine technischen Eigenschaften. Somit finden sich hier Technik und Menschen zusammen, gestalten in ihrer Vernetzung etwas Neues.

Organisation technischer Maßnahmen auf gesellschaftlicher Ebene

Geht man in einer sozialdeterministischen Sichtweise davon aus, dass Technik-entwicklung durch gesellschaftliche Prozesse geprägt ist, so stellt sich die Frage, wie diese Prozesse organisiert sind. Eine Möglichkeit, die der Public-Private-Partnership, in der sich öffentliche Institutionen und private Wirt-schaftsunternehmen zusammenfinden, ist im Kontext des sim-TD Projektes schon dargestellt worden.

In einer demokratischen Grundordnung wie der der Bundesrepublik Deutschland werden technische Entwicklungen durch Handeln der gewählten Regierung vorangetrieben oder auch gestoppt. Der 2011 entschiedene Ausstieg aus der Kernenergie oder die Einschränkung der pränatalen Implantations-diagnostik sind Beispiele dafür, wie eine Regierung technische Entwicklungen beschränkt. Der Ausbau der Telematik im Gesundheitswesen andererseits wird gewünscht und gefördert; so ist zur Einführung der elektronischen Ge-sundheitskarte ein Gesetz erlassen worden (*SGB V* § 291a) und die gematik ist als Organisation für Entwicklung und Betrieb unter der Rechtsaufsicht des Bundesgesundheitsministeriums gegründet worden (SGB V § 291b). Ebenso hat sich die CDU / FDP Regierung der 17. Legislaturperiode 2009 – 2013 »die flächen-deckende Versorgung mit Infrastruktur für ein schnelles Internet« in ihrem Koalitionsvertrag vorgenommen.[18]

Wie gelangen nun Politiker, die selber keine technische Ausbildung haben, sondern bspw. eine juristische oder geisteswissenschaftliche, zu den Informationen, die sie benötigen, um soziale Prozesse in Gang zu setzen, die wiederum zu einer Technikentwicklung führen? Eine wichtige Institution

17   Degele, 2002, S. 130
18   BMI, 2014, S. 34

SGB V: Das fünfte Sozialgesetzbuch, in dem die gesetzliche Krankenversicherung geregelt ist. Gesetzestexte im Internet findet man unter: http://www.gesetze-im-internet.de/

✕ in diesem Zusammenhang ist das *Büro für Technikfolgen-Abschätzung beim Deutschen Bundestag (TAB).* »Das Büro für Technikfolgen-Abschätzung beim Deutschen Bundestag (TAB) ist eine selbständige wissenschaftliche Einrichtung, die den Deutschen Bundestag und seine Ausschüsse in Fragen des wissenschaftlich-technischen Wandels berät.«[19] Das TAB erhält Arbeitsaufträge durch die Ausschüsse des Bundestages und erstellt Arbeitsberichte, die von den Auftraggebern abgenommen werden. Die Art der Arbeit des TAB lässt sich gut anhand von beispielhaften Arbeitsaufträgen beschreiben. ↓

Am 25. Oktober 2012 veröffentlichte das TAB seinen Arbeitsbericht 149 zum Thema »Gesetzliche Regelungen für den Zugang zur Informationsgesellschaft«. Zentrale Fragen, die der Bericht behandelt, lauten: »Welche Rolle spielen staatliche, regulatorische Vorgaben und Maßnahmen in einer Medienwelt, die zunehmend von Konvergenz geprägt ist, und in der das Internet eine immer größere Bedeutung erhält?« Welche prinzipiellen Gestaltungspotenziale und -optionen gibt es für die Politik? Wie können die innovationstheoretischen und praktischen Potenziale der neuen Medien zur Entfaltung gebracht werden?[20]

Am 8. Juli 2013 hat das TAB den Arbeitsbericht zum Thema »Postdienste und moderne Informations- und Kommunikationstechnologien« veröffentlicht. Die zu beantwortenden Fragen waren hier: »Welche Bestandteile des Briefmarktes können elektronisch substituiert werden, und welche Folgen ergeben sich daraus für den staatlich garantierten Postuniversaldienst?«[21]

Verhältnis zwischen Mensch und Technik

Was kann Technik für Menschen leisten? Die Beantwortung dieser Frage führt zu einer etwas andere Systematisierung von Technik und ihrem Verhältnis zu Menschen:

Technik ...

- kann Menschen ersetzen
- kann Menschen unterstützen
- kann Defizite von Menschen ausgleichen

Bei der Perspektive, dass Technik Menschen ersetzen kann, kommen einem die vollautomatisierten Produktionsstraßen in der Auto- oder Stahlindustrie in den Sinn. Fahrkartenautomaten an Bahnhöfen ersetzen die früher dort arbeitenden Schalterbeamten ebenfalls vollständig. Einige Forscher im Feld der künstlichen Intelligenz wollen noch weiter gehen: Computer sollen Menschen im Denken nachahmen, ersetzen und sogar übertreffen können.[22]

Der nach *Alan Turing* benannte Turing-Test → wurde ein Maßstab, um zu messen, wie gut IT-Systeme dieses Ziel erreichen.[23] Noch 1950 hat Alan Turing vorausgesagt, dass es binnen 50 Jahre Computer geben wird, die den Turing Test bestehen.[24] Bis heute ist dies nicht gelungen.

19	TAB, 2014b
20	TAB, 2014a, S. 5
21	TAB, 2014c, S. 7
22	Dorn & Gottlob, 2002, S. 983 ff
23	Dorn & Gottlob, 2002, S. 983
24	Stanford Encyclopedia

Büro für Technikfolgen-Abschätzung beim Deutschen Bundestag (TAB): Wissenschaftliche Einrichtung, die den deutschen Bundestag und seine Ausschüsse in Fragen des wissenschaftlich-technischen Wandels berät.

Alan Turing (* 1912 † 1954). Britischer Mathematiker, der als einer der Gründungsväter der Informatik betrachtet wird. Er ist durch seine Rolle als Kryptograph während des zweiten Weltkriegs über wissenschaftliche Kreise hinaus bekannt geworden.

Turing Test:
Der Aufbau des Turing-Test ist wie folgt: Hinter einer Trennwand befinden sich ein Computer A und ein Mensch B. Vor der Trennwand sitzt ein Mensch C, der nicht weiß, wer von A und B der Mensch und wer der Computer ist. Seine Aufgabe ist nun, genau dieses durch Stellen von Fragen herauszufinden. Dazu gibt Mensch C Fragen auf einer Tastatur ein. Auf der anderen Seite beantworten der Mensch B und der Computer A die Fragen. Die Antworten werden für C auf einem Bildschirm dargestellt. Ziel des Menschen B ist es, zu helfen, A als Computer zu identifizieren; Ziel des Computers B ist es, sich als täuschend als Menschen darzustellen. Am Ende muss Mensch C die Frage beantworten, wer von A und B die Maschine und wer der Mensch ist. Identifiziert er den Computer B fälschlicher Weise als Menschen, so hat der Computer den Turing Test bestanden.

Dennoch gibt es Computerprogramme, die menschliches Gesprächsverhalten täuschend echt nachahmen. Ein frühes Beispiel ist das am Massachusetts Institute of Technology (MIT) entwickelte Programm ELIZA (vgl. **Abb. A**). Mit beteiligt war *Josef Weizenbaum,* der damals ein Forscher der künstlichen Intelligenz war. Später wurde er zu einem scharfen Kritiker, insbesondere nachdem er bemerkt hatte, wie leicht Menschen auf ELIZA hereinfallen können. ELIZA wurde als psychotherapeutisches Programm konzipiert, das nach der Schule der klientenzentrierten Gesprächstherapie von Carl Rogers arbeitete. In dieser Art der Psychotherapie spielt es eine große Rolle, dass der Therapeut das vom Klienten Gesagte wiederholt, um ihm so zu zeigen, dass er ihn verstanden hat. Danach animiert der Therapeut den Klienten zum Weitersprechen. Genau dieses Gesprächsmuster haben die Forscher in ELIZA so täuschend echt umgesetzt, dass Josef Weizenbaum eines Tages seine eigene Sekretärin vorfand, wie sie in ein »Gespräch« mit ELIZA vertieft war, obgleich sie genau wusste, dass es sich um einen Computer handelte.[25] Anstatt den Menschen ersetzen zu wollen, werden Methoden der künstlichen Intelligenz heute häufig zur Entwicklung von Assistenzsystemen eingesetzt. Ein Beispiel sind hier Befundungssysteme für Röntgen- oder Ultraschallaufnahmen im medizinischen Bereich. ↓ Diese werden nicht in einem automatisierten Diagnoseprozess ohne Ärzte verwendet, sondern stellen vielmehr eine Unterstützung für die diagnostizierenden Ärzte dar.

> Das Anwendungsszenario MEDICO des vom Bundesministeriums für Wirtschaft und Technologie geförderten Projektes THESEUS beschreibt seine Aufgabe wie folgt: »Wie kann ein Computer lernen, Bilder zu interpretieren, Ähnlichkeiten zu erkennen und sie mit Textinhalten in einen sinnvollen Zusammenhang zu setzen? Das sind die Fragen, mit denen sich das THESEUS-Anwendungsszenario MEDICO beschäftigt. Auf Basis semantischer Technologien entwickeln die beteiligten Forscher Anwendungen für eine einfache und vernetzte Recherche in Medizindatenbanken. Sie soll Ärzten und anderen im Gesundheitssektor tätigen Personen künftig die Arbeit erheblich erleichtern, indem sie alle relevanten Patienteninformationen aus bild- und textbasierten Befunden intelligent zusammenführt.«[26]

Dem Gedanken, dass Technik den Menschen unterstützt, liegt auch die Sichtweise nahe, dass Technik naturbedingte oder krankhafte Defizite des Menschen ausgleichen kann. So ermöglicht ein Nachtsichtgerät, dass Menschen in Umgebungsbedingungen noch sehen können, wenn auch das gesündeste und

25   Weizenbaum, 1977, S. 19
26   Medico, 2014

Joseph Weizenbaum (*1923 †2008). Als Wissenschaftler forschte er am MIT auf dem Gebiet der Künstlichen Intelligenz, wurde dann aber ein Kritiker dieser Forschungsrichtung. Viel Beachtung fand sein 1977 veröffentlichtes Buch »Die Macht der Computer und die Ohnmacht der Vernunft«.

beste Auge nicht mehr sehen könnte. Softwareprogramme, die schriftlichen Text in gesprochenes Wort umsetzen, können von Blinden dazu genutzt, ihr fehlendes Sehvermögen auszugleichen, indem der Computer es ihnen ermöglicht, den Text zu hören.

Nimmt man die in den vorherigen Abschnitten diskutierten Eigenschaften von Technik noch hinzu, so kann man die Liste dessen, was Technik für Menschen leisten kann, abschließend noch wie folgt darstellen: Technik …

- kann Menschen ersetzen
- kann Menschen unterstützen
- kann Defizite von Menschen ausgleichen
- kann soziale Normen festigen und durchsetzen
- kann gesellschaftlichen Änderungen hervorrufen
- kann gemeinsam mit menschlichen Akteuren etwas Neues formen

Zusammenfassung

In diesem Kapitel wurde die Techniksoziologie als Wissenschaft vorgestellt, die sich mit den Themen Technikgenese, soziale Strukturen von Technik, Technikfolgen sowie Technikgestaltung und -steuerung beschäftigt. Es wurden zwei grundlegend unterschiedliche Perspektiven auf das Verhältnis zwischen Gesellschaft und Technik vorgestellt. Die technikdeterministische Sichtweise, die der Technik eine eigendynamische Entwicklung nach eigenen Regeln unterstellt, sieht die Gesellschaft in einer reaktiven Rolle: Sie muss sich an die geänderten technischen Möglichkeiten anpassen. Im Gegensatz dazu wurde die sozialdeterministische Perspektive dargestellt, die in den Mittelpunkt rückt, dass sowohl Technikentwicklung als auch Technikaneignung soziale Prozesse sind. Anhand aktueller Beispiele aus der Informatik wurde verdeutlicht, dass keine dieser Sichtweisen das Verhältnis von Technik und Gesellschaft alleine vollständig erklären kann. Beide sind aber jeweils dazu geeignet, bestimmte Phänomene, die wir in unserer heutigen Gesellschaft wahrnehmen, zu erklären. Anhand des TAB sowie einiger Projektbeispiele wurde erläutert, wie soziale Prozesse zur Technikgestaltung in der Bundesrepublik Deutschland organisiert werden. Mit der Actor-Network-Theory (ANT) wurde ein besonderer soziologischer Ansatz zur Erklärung der Rolle von Technik in unserer Gesellschaft vorgestellt: Mensch und Technik werden hier als gleichberechtigte Aktanten betrachtet, die in einem Netzwerk miteinander in Beziehung stehen. Über die ihnen einprogrammierten Skripte können technische Artefakte ebenso handeln wie die menschlichen Akteure in dem Netzwerk.

Schließlich wurden unterschiedliche Sichtweisen auf das Verhältnis zwischen Mensch und Technik beleuchtet.

VI.VI Fragen zur Wiederholung

1 Was sind die Ziele des wissenschaftlichen Faches Techniksoziologie?

2 Wie unterscheiden sich die Sichtweisen des Sozialdeterminismus und des Technikdeterminismus?

3 Beschreiben Sie das Verhältnis von Mensch und Technik in der Actor-Network-Theory (ANT).

4 Erläutern Sie ein Beispiel für Inskription aus dem Kontext der Informatik.

5 Was ist das TAB und was sind seine Aufgaben?

6 Was ist das Ziel des Turing Tests und wie ist sein Ablauf?

7 Erklären Sie das Phänomen des cultural lag und nennen Sie ein Beispiel.

8 Was ist mit dem Begriff des technological fix gemeint?

9 Welche Sichtweisen auf das Verhältnis zwischen Mensch und Technik haben Sie in diesem Kapitel kennen gelernt?

VI.VII Zum Nachdenken / Zur Diskussion

1 Blicken Sie auf die Entwicklung von Facebook in unserer Gesellschaft sowie auf ihre eigene Einstellung zu Facebook zurück. Lassen sich Ihre Erfahrungen eher durch eine technikdeterministische oder eher durch eine sozialdeterministische Perspektive erklären?

2 Lesen Sie den Beitrag »I'm 13 and None of My Friends Use Facebook« vom 11. August 2013 von von Ruby Karp

auf den Seiten von mashable.com. Beschreiben und diskutieren Sie den Prozess der Technikaneignung, der hier stattgefunden hat.

Der Artikel steht zur Verfügung unter: http://mashable.com/2013/08/11/teens-facebook/, gesichtet am 21. September 2013. Auf Deutsch ist der Text in der Frankfurter Allgemeinen Sonntagszeitung vom 18. 08. 2013 auf S. 43 erschienen.

3 In Japan werden Roboter entwickelt, die sich wie Hunde verhalten. Diese Roboter sollen alten Menschen, die wenige Kontakte haben, Gesellschaft leisten. Welche Sichtweise auf das Verhältnis von Technik und Mensch spiegelt diese Entwicklung wieder? Wie können Sie sich eine Freundschaft zu einem Roboterhund vorstellen?

4 Schauen Sie sich den Film Plug & Pray von Jens Schanze an. Der Film enthält zahlreiche Beispiele der Roboterforschung. Diskutieren Sie diese Beispiele vor dem Hintergrund der in diesem Kapitel vorgestellten theoretischen Konstrukte der Techniksoziologie.

Literatur

BITKOM (2013): Pressemitteilung vom 14. August 2013: SMS trotz App-Boom; http://www.bitkom.org/77055_77048.aspx; gesichtet am 17. Januar 2014.

BMI (2014): Koalitionsvertrag CDU / CSU / FDP, 17. Legislaturperiode. http://www.bmi.bund.de/SharedDocs/Downloads/DE/Ministerium/koalitionsvertrag.pdf?__blob=publicationFile; gesichtet am 17. Januar 2014.

Degele, N. (2002): Einführung in die Techniksoziologie. München: Wilhelm Fink Verlag GmbH & Co KG.

Dorn, J.; Gottlob, G. (2002): Künstliche Intelligenz. In: Rechenberg, P.; Pomberger, G.: Informatikhandbuch. München, Wien: Carl Hanser Verlag.

Endres, A.; Rombach, D. (2003): A Handbook of Software and Systems Engineering, Empirical Observations, Laws and Theories. Harlow, England: Pearson Education.

Kunau, G. (2006): Facilitating computer supported cooperative work with socio-technical self-descriptions. Universitätsbibliothek Technische Universität Dortmund, Dortmund. http://hdl.handle.net/2003/22226; gesichtet am 17. Januar 2014.

Medico (2014): THESEUS Anwendungsszenario – intelligente Bildsuche in Medizindatenbanken. http://theseus.pt-dlr.de/de/medico.php; gesichtet am 22. Februar 2014.

Mobilfunkgeschichte (2014): Die SMS in der Mobilfunkgeschichte; http://www. mobilfunk-geschichte. de/sms.html; gesichtet am 17. Januar 2014.

sim-TD Projekt (2014): http://www.simtd.de; gesichtet am 17. Januar 2014.

Singularity University (2014a):Selbstpräsentation der SU. http://www.youtube.com/watch?v=Rs1Zw-HTtrc; gesichtet am 17. Januar 2014.

Singularity University (2014b): http:// singularityu.org/; gesichtet am 17. Januar 2014.

Spehr, M. (2013): Abschied von der Zukunft, zurück zur Telematik. Frankfurter Allgemeine Zeitung, 13. August 2013, Seite T5.

Stanford Encyclopedia (2014): »The Turing Test« in Stanford Encyclopedia of Philosophy. http://plato.stanford.edu/entries/turing-test/#Tur195ImiGam; gesichtet am 17. Januar 2014.

TAB (2014a): Arbeitsbericht 149, »Gesetzliche Regelungen für den Zugang zur Informationsgesellschaft« (vorläufige Fassung); http://www.tab-beim-bundestag.de/de/pdf/publikationen/berichte/TAB-Arbeitsbe-richt-ab149.pdf; gesichtet am 17. Januar 2014.

TAB (2014b): http://www.tab-beim-bundestag. de/de/; gesichtet am 17. Januar 2014.

TAB (2014c): Arbeitsbericht 156 »Postdienste und moderne Informations- und Kommunikationstechnologien« (vorläufige Fassung); http://www.tab-beim-bundestag.de/de/pdf/publikationen/berichte/TAB-Arbeitsbericht-ab156.pdf; gesichtet am 17. Januar 2014.

Weizenbaum, J. (1977): Die Macht der Computer und die Ohnmacht der Vernunft. Berlin: Suhrkamp Verlag.

Weyer, J. (2008): Techniksoziologie Genese, Gestaltung und Steuerung sozio-technischer Systeme. Weinheim und München: Juventa Verlag.

Junge Frau	ELIZA
Die Männer sind alle gleich.	In welcher Weise
Sie machen uns immer wegen irgendwas verrückt.	Können Sie ein Beispiel nennen
Na ja, die Idee zu diesem Gespräch stammt von meinem Freund.	Die Idee zu diesem Gespräch stammt von Ihrem Freund.
Er sagt, dass ich oft deprimiert bin.	Es tut mir Leid von Ihnen zu hören dass Sie deprimiert sind.
Das stimmt, ich bin unglücklich.	Glauben Sie dass dieses Gespräch Ihnen hilft nicht mehr unglücklich zu sein
Ich brauche jedenfalls Hilfe, das steht fest.	Was würde es für Sie bedeuten Hilfe zu bekommen
Vielleicht könnte ich lernen, mit meiner Mutter auszukommen.	Erzählen Sie mir mehr über Ihre Familie
Meine Mutter erledigt alles für mich.	Wer in Ihrer Familie erledigt noch alles für Sie
Mein Vater.	Ihr Vater
Sie sind ein wenig wie mein Vater.	Welche Ähnlichkeit sehen Sie
Sie sind nicht besonders aggressiv, aber ich glaube, Sie möchten nicht, dass ich dass beachte.	Was lässt Sie vermuten dass ich nicht sehr aggressiv bin
Sie streiten nicht mit mir.	Wieso glauben Sie dass ich nicht mit Ihnen streite
Sie haben Angst vor mir.	Macht Ihnen der Gedanke Spaß dass ich vor Ihnen Angst habe
Mein Vater hat vor jedem Angst.	Was fällt Ihnen noch ein wenn Sie an Ihren Vater denken
Angeber.	Hat das etwas damit zu tun, dass die Idee zu diesem Gespräch von Ihrem Freund stammt

A Beispieldialog mit ELIZA; Quelle: Weizenbaum, 1977, S. 15 ff.

Die Gestaltung von IT-Systemen kreuzt die Arbeitsgestaltung auf zwei Ebenen: Zum einen stellen IT-Systeme Arbeitsmittel dar, die ergonomisch zu gestalten sind. Zum anderen steuern komplexe IT-Systeme Arbeitsabläufe und nehmen Einfluss auf die inhaltliche Arbeitsgestaltung. Dieses Kapitel stellt Kriterien zur Arbeitsgestaltung und ihre Verbindung zur Nutzung von IT-Systemen dar. Mit der Arbeits- und Organisationspsychologie wird eine Wissenschaft vorgestellt, deren Ergebnisse für eine sozio-technische Systemgestaltung wichtig sind. Die Erläuterung relevanter gesetzlicher Passagen zeigt auf, dass die Anwendung arbeitswissenschaftlicher Erkenntnisse für Informatiker nicht nur eine ethische, sondern auch eine gesetzliche Pflicht ist.

VII Arbeits- und Organisationspsychologie Lernziele

Zusammenhang
zwischen IT-Projekten
und Arbeitsgestaltung
erläutern können

—

Arbeitsfelder der
Arbeits- und Organisationspsychologie benennen
können

—

Begriff der »humanen
Arbeitstätigkeit« erklären
können

—

Das Job Characteristics
Model erklären können

—

Kriterien guter Arbeits-
gestaltung kennen

—

Beispiele nennen können,
wie IT-Systeme positiv
oder negativ auf Arbeits-
gestaltung wirken können

—

Gesetze benennen
können, die die Beteiligung
von Arbeitnehmern an
IT-Projekten regeln

Arbeits- und Organisationspsychologie

Den Bezug zwischen IT-Systemen und Arbeitsgestaltung kann man aus zwei Perspektiven betrachten:

— Moderne kooperationsunterstützende Softwaresysteme sind nicht nur neutrale Werkzeuge, sondern beeinflussen die inhaltliche Arbeitsorganisation sowie die Eigenschaften von Arbeitsaufgaben. Man denke hier nur an die Mitarbeiter in den Läden großer Telekommunikationsanbieter. Diese werden bei der Beratung der Kunden durch die Softwaresysteme so eng geführt, dass sie sicher nur die vom Konzern gerade vorgesehenen Geräte und Tarife verkaufen.

— IT-Systeme sind Arbeitsmittel in vielen Arbeitsprozessen; Arbeitnehmer verbringen oft den großen Teil ihres Arbeitstages mit der Bedienung von IT-Systemen. Um die Arbeitnehmer durch ihre Arbeit an den IT-Systemen nicht zu schädigen, müssen diese *ergonomisch* gestaltet sein. Innerhalb der Informatik beschäftigen sich die Gebiete der Hardware- und Software-Ergonomie mit diesem Anliegen.

In diesem siebten Kapitel geht es um den ersten Aspekt, der Arbeitsgestaltung, während sich Kapitel VIII dem zweiten Aspekt, der Ergonomie, widmet. Um Softwaresysteme so entwickeln, dass mit ihnen »gute« Arbeitsplätze gestaltet werden können, müssen die Kriterien »guter« Arbeit bekannt sein. Bevor erläutert wird, wie »gute« Arbeit definiert werden kann, soll die Disziplin, die sich mit der Gestaltung von Arbeit beschäftigt, vorgestellt werden: Die Arbeits- und Organisationspsychologie.

Die Psychologie als Lehre des menschlichen Verhaltens ist in Kapitel I eingeführt worden. Die *Arbeits- und Organisationspsychologie* beschäftigt sich mit menschlichem Verhalten speziell im Arbeitskontext. Dabei geht es sowohl darum, den Menschen an die Arbeit anzupassen als auch umgekehrt die Arbeit an den Menschen anzupassen.[01] **Abb. A** gibt einen Überblick über die Untersuchungsgegenstände und dazugehörigen Aktivitäten der Arbeits-

und Organisationspsychologie. Im Kontext der Gestaltung sozio-technischer Systeme ist die Gestaltung von Arbeitsprozessen von besonderer Bedeutung. Hier haben Informatiker durch die Erstellung geeigneter Software die Möglichkeit, die Gestaltung guter Arbeitsprozesse zu unterstützen.

VII.II Humane Arbeitstätigkeiten

Der Begriff »gute Arbeit« ist nun schon mehrfach gefallen, so dass sich die Frage stellt, wodurch gute Arbeit ausgezeichnet ist. Der Arbeitspsychologe Eberhard Ulich hat humane Arbeitstätigkeiten definiert. → Zur Vervollständigung dieser Erklärung humaner Arbeit passt die Definition von Gesundheit, die von der Weltgesundheitsorganisation formuliert worden ist. →

Die Beschreibung humaner Arbeit enthält mehrere direkte Bezüge zur Arbeit von Informatikern in IT-Projekten:

- Der Aspekt der Schädigungsfreiheit wird durch ergonomisch gestaltete Systeme unterstützt (vgl. Kapitel VIII)
- Die Förderung von Kompetenzen ist ein Aspekt bei der Gestaltung gebrauchstauglicher IT-Systeme (vgl. Kapitel VIII)
- Die Einflussnahme auf die Arbeitssysteme kann durch partizipative Methoden in IT-Projekten unterstützt werden (vgl. Kapitel V)

Die Forscher Hackman und Oldham haben einen anderen Ansatz zur Beschreibung guter Arbeit gewählt, der im folgenden Abschnitt vorgestellt wird.

01   Walter-Busch, 2008, S. 10   Ergonomie: Menschengerechte Gestaltung
                                           von Technik.

Arbeits- und Organisationspsychologie
beschäftigt sich mit menschlichem Verhalten
im Arbeitskontext.

Arbeitstätigkeiten sind human, wenn sie »die psychophysische Gesundheit der Arbeitstätigen nicht schädigen, ihr psychosoziales Wohlbefinden nicht – oder allenfalls vorübergehend – beeinträchtigen, ihren Bedürfnissen und Qualifikationen entsprechen, individuelle und/oder kollektive Einflussnahme auf Arbeitsbedingungen und Arbeitssysteme ermöglichen und zur Entwicklung der Persönlichkeit im Sinne der Entfaltung von Potenzialen und der Förderung von Kompetenzen beizutragen vermögen.«[02]

»Gesundheit ist ein Zustand vollkommenen körperlichen, geistigen und sozialen Wohlbefindens und nicht allein das Fehlen von Krankheiten und Gebrechen.«[03]

Das Job Characteristics Model nach Hackman und Oldham

Hackman und Oldham fragten sich, welche Eigenschaften von Arbeit sich positiv auf das Verhalten von Arbeitnehmern auswirken. Das Verhalten der Arbeitnehmer beschrieben sie über mehrere beobachtbare Eigenschaften: Intrinsische Motivation (d. h. von innen aus der Person selber kommende Motivation), hohe Arbeitsleistung, hohe Arbeitszufriedenheit, geringer Absentismus (d. h. wenige Fehlzeiten bspw. durch Krankheit), geringe Fluktuation (d. h. wenige Kündigungen). Als Ergebnis ihrer Forschungen präsentieren sie das *Job Characteristics Model,* das den Zusammenhang zwischen Schlüsseleigenschaften der Arbeit und Arbeitnehmerverhalten darstellt. **Abb. B** zeigt das Modell.[04]

Auf der linken Seite sieht man die wichtigen Eigenschaften der Arbeit: Anforderungsvielfalt, Ganzheitlichkeit, Bedeutung, Autonomie, Rückmeldung. Rechts die positiven Folgen im Verhalten der Arbeitnehmer, wenn diese Eigenschaften auf die Arbeit zutreffen: Hohe intrinsische Motivation, hohe Arbeitsleistung, hohe Arbeitszufriedenheit, geringer Absentismus, geringe Fluktuation. Im mittleren Bereich der Grafik sind die psychischen Prozesse aufgezeigt, über die die Eigenschaften der Arbeit das Verhalten der Arbeitnehmer verursachen. Wenn eine Arbeit vielfältige Anforderungen stellt, sie für den Menschen eine Bedeutung hat und ganzheitlich organisiert ist, dann erlebt der Arbeitnehmer, dass die Arbeit sinnvoll ist. Diese erlebte Sinnhaftigkeit führt dann wiederum zu den rechts dargestellten Verhaltensweisen.

Gewährt die Arbeitsgestaltung dem arbeitenden Menschen ein gewisses Maß an Autonomie, so nimmt der Arbeitnehmer sich als verantwortlich für die Arbeit und die Arbeitsergebnisse war. Diese erlebte Verantwortlichkeit führt dann auch zu den rechts dargestellten Verhaltensweisen. Der letzte

02   zitiert in Schuler, 1995, S. 170
03   WHO, 1948
04   Walter-Busch, 2008, S. 44 f

Job Characteristics Model nach Hackman und Oldham: Ein psychologisches Modell, das den Zusammenhang zwischen Schlüsseleigenschaften von Arbeit und menschlichem Verhalten bei der Arbeit erklärt.

Punkt der Schlüsseleigenschaften von Arbeit lautet »Rückmeldung« und kann missverstanden werden als Feedback durch Kollegen oder Vorgesetzte. An dieser Stelle ist Rückmeldung über den Arbeitsfortschritt aus der Arbeit selber heraus gemeint. Im trivialen Fall kann es sich um einen Stapel mit Antragsformularen handeln, der abgearbeitet werden muss. Der Arbeitsfortschritt ist direkt dadurch sichtbar, dass der Stapel immer kleiner wird. Ein Negativbeispiel ist die Fließbandarbeit, in der unaufhörlich in einem festgelegten Tempo immer neue zu montierende Teile herankommen. Der arbeitende Mensch hat nie das Gefühl, etwas geschafft oder »fertig« gemacht zu haben, es kommen immer neue Teile, die dann zur weiteren Verarbeitung wieder entschwinden.

Nun kann man sich fragen, ob der Zusammenhang zwischen Eigenschaften der Arbeit und menschlichem Verhalten immer gleich für alle Menschen gilt. Dies ist nicht so. Der im unteren Teil der Grafik befindliche Pfeil zeigt eine Bedingung dafür, dass dieser Zusammenhang wirkt: Das Bedürfnis des arbeitenden Menschen, sich in seiner Arbeit zu entwickeln. Je stärker dieses Bedürfnis ist, desto stärker wirken die Schlüsseleigenschaften der Arbeit auf das Verhalten des Arbeitnehmers. Zwar ist jeder Mensch prinzipiell dadurch zu motivieren, dass er Sinnhaftigkeit und Verantwortlichkeit erlebt, die Stärke der Auswirkung ist aber abhängig von dem Bedürfnis, sich zu entwickeln. Je mehr ein Mensch die Arbeit als reinen Broterwerb sieht, desto weniger wird er durch die Inhalte der Arbeit motivierbar sein.

Kriterien der Arbeitsgestaltung

Nachdem nun erklärt ist, was eine humane Arbeit ausmacht und wie Eigenschaften von Arbeit auf menschliches Verhalten wirken, stellt sich die Frage, wie man gute Arbeit konkret gestalten kann. Für Informatiker im Besonderen stellt sich die Herausforderung, wie IT-Systeme zur Gestaltung guter Arbeit beitragen können; oder anders formuliert, wie Beeinträchtigungen, die von IT-Systemen ausgehen können, vermieden werden können. Die folgenden Abschnitte zeigen, wie die Prinzipien der frühen sozio-technischen Forschung in IT-Projekten angewendet werden können. Für die Arbeitsgestaltung spielt insbesondere das Prinzip der organisatorischen Wahlfreiheit (vgl. Kapitel IV) eine wichtige Rolle: Ein IT-System determiniert die Arbeitsprozesse nicht vollständig, jedes Unternehmen hat auch bei Einsatz von IT-Systemen Wahlfreiheit, wie es die Arbeitsaufgaben für die Mitarbeiter gestaltet.

Bei der Arbeitsgestaltung aus arbeitspsychologischer Sicht rückt die Arbeitsaufgabe in den Mittelpunkt der Betrachtung, denn sie hat eine Schnittstellenfunktion zwischen dem Individuum und der Organisation. Für den arbeitenden Menschen ist die Arbeitsaufgabe, die er zu erfüllen hat, der psychologisch wichtigste Teil der Arbeitsbedingungen.[05] Die Arbeitsaufgabe bzw. die individuelle Interpretation bestimmt die Tätigkeiten die ein Arbeitnehmer auszuführen hat. Eberhard Ulich hat Eigenschaften von Arbeitsaufgaben ermittelt, die sich motivationsförderlich, gesundheitsförderlich und persönlichkeitsförderlich auf die arbeitenden Menschen auswirken.[06] → Sie entsprechen weitgehend den von Hackman und Oldham in ihrem Job Characteristics Modell aufgeführten Schlüsseleigenschaften von Arbeit.

Ganzheitlichkeit

Die Ganzheitlichkeit oder Vollständigkeit von Arbeitsaufgaben spielt eine besondere Rolle, weil durch sie einige der noch folgenden Kriterien guter Arbeitsaufgaben mit erfüllt oder im negativen Fall unmöglich gemacht werden.

Eine ganzheitliche Aufgabe umfasst ein Arbeitsthema in Gänze. Das klassische Negativbeispiel ist die Fließbandarbeit, in der ein Arbeitnehmer immer nur einen fest vorgegebenen, immer gleichen Teilarbeitsschritt vollzieht. Die Fließbandarbeit, die um 1910 bei Ford in den USA erstmals in großem Maßstab eingeführt worden ist, basiert auf den Arbeiten von *Frederick Winslow Taylor,* der die Trennung von Arbeitsplanung und -vorbereitung auf der einen Seite und der Arbeitsausführung auf der anderen Seite zum grundlegen Prinzip effizienter Produktionsstätten erhob.

05   Schuler, 1995, S. 192
06   Ulich, 2007, S. 166

Frederick Winslow Taylor, (*1856 †1915), amerikanischer Ingenieur. Sein Konzept der wissenschaftlichen Betriebsführung hat hohe Arbeitsteiligkeit sowie die strikte Trennung von Kopf- und Handarbeit zum Kern. Der Begriff des Taylorismus verweist mit negativer Konnotation auf dieses Konzept.

Die sieben Kriterien der Arbeitsgestaltung nach Eberhard Ulich:

1 Ganzheitlichkeit
2 Anforderungsvielfalt
3 Möglichkeit zur sozialen Interaktion
4 Autonomie
5 Lern- und Entwicklungsmöglichkeiten
6 Zeitliche Elastizität und stressfreie Regulation
7 Sinnhaftigkeit

Das Prinzip der ganzheitlichen Arbeitsaufgabe hebt diese Trennung wieder auf. Menschen sollen Aufgaben mit planenden, ausführenden und kontrollierenden Elementen haben. Sie sollen ferner die Möglichkeit haben, Ergebnisse der eigenen Tätigkeit auf Übereinstimmung mit gestellten Anforderungen zu prüfen. Das Ziel ganzheitlicher Arbeitsaufgaben ist, dass Mitarbeiter die Bedeutung und den Stellenwert ihrer Tätigkeit kennen, weil sie in die Planung und Kontrolle mit eingebunden sind. Durch die Integration planender und ausführender Tätigkeiten erhalten die Mitarbeiter Rückmeldung über den eigenen Arbeitsfortschritt aus der Tätigkeit selbst. Da sie den Plan für die Arbeit kennen, können sie auch jederzeit einschätzen, wie gut sie diesen Plan erfüllen.

Workflowmanagementsysteme sind Softwaresysteme, die die logische Abbildung eines Arbeitsprozesses beinhalten sowie dessen Ausführung steuern und kontrollieren (vgl. ausführlich Kapitel IX). Solche Systeme haben das

Potenzial, die im Sinne der Arbeitsgestaltung negativen Eigenschaften von Fließbandarbeit in die Welt der IT-Systeme zu übertragen. Bereits anhand eines einfachen Beispiels ↓ lassen sich die Risiken, die Workflowmanagementsysteme beinhalten, sowie die Gestaltungsoptionen hinsichtlich der Ganzheitlichkeit von Arbeitsaufgaben darstellen: Im zweiten Schritt des Beispiels könnten in dem Workflowmanagementsystem feste Regeln hinterlegt sein, welcher Mitarbeiter für die Bearbeitung des Antrags zuständig sein soll. Das System würde dann nach Auswertung der Regeln den Antrag in den Eingangspostkorb genau eines Mitarbeiters legen. Alternativ kann es für die Anträge ein Gruppenpostfach geben. Die Zuordnung der Anträge zu einzelnen Mitarbeitern regeln diese täglich selber. Die letztere Variante erfüllt das Kriterium der Ganzheitlichkeit besser, weil hier die planenden Aufgaben den Mitarbeitern überlassen werden, anstatt sie im Workflowmanagementsystem abzubilden.

Beispiel des Beginns eines Workflows zur Antragsbearbeitung in einer Behörde:

— Bürger füllt Antrag im Internet aus und sendet die Daten an die Behörde
— Workflowmanagementsystem der Behörde legt den Vorgang an und erzeugt einen Eintrag im Posteingangskorb der zuständigen Mitarbeiter
— Mitarbeiter liest den Antrag und leitet weitere Bearbeitung ein
— ...

Anforderungsvielfalt

Gute Arbeitsaufgaben fordern den arbeitenden Menschen auf unterschiedliche Weise. So wird es dem Menschen ermöglicht, unterschiedliche Fähigkeiten, Kenntnisse und Fertigkeiten einzusetzen. Damit sind nicht nur unterschiedliche kognitive Fähigkeiten gemeint, sondern auch der Einsatz unterschiedlicher Körperfunktionen und Sinnesorgane. Der Mensch, der den ganzen Tag vor dem Rechner sitzt und mit Hilfe des oben skizzierten Workflowmanagementsystems Anträge auf Vollständigkeit hin überprüft und dann weiterleitet, wird weder körperlich noch geistig vielfältig gefordert.

IT-Systeme können unter diesem Aspekt der Arbeitsgestaltung in sich widersprüchliche Beiträge leisten. So ist beispielsweise das Gießen von Stahlblöcken in modernen Stahlwerken ein hoch automatisierter Prozess. Vielfältige Sensoren und Übertragungsmöglichkeiten erlauben den Mitarbeitern, in einem geschützten Leitstand zu sitzen und den Produktionsprozess zu überwachen. Hier tragen IT-Systeme dazu bei, dass Arbeit schädigungs- und risikoärmer wird. Gleichzeitig entstehen Arbeitsplätze im Leitstand, die das Kriterium der Anforderungsvielfalt nicht erfüllen. Fehlbeanspruchungen wie Monotonie (vgl. Kapitel VIII) können die Arbeitnehmer in anderer Weise schädigen als es die Hitze, der Krach und die körperliche Anstrengung im weniger automatisierten Prozess getan haben.

An dieser Stelle kommen wieder die Erkenntnisse der frühen soziotechnischen Forschungen zur Geltung: Die Technik determiniert die Arbeitsorganisation nicht (vgl. Kapitel IV), das Unternehmen kann die Arbeit so organisieren, dass für die Menschen Aufgaben entstehen, die das Kriterium der Anforderungsvielfalt erfüllen.

Möglichkeit zur sozialen Interaktion

Gute Arbeitsaufgaben sind so gestaltet, dass sie die Kooperation mit anderen Menschen nahe legen oder sogar voraussetzen. Sie geben den Arbeitnehmern die Möglichkeit, Schwierigkeiten gemeinsam zu bewältigen. Das ist wichtig, weil gegenseitige Unterstützung hilft, Belastungen besser zu ertragen, was wiederum vor Schädigungen schützt.

IT-Systeme im beruflichen Umfeld legen oft eine Reduktion der sozialen Interaktion nahe. Betrachtet man das Fallbeispiel der Spedition Stahlexpress (Kapitel IV) und hier insbesondere das erste Beispiel in der dortigen **Abb. A** (morgendliche persönliche Absprachen zwischen Fahrern und Disponenten), so könnte durch die Einführung des Systems »SpedKom« der einzige persönliche Kontakt zwischen Fahrern und Disponenten wegfallen.

Mit Blick auf die Kriterien zur Gestaltung guter Arbeit wäre dies ein Fehler. Im Sinne einer sozio-technischen Systemgestaltung sollte die Spedition Stahlexpress Fahrer und Disponenten dabei unterstützen, die persönlichen Treffen beizubehalten.

Autonomie

Übersetzt bedeutet Autonomie Unabhängigkeit oder Selbstständigkeit. Gute
Arbeitsaufgaben erlauben Arbeitnehmern einen Rahmen, innerhalb dessen sie
ihre Tätigkeiten selbständig organisieren können. Um das zu erreichen, müssen
die Arbeitsaufgaben einen Dispositions- und Entscheidungsspielraum beinhalten. Eine Arbeitsaufgabe, die dem menschlichen Wunsch nach Autonomie
Rechnung trägt, wird bei den Arbeitnehmern das Selbstwertgefühl steigern
und die Bereitschaft zur Übernahme von Verantwortung erhöhen.

Die Arbeit in Callcentern kann sowohl im positiven als auch im negativen
Sinne die Gestaltungsmöglichkeiten im Aspekt Autonomie veranschaulichen.
Die Arbeit in einem klassischen Callcenter ist häufig durch die folgenden Eigen-
schaften geprägt, die den Mitarbeitern wenig Spielraum erlauben:

- Mitarbeiter sind in ihrer Zeiteinteilung durch Anrufe
  »gesteuert«
- Es gibt feste Rede- und Reaktionsskripte
- Mitarbeiter geben Information nur ein, sind an der
  weiteren Bearbeitung nicht beteiligt

Alternative Konzepte zur Arbeitsorganisation in Callcentern sehen die
folgenden Maßnahmen vor:

- Verfügungszeiten, die in Absprache mit den Kollegen
  genommen werden können
- Verantwortung für ganze Fälle
- Freiheitsgrade in der Reaktion und Bearbeitung

Das dritte Beispiel in Kapitel IV, **Abb. A** zeigt Gestaltungsmöglichkeiten für
das Kriterium Autonomie: Legt die Spedition fest, dass Fahrer der von den Disponenten übermittelten Route unbedingt Folge zu leisten haben, so schränkt
sie den Entscheidungsspielraum der Fahrer ein und schwächt damit deren
Autonomie. Vereinbart die Spedition jedoch, dass die Fahrer Erfahrungen und
Kenntnisse der Situation vor Ort mit einbringen dürfen und über die Route
mit entscheiden dürfen, stärkt sie deren Autonomie.

Lern- und Entwicklungsmöglichkeiten

Arbeitsaufgaben, die im Sinne der Arbeits- und Organisationspsychologie
gute Arbeitsaufgaben sind, bieten den Arbeitnehmern Lern- und Entwicklungsmöglichkeiten. Dieses Gestaltungskriterium hat zum Ziel, dass die allgemeine geistige Flexibilität der arbeitenden Menschen erhalten bleibt. Für die

Arbeitnehmer bedeutet das, dass ihre berufliche Qualifikation nicht auf dem Niveau einer einmal absolvierten Ausbildung stehen bleibt, sondern sich in einer sich verändernden Umwelt weiterentwickelt. Arbeitsaufgaben, die Lern- und Entwicklungsmöglichkeiten bieten, zeichnen sich durch problemhaltige Inhalte aus, zu deren Bewältigung vorhandene Qualifikationen eingesetzt und neue Qualifikationen erworben werden müssen.

IT-Systeme eignen sich durchaus dazu, genau das Gegenteil zu bewirken, nämlich Arbeitsaufgaben zu schaffen, die von den arbeitenden Menschen immer weniger Wissen und Qualifikation erfordern. Regeln und Handlungsanweisungen sind häufig in IT-Systemen automatisiert, so dass der Nutzer mit viel weniger Wissen auskommt. Aber auch bei der Einführung von IT-Systemen können Lern- und Entwicklungsmöglichkeiten für Arbeitnehmer entstehen. Zum einen ist die Fähigkeit, mit modernen IT-Systemen umgehen zu können, eine neue Qualifikation. Zum anderen können die zeitlichen Freiräume, die durch eine Automatisierung geschaffen werden, durch andere Tätigkeiten gefüllt werden, die ihrerseits eine höhere Qualifikation erfordern.

Zeitelastizität und stressfreie Regulierbarkeit

Ein weiteres Kriterium guter Aufgaben ist die Zeitelastizität und die stressfreie Regulierbarkeit durch die arbeitenden Menschen. Gute Arbeitsaufgaben lassen Raum für stressfreies Nachdenken und selbstgewählte Interaktion. Unangemessene Arbeitsverdichtung, die den Arbeitnehmern keine zeitlichen Freiräume lässt, verletzt dieses Kriterium.

Ein Beispiel, an dem die Verletzung dieses Kriteriums heute sehr deutlich wird, ist die Pflege alter und kranker Menschen. Viele Arbeitnehmer in pflegenden Berufen klagen, dass die Zeitvorgaben für die Betreuung so eng gesetzt sind, dass kein Spielraum bleibt, um auf die individuellen Bedürfnisse der zu Pflegenden einzugehen. Für darüber hinausgehende persönliche Worte und Maßnahmen bliebe gar keine Zeit. Gerade bei Menschen, die den pflegenden Beruf mit dem Wunsch ergriffen haben, anderen Menschen zu helfen, führt diese Arbeitsorganisation zu Stress, da die persönlichen Ziele mit den Möglichkeiten der Arbeit in Konflikt stehen.

Eine weitere inzwischen viel diskutierte Verletzung des Kriteriums der Zeitelastizität und stressfreien Regulierbarkeit entsteht durch die ständige Erreichbarkeit von Arbeitnehmern auch über ihre eigentliche Arbeitszeit hinaus. Diese ständige Erreichbarkeit wird technisch gefördert durch Mobiltelefone aber auch durch E-Mail oder die Möglichkeit, sich von zu Hause aus über das Internet in seine betriebliche Arbeitsumgebung einzuloggen. ↓

Eine im Auftrag des BITKOM im Jahr 2011 durchgeführte repräsentative Befragung von Arbeitnehmern ergab, dass ständige Erreichbarkeit für viele zur Selbstverständlichkeit geworden ist. Einige Zahlen aus der Studie:

- **88 Prozent der Berufstätigen sind außerhalb ihrer regulären Arbeitszeit für Kunden, Kollegen oder Vorgesetzte per Internet oder Handy erreichbar.**
- **29 Prozent der Arbeitnehmer sind jederzeit für berufliche Zwecke telefonisch oder per E-Mail erreichbar.**
- **34 Prozent der männlichen Arbeitnehmer sind jederzeit erreichbar.**
- **24 Prozent der weiblichen Arbeitnehmer sind jederzeit erreichbar.**
- **45 Prozent der Arbeitnehmer sind zu bestimmten Zeiten außerhalb der regulären Arbeitszeit dienstlich erreichbar.[07]**

Von den meisten Arbeitnehmern wird diese Erreichbarkeit negativ wahrgenommen. Belastungen entstehen dadurch, dass die Menschen in der Gestaltung ihres Privatlebens unvorhersehbar durch dienstliche Belange unterbrochen werden. Sie stehen dann vor der Aufgabe, berufliche Tätigkeiten außerhalb der Arbeitszeit in ihr Privatleben zu integrieren. Bei vielen geht mit der dauernden Erreichbarkeit auch eine zunehmende Arbeitsverdichtung einher: Aufgaben, die tagsüber nicht zu Ende gebracht werden konnten, werden in den Abendstunden fertig gestellt.

07   BITKOM, 2014

Es gibt aber auch eine andere Sicht auf die ständige Erreichbarkeit: Sie erlaubt, Arbeiten flexibel auch außerhalb des Büros und außerhalb der »normalen« Arbeitszeiten zu erledigen. Manche, die Familie und Beruf miteinander verbinden möchten, sehen es als Vorteil, ihre zu leistende Arbeit zeitlich freier einteilen zu können.

Um eine gute Arbeitsaufgabe auch unter den Bedingungen moderner Kommunikationsmittel zu gestalten, ist es wichtig, hier Regeln und klare Absprachen zu treffen.[08] Die Beteiligten müssen sich darauf einigen, wann ein Arbeitnehmer mit wie viel Reaktionszeit erreichbar sein muss. Ebenso gilt es festzulegen, wann ein Arbeitnehmer wirklich im Privatleben ist und für seinen Arbeitgeber nicht erreichbar ist. Es gibt inzwischen sogar Arbeitgeber, die ihrerseits verhindern, dass Arbeitnehmer rund um die Uhr auf E-Mails zugreifen können. So stellt beispielsweise Volkswagen seit Dezember 2011 die Weiterleitung von E-Mails auf die Smartphones der Mitarbeiter ab. Durch diese vom Betriebsrat initiierte Regelung soll sichergestellt werden, dass die Mitarbeiter die notwendigen Ruhepausen zur Erholung einhalten können.[09]

Im Rückgriff auf die in Kapitel III eingeführte Terminologie kann man hier von sozio-technischen Selbstbeschreibungen sprechen: Das soziale System eines Unternehmens muss Regeln für den Umgang mit E-Mail vereinbaren, damit ein gutes sozio-technisches System entsteht.

Sinnhaftigkeit

Damit eine Arbeitsaufgabe im Sinne der Arbeits- und Organisationspsychologie gut ist, muss sie für den Arbeitnehmer einen Sinn ergeben. So erhält er das Gefühl, mit seiner Arbeit etwas Positives zu bewirken. Ein Betrag zum Kriterium der Sinnhaftigkeit ist, dass die erzeugten Produkte oder Dienstleistungen einen gesellschaftlich anerkannten Nutzen bringen. Damit kann das Individuum seine persönlichen Interessen mit denen der Gesellschaft in Einklang bringen, was zu einem Gefühl der Sicherheit beiträgt.

Einflussnahme von Arbeitnehmern auf die Arbeitsgestaltung

Die Definition humaner Arbeitstätigkeiten enthält auch einen Passus zur Einflussnahme von Arbeitnehmern auf die Arbeitsgestaltung: »... individuelle und / oder kollektive Einflussnahme auf Arbeitsbedingungen und Arbeitssysteme ermöglichen ...«[10] IT-Systeme sind eine Form von Arbeitssystemen und beeinflussen auch die Arbeitsbedingungen, unter denen Menschen arbeiten. Daher bezieht sich die geforderte Einflussnahme auch auf die Gestaltung von IT-Systemen. In Kapitel V sind Methoden zur partizipativen Gestaltung von IT-Projekten bereits behandelt worden. Sie sind eine Möglichkeit, dieser Forderung nach Einflussnahme von Arbeitnehmern gerecht zu werden. An dieser Stelle sollen die gesetzlichen Bestimmungen, die in Deutschland die Einflussnahme von Arbeitnehmern auf die Gestaltung von IT-Systemen und den daraus entstehenden Arbeitsplätzen regeln, zusammengefasst werden. Zwei Gesetze sind hier relevant:

— Das Betriebsverfassungsgesetz (BetrVG), das bundesweit für privatwirtschaftliche Unternehmen, die Mitbestimmung regelt: »In Betrieben mit in der Regel mindestens fünf ständigen wahlberechtigten Arbeitnehmern, von denen drei wählbar sind, werden Betriebsräte gewählt.« (BetrVG § 1 Absatz (1)).[11] Betriebsratsmitglieder übernehmen die repräsentative Vertretung der Arbeitnehmer u. a. in Fragen der Arbeitsgestaltung.

— Die Landespersonalvertretungsgesetze (LPVG), die in der Hoheit der Länder die Mitbestimmung bei öffentlichen Arbeitgebern regeln: »Bei den Dienststellen des Landes, der Gemeinden, der Gemeindeverbände und der sonstigen der Aufsicht des Landes unterstehenden Körperschaften, Anstalten und Stiftungen des öffentlichen Rechts

08   Burkert, 2013
09   ZEIT ONLINE, 2011
10   zitiert in Schuler, 1995, S. 170
11   Betriebsverfassungsgesetz, 2014

werden Personalvertretungen gebildet.« (LPVG NRW § 1 Abschnitt (1))[12] Personalratsmitglieder übernehmen hier die repräsentative Vertretung der Arbeitnehmer u. a. in Fragen der Arbeitsgestaltung.

In den Gesetzen findet sich kein einzelner Paragraf, der die Beteiligung der Arbeitnehmer an IT-Projekten gebündelt regelt. Vielmehr betreffen unterschiedliche Passagen der Gesetze mehr oder weniger direkt auch die Einführung von IT-Systemen.

Im Betriebsverfassungsgesetz sind die folgenden Stellen im vierten Teil »Mitwirkung und Mitbestimmung der Arbeitnehmer« von besonderer Bedeutung für die Einführung von IT-Systemen:

- Dritter Abschnitt, Soziale Angelegenheiten:
  § 87 Mitbestimmungsrechte
- Vierter Abschnitt, Gestaltung von Arbeitsplatz, Arbeitsablauf und Arbeitsumgebung:
  § 90 Unterrichtungs- und Beratungsrechte
  § 91 Mitbestimmungsrecht

Abb. C, D und **E** zitieren relevante Passagen des Betriebsverfassungsgesetzes. Darüber hinaus können sich aus den § 92 – Personalplanung und § 106 – Wirtschaftsausschuss weitere Beteiligungsrechte ableiten.

Für den öffentlichen Sektor dient hier das Landespersonalvertretungsgesetz des Landes Nordrheinwestfalen als Beispiel. Von besonderer Bedeutung für IT-Projekte ist hier der § 72 im Dritter Abschnitt: »Beteiligungspflichtige Angelegenheiten«. **Abb. F** zitiert relevante Passagen aus dem Landespersonalvertretungsgesetz NRW.

Wenn in den Gesetzen von der Änderung von technischen Anlagen oder Arbeitsabläufen die Rede ist, ist der Bezug zu IT-Projekten sehr deutlich. IT-Systeme sind technische Anlagen, die in der Regel dazu führen sollen, dass sich Arbeitsabläufe ändern. Der in beiden Gesetzen vorkommende Aspekt der Leistungs- und Verhaltenskontrolle führt ebenfalls dazu, dass viele IT-Projekte mitbestimmungspflichtig sind. Jedes IT-System zeichnet Spuren des Verhaltens der Nutzer auf. Das Speichern und Darstellen von Datum und Uhrzeit der letzten Änderung von Dateien gehören zu diesen Spuren; Änderungsprotokolle, die zu Datenbankänderungen mitgeführt werden, ebenso wie das Speichern der Fehlversuche eines Mitarbeiters sein Passwort korrekt einzugeben. Funktionen wie das Speichern der Mitarbeiter, die Bestellungen an bei

Lieferanten oder Überweisungen an Banken in ERP-Systemen freigeben, zeichnen solche Spuren offensichtlich ebenso auf.

Das BetrVG und das LPVG in NRW unterscheiden sich, ab wann sie in der Frage der Leistungs- und Verhaltenskontrolle eine Mitbestimmungspflicht sehen. Ersteres sieht eine Mitbestimmungspflicht vor, wenn IT-Systeme dazu »bestimmt« sind, Verhalten und Leistung zu überwachen. Beispiele wie die Überwachung von Passworteingaben kann hier schon eine Mitbestimmungspflicht hervorrufen, die Speicherung des letzten Änderungsdatums einer Datei nicht unbedingt. Das LPVG des Landes NRW ist strenger: Eine Mitbestimmungspflicht liegt nur dann nicht vor, wenn die »Eignung zur Überwachung des Verhaltens oder der Leistung der Beschäftigten ausgeschlossen ist«. Damit ist in Nordrhein-Westfalen jedes IT-Projekt, das Arbeitnehmer im öffentlichen Sektor betrifft, mitbestimmungspflichtig: Jede Spur, die ein IT-System hinsichtlich seiner Nutzung aufzeichnet, ist grundsätzlich dazu geeignet, eine Leistungs- oder Verhaltenskontrolle auszuüben.

In einigen Passagen verweisen die Gesetze auf arbeitswissenschaftliche Erkenntnisse zur Arbeitsgestaltung, auf deren Einhaltung Betriebs- und Personalvertretungen hinwirken können. Wenn Informatiker die Kriterien guter Arbeitsgestaltung sowie die Grundsätze zur Gestaltung gebrauchstauglicher Software (Kapitel VIII) kennen, können sie kompetente Ansprechpartner für eine sozio-technische Systemgestaltung sein.

VII.VI   Zusammenfassung

Dieses Kapitel begann damit, zu begründen, warum sich Informatiker mit dem Thema Arbeitsgestaltung auseinander setzen sollten. Zwischen der Gestaltung von IT-Systemen und der Arbeitsgestaltung gibt es Querbezüge auf zwei Ebenen. Zum einen stellen IT-Systeme Arbeitsmittel dar, die ergonomisch zu gestalten sind, zum anderen steuern komplexe Softwaresysteme ganze Arbeitsprozesse und greifen so in die inhaltliche Arbeitsorganisation und die Arbeitsaufgaben des einzelnen Menschen ein.

12   Landespersonalvertretungsgesetz
NRW, 2014

Die Arbeits- und Organisationspsychologie ist als die Wissenschaft vorgestellt worden, die sich unter anderem mit der ergonomischen Gestaltung von Arbeitsprozessen beschäftigt. Anhand des Job Characteristics Model ist aufgezeigt worden, wie die Schlüsseleigenschaften Anforderungsvielfalt, Ganzheitlichkeit, Bedeutung, Autonomie und Rückmeldung von Arbeitsaufgaben auf das Verhalten von Menschen am Arbeitsplatz wirken können: Die positive Ausprägung dieser Eigenschaften hat zur Folge, dass Mitarbeiter eine hohe intrinsische Motivation zeigen, hohe Arbeitsleistung erbringen, eine hohe Arbeitszufriedenheit empfinden, wenig fehlen und selten den Arbeitgeber wechseln.

Die Definition humaner Arbeitstätigkeiten im Sinne der Arbeits- und Organisationspsychologie ist erläutert worden. Sieben Kriterien der Arbeitsgestaltung, die zu humanen Arbeitstätigkeiten führen, sind vorgestellt worden: Ganzheitlichkeit, Anforderungsvielfalt, Möglichkeit zur sozialen Interaktion, Autonomie, Lern- und Entwicklungsmöglichkeiten, Zeitliche Elastizität und stressfreie Regulation, Sinnhaftigkeit. Jedes der Kriterien ist ausführlich mit Bezug zur Nutzung von IT-Systemen diskutiert worden.

Abschließend sind relevante Paragrafen des BetrVG sowie des LPVG NRW erläutert worden. Diese Gesetze regeln unter anderem die Anwendung aktueller arbeitswissenschaftlicher Erkenntnisse sowie die Beteiligung von Arbeitnehmern in IT-Projekten.

VII.VII Fragen zur Wiederholung

1 Welche Zusammenhänge gibt es zwischen der Gestaltung von IT-Systemen und der Arbeitsgestaltung?

2 Welche Untersuchungsgegenstände sind für die Arbeits- und Organisationspsychologie relevant? Benennen Sie je ein Beispiel.

3 Wie sind »humane Arbeitstätigkeiten« in der Arbeits- und Organisationspsychologie beschrieben?

4 Welche Zusammenhänge zwischen Verhalten von Menschen am Arbeitsplatz und Eigenschaften von Arbeitsaufgaben stellt das Job Characteristics Model her?

5 Benennen Sie die vorgestellten Kriterien guter Arbeitsaufgaben.

6 Benennen Sie für drei Kriterien Beispiele, wie IT-Systeme negativ wirken können.

7 Erklären Sie relevante Passagen des BetrVG, die die Beteiligung von Arbeitnehmern an IT-Projekten regeln.

Zum Nachdenken / Zur Diskussion

1 Wie nehmen Sie die IT-Systeme wahr, mit denen Sie in Ihrem Studienalltag zu tun haben? Denken Sie an Lernplattformen, an Workflowmanagementsysteme zur Prüfungsanmeldung, an IT-Systeme in Ihrer Bibliothek usw. Sind diese Systeme für Sie eher unterstützend oder eher belastend? Gehen Sie die Kriterien zur Arbeitsgestaltung durch (auch wenn ein Studium mit Erwerbsarbeit nicht gleichgesetzt werden kann) und überlegen Sie, was gut ist und wie der Einsatz dieser IT-Systeme besser gestaltet werden könnte.

2 Betrachten Sie das Job Characteristics Model, und wenn Sie schon einmal in einem Unternehmen gearbeitet haben, führen Sie sich Ihre Arbeitsaufgaben dort vor Augen. Wie haben Sie den Zusammenhang zwischen den Eigenschaften der Arbeitsaufgaben und Ihrem eigenen Verhalten erlebt? Wo stimmt das Job Characteristics Model mit Ihrer eigenen Erfahrung überein, wo eher nicht?

Literatur

Betriebsverfassungsgesetz (2014): http://www.gesetze-im-internet.de/betrvg/index.html; gesichtet am 17. Januar 2014.

BITKOM (2014): Erreichbarkeit ist für die meisten selbstverständlich. http://www.bitkom.org/de/markt_statistik/64046_68489.aspx; gesichtet am 17. Januar 2014.

Burkert, A. (Redaktion Springer für Professionals) (2013): Informatik in Gesellschaft + Politik – Das Internet benötigt spezielle Kommunikationsregeln. 15. Juli 2013. http://www.springerprofessional.de/das-internet-benoetigt-spezielle-kommunikationsregeln/4564246.html; gesichtet am 17. Januar 2014.

Landespersonalvertretungsgesetz NRW (2014):
https://recht.nrw.de/lmi/owa/br_bes_text?anw_
nr=2&gld_nr=2&ugl_nr=2035&bes_id=4223&
menu=1&sg=0&aufgehoben=N&keyword=
personalvertretung; gesichtet am 17. Januar 2014.

Schuler, H. (1995): Organisationspsychologie.
Bern, Göttingen, Toronto, Seattle: Verlag Hans
Huber.

**Ulich, E. (2007): Arbeitsgestaltung. In Schuler,
H.; Sonntag, K. (Hrsg.): Handbuch der Arbeits-
und Organisationspsychologie.** Göttingen:
Hogrefe.

**Walter-Busch, E. (2008): Arbeits- und Organisa-
tionspsychologie im Überblick.** Stuttgart: UTB.

**WHO (1946): Preamble to the Constitution of
the World Health Organization as adopted by the
International Health Conference, New York,
19 – 22 June, 1946;** signed on 22 July 1946 by
the representatives of 61 States (Official Records
of the World Health Organization, no. 2, p. 100)
and entered into force on 7 April 1948.

**ZEIT ONLINE (2011): Volkswagen verringert
Handy-Stress.** 23. Dezember 2011. http://
www.zeit.de/karriere/beruf/2011-12/
volkswagen-blackberry-mailsperre; gesichtet
am 17. Januar 2014.

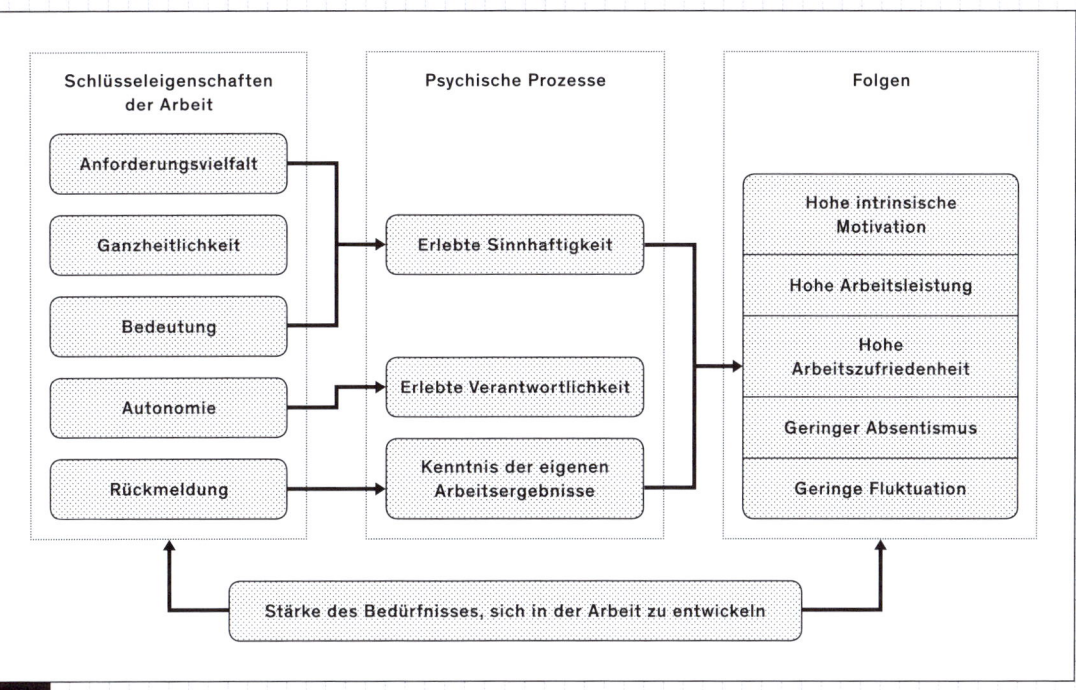

A — Untersuchungsgegenstände und Aktivitäten der Arbeits- und Organisationspsychologie (nach Walter-Busch, 2008, S. 10)

	Arbeits- und Organisationspsychologie Aktivitäten	
Untersuchungs-gegenstand:	- Beschreiben - Erklären und Vorhersagen - Beurteilen	- Gestalten und Entwickeln - Beeinflussen
Arbeitsplatz	- z. B. ergonomische Arbeitsanalyse	- z. B. ergonomische Gestaltung von Arbeitsprozessen
Individuum	- z. B. Eignungsdiagnose	- z. B. Personalselektion, Personalausbildung
Gruppe	- z. B. Analyse von Gruppenprozessen	- z. B. Teamcoaching
Organisation	- z. B. Diagnose des Organisationsklimas	- z. B. Organisationsentwicklung

B — Das Job Characteristics Model von Hackman und Oldham (nach Walter-Busch, 2008, S. 44 f)

Schlüsseleigenschaften der Arbeit
- Anforderungsvielfalt
- Ganzheitlichkeit
- Bedeutung
- Autonomie
- Rückmeldung

Psychische Prozesse
- Erlebte Sinnhaftigkeit
- Erlebte Verantwortlichkeit
- Kenntnis der eigenen Arbeitsergebnisse

Folgen
- Hohe intrinsische Motivation
- Hohe Arbeitsleistung
- Hohe Arbeitszufriedenheit
- Geringer Absentismus
- Geringe Fluktuation

Stärke des Bedürfnisses, sich in der Arbeit zu entwickeln

BetrVG
**Vierter Teil: Mitwirkung und Mitbestimmung
der Arbeitnehmer; Dritter Abschnitt:
Soziale Angelegenheiten**

§ 87 Mitbestimmungsrechte

»(1) Der Betriebsrat hat, soweit eine gesetzliche
oder tarifliche Regelung nicht besteht, in folgenden
Angelegenheiten mitzubestimmen:

(1)   …

(6)   Einführung und Anwendung von technischen
           Einrichtungen, die dazu **bestimmt** sind,
           das Verhalten oder die Leistung der Arbeit-
           nehmer zu überwachen;

(7)   Regelungen über die Verhütung von Arbeits-
           unfällen und Berufskrankheiten sowie über
           den Gesundheitsschutz im Rahmen der
           gesetzlichen Vorschriften oder der Unfall-
           verhütungsvorschriften;

(8)   …«

C

BetrVG
**Vierter Teil: Mitwirkung und Mitbestimmung
der Arbeitnehmer; Vierter Abschnitt: Gestaltung von
Arbeitsplatz, Arbeitsablauf und Arbeitsumgebung**

§ 90 Unterrichtungs- und Beratungsrechte

»Der Arbeitgeber hat den Betriebsrat über die Planung

(1)   …,

(2)   **von technischen Anlagen,**

(3)   von Arbeitsverfahren und **Arbeitsabläufen**
           oder

(4)   …

rechtzeitig unter Vorlage der erforderlichen Unterlagen zu unterrichten.

Der Arbeitgeber hat mit dem Betriebsrat die vorgesehenen Maßnahmen und ihre Auswirkungen auf die
Arbeitnehmer, insbesondere auf die Art ihrer Arbeit
sowie die sich daraus ergebenden Anforderungen
an die Arbeitnehmer so rechtzeitig zu beraten, dass
Vorschläge und Bedenken des Betriebsrats bei der
Planung berücksichtigt werden können. Arbeitgeber
und Betriebsrat sollen dabei auch die gesicherten
arbeitswissenschaftlichen Erkenntnisse über die
menschengerechte Gestaltung der Arbeit berücksichtigen.«

D

BetrVG
Vierter Teil: Mitwirkung und Mitbestimmung der Arbeitnehmer; Vierter Abschnitt: Gestaltung von Arbeitsplatz, Arbeitsablauf und Arbeitsumgebung

§ 91 Mitbestimmungsrecht

»Werden die Arbeitnehmer durch Änderungen der Arbeitsplätze, des **Arbeitsablaufs** oder der Arbeitsumgebung, die den gesicherten **arbeitswissenschaftlichen Erkenntnissen über die menschengerechte Gestaltung der Arbeit** offensichtlich widersprechen, in besonderer Weise belastet, so kann der Betriebsrat angemessene Maßnahmen zur Abwendung, Milderung oder zum Ausgleich der Belastung verlangen. ...«

E

Personalvertretungsgesetz für das Land Nordrhein-Westfalen
– Landespersonalvertretungsgesetz –
LPVG

§ 72 Beteiligungspflichtige Angelegenheiten

»(3) Der Personalrat hat, ..., mitzubestimmen in Rationalisierungs-, Technologie- und Organisationsangelegenheiten bei

(1) Einführung, Anwendung, wesentlicher Änderung oder wesentlicher Erweiterung von automatisierter Verarbeitung personenbezogener Daten der Beschäftigten außerhalb von Besoldungs-, Gehalts-, Lohn-, Versorgungs- und Beihilfeleistungen sowie Jubiläumszuwendungen,

(2) Einführung, Anwendung und Erweiterung technischer Einrichtungen, **es sei denn, dass deren Eignung zur Überwachung des Verhaltens oder der Leistung der Beschäftigten ausgeschlossen ist,**

(3) Einführung grundlegend neuer, wesentlicher Änderung und wesentlicher Ausweitung von Arbeitsmethoden,

(4) Maßnahmen, die die Hebung der Arbeitsleistung oder Erleichterungen des Arbeitsablaufs zur Folge haben sowie Maßnahmen der Änderung der Arbeitsorganisation,

(5) Einführung, wesentlicher Änderung oder wesentlicher Ausweitung betrieblicher Informations- und Kommunikationsnetze,

(6) Einrichtung von Arbeitsplätzen außerhalb der Dienststelle«

F

C	BetrVG, § 87
D	BetrVG, § 90
E	BetrVG, § 91
F	LPVG NRW, § 72

Dieses Kapitel beschreibt menschliche Eigenschaften bei der Interaktion mit IT-Systemen. Zunächst geht es um Grundlagen und Strukturen der menschlichen, insbesondere der visuellen Wahrnehmung. Anschließend wird auf menschliche Belastung und Beanspruchung durch IT-Systeme eingegangen. Diese zu vermeiden und zu reduzieren ist das Ziel der im Anschluss beschriebenen Software-Ergonomie.

Zentrale Ergebnisse des Forschungsgebietes Software-Ergonomie sind in der Norm DIN EN ISO 9241 festgeschrieben. Neben einer Übersicht über die Bestandteile der Norm werden der darin enthaltene zentrale Begriff der Gebrauchstauglichkeit und die sieben Kriterien der Dialoggestaltung als Leitlinien zur Gestaltung gebrauchstauglicher Software vorgestellt.

Mensch-Maschine Interaktion
Lernziele

Grundlagen menschlicher Wahrnehmung kennen

—

Gestaltgesetze und Wahrnehmungskonstanzen benennen können

—

Die Begriffe Belastung und Beanspruchug definieren und unterscheiden können

—

Die Disziplin der Software-Ergonomie erklären können

—

Den Aufbau der Norm DIN 9241 kennen

—

Den Begriff der Gebrauchstauglichkeit definieren können

—

Die sieben Kriterien der Dialoggestaltung erklären können

VIII.I

Grundlagen menschlicher Wahrnehmung

✕

Menschliche Wahrnehmung wird oft als erster Schritt der Informationsverarbeitung verstanden und trägt damit zum Gelingen des Prozesses der Informationsverarbeitung bei. Dieser Verarbeitungsprozess wird maßgeblich durch die folgenden drei Aspekte beeinflusst:[01]

- Subjektivität: Die meisten Menschen denken, dass sie die Umgebung so wahrnehmen, wie sie wirklich ist. Experimente zeigen jedoch, dass das Ergebnis einer Wahrnehmung nur teilweise der Realität entspricht und sich von der Wahrnehmung einer zweiten Person unterscheiden kann.
- Selektivität: Die Eigenschaft der Selektivität ist bereits aus der Betrachtung der Kommunikation (vgl. Kapitel II) bekannt. Diese gilt auch für menschliche Wahrnehmung: Aus der Fülle an Informationen, die auf die Sinnesorgane treffen, wählt der Mensch die vermeintlich wichtigen Informationen aus. In Abschnitt VII.II.III wird gezeigt, wie es in der Folge zu Wahrnehmungstäuschungen kommen kann.
- Aktivität: Menschliche Wahrnehmung bedeutet aktive Aufnahme und Verarbeitung von Reizen, die eine Information darstellen.

Die aktive Aufnahme und Verarbeitung von Reizen erfolgt im Wesentlichen auf drei Ebenen. Einer physischen bzw. chemischen Ebene, wie zum Beispiel der Wellenlänge des Lichts oder der Frequenz einer Schwingung (1), einer physiologischen, also der Tätigkeit der Nervenzellen (2) und einer psychologischen, z. B. Farbempfindung oder die Lautstärke und Höhe eines Tons (3). Dieses Kapitel geht im Folgenden auf die psychologische Ebene ein. Für weitere Informationen zu allen Ebenen der Wahrnehmung und ihrem Zusammenspiel sei auf das Werk von Birbaumer und Schmidt verwiesen.[02]

Menschliche Wahrnehmung findet maßgeblich über den Sehsinn statt. Der Sehsinn ist ein komplexer und weit entwickelter Sinn. Visuelle Reize sind oft mehrdeutig, sie lassen verschiedene Interpretationsmöglichkeiten zu und es kann zu Wahrnehmungstäuschungen kommen. Auch die Darstellung von Informationen in IT-Systemen basiert oft auf visuellen Reizen, die vom Sehsinn aufgenommen und verarbeitet werden.

VIII.II Organisation der Wahrnehmung

Obwohl der Sehsinn verschiedene Interpretationsmöglichkeiten bzgl. der dargestellten Informationen zulässt, ist die Wahrnehmung nicht gänzlich beliebig. Es bestehen Gesetzmäßigkeiten, die zur Strukturierung der Wahrnehmung herangezogen werden können und die für eine Vielzahl von Menschen gelten. Diese Gesetzmäßigkeiten sind Gestaltgesetze und Wahrnehmungskonstanzen. Sie können auch bei der Gestaltung und Evaluation von Oberflächen für IT-Systeme herangezogen werden und erklären Wahrnehmungstäuschungen.

VIII.II.I Gestaltgesetze

Die *Gestaltgesetze* zeigen, dass Menschen bei visueller Wahrnehmung versuchen, Elemente nach unterschiedlichen Regeln zusammenzufassen. Die Zusammenfassung geschieht innerhalb weniger Millisekunden und ist nicht bewusstseinspflichtig. Im Folgenden werden diese Gestaltgesetze beschrieben.

01 Raab et al., 2010
02 Birbaumer & Schmidt, 1999

Menschliche Wahrnehmung ist der erste Schritt der Informationsverarbeitung.

Gestaltgesetze beschreiben Gesetzmäßigkeiten, nach denen Menschen visuelle Elemente zu Gruppen zusammenfassen.

Gesetz der Nähe

Das Gesetz der Nähe besagt, dass Elemente, die nahe beieinander platziert sind, als Gruppe wahrgenommen werden. So stellen die Elemente in **Abb. A** für die meisten Menschen Zeilen dar.

Gesetz der Gleichartigkeit

Das Gesetz der Gleichartigkeit betont, dass Elemente gleicher Art als Gruppe wahrgenommen werden. Die Elemente in **Abb. B** werden deshalb von den meisten Menschen als Spalten interpretiert. Das Gesetz der Gleichartigkeit dominiert dabei das Gesetz der Nähe. In der **Abb. B** wurden die gleichen Abstände verwendet wie in **Abb. A**, die Elemente in einer Zeile sind also näher beieinander als innerhalb einer Spalte. Durch die Dominanz des Gesetzes der Gleichartigkeit hat die Nähe dann allerdings keine Bedeutung mehr.

Gesetz der Symmetrie und der guten Gestalt

Das Gesetz der Symmetrie und der guten Gestalt macht darauf aufmerksam, dass Menschen Symmetrien oder eine Form zu erkennen suchen. So stellt **Abb. C** lediglich schwarze Kreise dar, die von Linien unterbrochen sind. Eine Mehrzahl der Menschen sieht darin aber auch die dreidimensionale Darstellung eines Würfels mit weißen Kanten. Diese Form konstruiert das Gehirn auf Basis der vorliegenden visuellen Reize.

Gesetz der Geschlossenheit

Menschen tendieren nicht nur dazu, Symmetrien oder Formen zu bilden. Vielmehr suchen sie darüber hinaus geschlossene Einheiten. Dies ist mit dem Gesetz der Geschlossenheit gemeint.

 Abb. D stellt für die meisten Betrachter eine geschlossene Form aus diagonalen Bändern dar, die von weißen Quadraten unterbrochen werden. Tatsächlich repräsentiert das Bild eine diagonale Anordnung von achteckigen Sternen. **Abb. E** zeigt einen isolierten Stern.

 Das Gesetz der Geschlossenheit dominiert, ebenso wie das Gesetz der Gleichartigkeit, das Gesetz der Nähe. So erkennen die meisten Betrachter in **Abb. F** links Rechtecke, die aus zwei relativ weit entfernten senkrechten Linien und zwei waagerechten Linien zusammengesetzt sind. Entfernt man die waagerechten Seiten, dann werden nicht etwa geöffnete Rechtecke, sondern vielmehr Paare von senkrechten Linien gesehen, die zuvor nicht gruppiert waren, da sie zu vermeintlich unterschiedlichen Rechtecken gehörten (vgl. **Abb. F** rechts). Sofern es also keine geschlossenen Formen gibt, kommt wieder das Gesetz der Nähe zur Anwendung.

Gesetz von Figur und Grund

Das Gesetz von Figur und Grund schließt an die beiden vorherigen Gesetze der Symmetrie und Geschlossenheit an und geht der Frage nach, was in dem visuellen Reiz die Figur und was der Grund bzw. Hintergrund ist. Die Figur ist dabei begrenzt, hervortretend und fest – sie hat einen Gegenstandscharakter. Der Hintergrund hingegen ist unbegrenzt, zurückweichend oder unscheinbar, locker oder unbestimmt. Insgesamt hängt es also von den Relationen der Elemente ab, ob etwas eher als Figur oder Grund gesehen wird. In **Abb. G** oben wird das blaue Quadrat eher als Hintergrund gesehen, die Form ist das weiße Kreuz. Ergänzt man eine graue Säule (vgl. **Abb. G** unten), so gehört das blaue Quadrat eher zur Figur einer Fahne an einer Fahnenstange und der Hintergrund ist die weiße Fläche.

Im Thema der Figur-Grund Beziehung gibt es zahlreiche Beispiele für uneindeutige Situationen, in denen abwechselnd unterschiedliche Figuren gesehen werden. So zeigt Abbildung **Abb. H** wahlweise einen weißen Pokal oder zwei Gesichter, die sich anschauen. Man spricht hierbei auch von Kippsituationen. Solche Beispiele sind gut geeignet, um zu zeigen, wie schnell es zu Wahrnehmungsproblemen kommen kann. In der Gestaltung von Bildschirmoberflächen sollten solche Situationen vermieden werden, um dem Nutzer Informationen ohne Mehrdeutigkeit zu präsentieren.

VIII.II.II Wahrnehmungskonstanz

Die Gestaltgesetze werden ergänzt um die Annahme, dass es in der Wirklichkeit Konstanzen gibt, die zur Interpretation des visuellen Reizes angewendet werden können. Im Groben finden folgende Konstanzphänomene Anwendung:

— Helligkeitskonstanz: Die Wirkung von Schatten, unterschiedlicher Lichtstärke etc. wird kompensiert. Für alle Elemente einer Szene wird die gleiche Helligkeit angenommen.

— Farbkonstanz entsteht durch gelernte Einschätzung von Farbigkeit bestimmter Gegenstände. So wurde beispielsweise gelernt, dass Schnee weiß ist. Stellt er sich in einem Bild grau dar, so wird Dämmerung in der dargestellten Szene angenommen.

— Formkonstanz: Es wird angenommen, dass ein dargestellter Gegenstand konstant ist in seiner Form – auch aus unterschiedlichen Betrachtungswinkeln.

— Größenkonstanz findet immer dann Anwendung, wenn Relationen zwischen wahrgenommenen Objekten hergestellt werden soll. Gegebenenfalls wird eine Entfernung angenommen. So geht der Betrachter von **Abb. I** davon aus, dass ein Tennisball kleiner ist als ein Fußball. Da beide Objekte nahezu die gleiche Größe haben, wird angenommen, dass sich der Fußball im Hintergrund befindet.

VIII.II.III Wahrnehmungstäuschungen

Im Prozess der menschlichen Informationsverarbeitung kommt es immer wieder zu Täuschungen in der Wahrnehmung. Diese können sehr unterschiedliche Gründe haben. So führt beispielsweise die uneindeutige Zuordnung von Figur und Grund zu den zuvor beschriebenen Kippsituationen. In diesem Abschnitt werden einige weitere Wahrnehmungstäuschungen benannt, die häufig zu Problemen in der Mensch-Maschine Interaktion führen. Eine ausführliche Darstellung solcher Phänomene findet sich beispielsweise in dem Werk von Goldstein.[03]

Wahrnehmungstäuschungen haben ihre Ursache oft in dem eingangs erwähnten Aspekt der Selektion im menschlichen Informationsverarbeitungsprozess. Dabei werden häufig Erfahrungen und Kontraste überbetont. So wird in Abbildung **Abb. J** der mittlere Kreis rechts größer interpretiert als der mittlere Kreis links, obwohl sie den gleichen Durchmesser haben. Begründet liegt dies in dem Vergleich des mittleren Kreises mit den jeweils umliegenden: Der mittlere Kreis rechts ist tatsächlich größer als die umliegenden Kreise, links ist der mittlere Kreis kleiner als die umliegenden. Daraus wird geschlossen, dass auch die Mitte rechts größer sein muss als die Mitte links, die Kontraste werden irrtümlicherweise übertragen.

Auch mit Bezug zu den Wahrnehmungskonstanzen kommt es zu Täuschungen. Dabei werden Kontanzen angenommen, obwohl es diese nicht gezeigt werden. Man spricht dann von vermeintlicher Konstanzerhaltung. **Abb. K** stellt ein Beispiel dieses Phänomens dar. Gezeigt werden zwei kurze diagonale Linien, die sich links und rechts einer senkrechten Linie befinden. Viele Betrachter nehmen an, dass die beiden Diagonalen Teile einer langen Linie sind, die hinter einem weißen Balken verläuft.

Weitere Ursachen für Wahrnehmungstäuschungen können sich auch aus den in diesem Kapitel nicht näher betrachteten Ebenen menschlicher Wahrnehmung ergeben. Auf der physiologischen Ebene, oberflächlich gesprochen der Ebene der Tätigkeiten der Nervenzellen, entstehen nicht selten Hemmungen in der Reizweiterleitungen (laterale Hemmung). Dies hat zur Folge, dass es zu Wahrnehmungsverzerrungen kommt. So sind die senkrechten Linien in **Abb. L** gerade und parallel mit dem gleichen Abstand wie die Linien in **Abb. K** Durch die gleichzeitige Wahrnehmung der anderen Linien, die auf einen Fluchtpunkt zulaufen, werden auch die senkrechten Linien als gebogen wahrgenommen.

Belastung und Beanspruchung

Nachdem nun Grundlagen und Organisation menschlicher Wahrnehmung bekannt sind, wendet sich dieser Abschnitt einem anderen Aspekt menschlicher Eigenschaften bezüglich der Interaktion mit IT-Systemen zu. Die Interaktion mit IT-Systemen hat ein Ziel für Nutzer: es werden Tätigkeiten ausgeführt, die zur Erledigung einer (Arbeits-)Aufgabe gehören. Dabei geht die

03   Goldstein, 2002

Wahrnehmungstäuschungen entstehen durch Überbetonung von Kontrasten, Erfahrungen und Konstanten während der Selektion im menschlichen Informationsverarbeitungsprozess.

Durchführung von Tätigkeiten oft einher mit der Bewältigung von Hindernissen und nicht selten führt die Nutzung von IT-Systemen selbst zur Belastung und Beanspruchung der Nutzer. Ziel eines Informatikers sollte es sein, die Belastung und Beanspruchung eines Nutzers während der Nutzung des entwickelten IT-Systems weitestgehend zu vermeiden. Dabei ist es wichtig, zunächst die Begriffe und Ausprägungen der Belastung und Beanspruchung zu kennen.

Belastung und Beanspruchung beschreiben unterschiedliche Ebenen desselben Phänomens. Während Belastung objektiv ist, ist Beanspruchung subjektiv und hängt damit vom einzelnen Nutzer ab. Belastungen entstehen dadurch, dass der Betroffene keine Möglichkeiten hat, durch eigene Handlungen aufkommende Probleme zu verhindern. Man spricht dann von Regulationsbehinderungen.[04] Aus Belastungen wiederum resultieren Beanspruchungen. **Abb. M** stellt diesen Zusammenhang dar.

Belastung und Beanspruchung bestehen sowohl auf psychischer als auch auf physischer Ebene. Die Begriffe der psychischen Belastung und psychischen Beanspruchung sind in der Norm DIN 10075-1 beschrieben: ↓

»Psychische Belastung:
Gesamtheit der erfassbaren Einflüsse, die von außen auf den Menschen zukommen und auf ihn psychisch einwirken. [...]

Psychische Beanspruchung:
Individuelle, zeitlich unmittelbare und nicht langfristige Auswirkung psychischer Belastung im Menschen

in Abhängigkeit von seinen individuellen Voraussetzungen und seinem Zustand.«[05]

Beispiele für psychische Belastung sind die Belastung des Gedächtnisses oder hohe Anforderungen an Aufmerksamkeit und Konzentration. Auch die ständige Suche und Neuorientierung durch unklare oder sich ändernde Informationsstrukturen sind psychische Belastungen. Aus der Belastung resultierende Beanspruchung ist nicht per se negativ. Vielmehr sind Beanspruchungen »zu einem gewissen Grad wichtig und lebensnotwendig. Sie regen Geist und Körper zu einer Anpassung und Bewältigung von Situationen an.«[06] **Abb. M** zeigt im unteren Bereich positive und negative Wirkungen von Beanspruchung. Positive Auswirkungen sind beispielsweise Freude, Motivation, Leistungssteigerung oder Qualifikation. Negative Auswirkungen zeigen sich in Angst, Frustration Ärger, Leistungsabfall oder Krankheit. Durch geeignete Gestaltung der Arbeitsumgebung können und sollten sich Belastungen und Beanspruchungen auf ein günstiges Maß einpendeln. Im Idealfall befindet sich die subjektiv empfundene Beanspruchung im Bereich der genannten positiven Auswirkungen.

Auch auf der körperlichen bzw. physischen Ebene kommt es in Folge der Erledigung von Arbeitsaufgaben zu Belastung und Beanspruchung. Beispiele für körperliche Belastung sind

— Belastung von Nacken, Schultern etc. vor allem durch Sitzen
— Belastung von Händen und Armen durch intensive Benutzung von Eingabegeräte
— Belastung des Sehvermögens durch lang andauernde Betrachtung von Bildschirmen, insbesondere bei ungünstigen Darstellungen
— Belastung des Hörvermögens
— Belastung durch elektrostatische Felder

Beispiele für daraus resultierende körperliche Beanspruchung sind Verspannung, Probleme mit Muskeln und Sehnen (z. B. verkürzte Fingersehnen in

04   Ulich, 2001
05   DIN 10075-1, 2000
06   Herczeg, 2005, S. 25

Folge häufiger Tastaturnutzung, bekannt als RSI – Repetitive Strain Injury) oder die fehlende Möglichkeit zur Interpretation der Informationen.

Belastung und Beanspruchung können zur *Beeinträchtigung des Wohlbefindens* führen. Diese äußert sich nach DIN 10075-1 in Monotonie, Ermüdung oder Stress, die wie folgt beschrieben werden:

— Monotonie: »Zustand herabgesetzter psychophysischer Aktiviertheit bei länger dauernder Ausführung sich häufig wiederholender gleichartiger und einförmiger Tätigkeiten. Der Monotoniezustand verfliegt – im Gegensatz zur Ermüdung – mit einem Tätigkeits- oder Anforderungswechsel.«[07]

— Ermüdung: »Als Folge von Tätigkeit auftretende, reversible Minderung der Leistungsfähigkeit eines Organs oder des Gesamtorganismus. Zustände der Ermüdung sind immer mit Zuständen der Erholungsbedürftigkeit verbunden. Folge: Abnahme der Konzentrations- und Aufnahmefähigkeit, Denkstörungen.«[08]

— Stress: »Zustand nervöser Anspannung, der sich durch die subjektive Wahrnehmung folgender Faktoren ergibt: Es drohen negative Konsequenzen, es besteht eine Diskrepanz zwischen Anforderung und Leistungsvermögen oder es besteht Kontrollverlust.«[09]

Es sollte das Ziel der Aktivitäten eines Informatikers sein, die Beeinträchtigung des Wohlbefindens zu vermeiden und die positiven Wirkungen der Beanspruchung zu erzielen. Hier setzt das Forschungsgebiet der Software-Ergonomie an.

VIII.IV   Software-Ergonomie

Ziel der *Software-Ergonomie* ist es, dass *Fehlbeanspruchung* bei der Nutzung von Software vermieden oder zumindest reduziert werden. Dies gelingt dann, wenn Nutzungsbedingungen eines Computersystems an die Eigenschaften der Nutzerinnen und Nutzer bezüglich ihrer Wahrnehmungs- und Denkgewohnheiten und ihrer Eigenarten bei der Aufgabenausführung angepasst werden. Dabei ist zu beachten, dass unterschiedliche Nutzer unterschiedliche

Eigenschaften (Kenntnisse, Übungsgrad, Nutzungshäufigkeit) haben und damit unterschiedliche Nutzungsbedingungen brauchen. Es zeigt sich, dass Computersysteme umso besser zu den späteren Nutzern passen, je genauer im Vorfeld Kenntnisse über die Eigenschaften gesammelt und bei der Gestaltung des Systems wurden. Als Ziele der Software-Ergonomie gelten

- Schnelle Erlernbarkeit des Umgangs mit dem System
- Schnelle Ausführbarkeit der Aufgaben
- Fehlerfreie Ausführung
- Geringer Aufwand bei Fehlerbehebung
- Keine Beeinträchtigung der Gesundheit und des Wohlbefindens
- Förderung der Interessen und Fähigkeiten der Benutzer/innen

Das Forschungsgebiet der Software-Ergonomie ist interdisziplinär besetzt. Beteiligt sind vor allem Informatik, Psychologie, Arbeitswissenschaften und Design. Das Forschungsgebiet entwickelt Theorien, Modelle, Kriterien und Richtlinien zur Analyse und Konzeption benutzer- und anwendungsgerechter Computersysteme. Die entwickelten Richtlinien fanden Eingang in unterschiedliche Normen. Die für das Gebiet der Software-Ergonomie einschlägigste ist die DIN EN ISO 9241, auf die im Folgenden eingegangen wird.

07   DIN 10075-1, 2000
08   ebd.
09   ebd.

Beeinträchtigung des Wohlbefindens sind Monotonie, Ermüdung und Stress.

Ziel der Software-Ergonomie ist es, Fehlerbeanspruchungen bei der Nutzung von Software zu vermeiden.

Fehlbeanspruchung ist die aus einer Belastung resultierende negative Form der Beanspruchung.

Standard in der Mensch-Maschine Interaktion: Die DIN 9241

Die DIN 9241 definiert grundlegend, wann ein Computersystem gebrauchstauglich ist und welche Kriterien bei der Entwicklung von Computersystemen zu beachten sind. Es handelt sich dabei um eine Norm, die in Deutschland (DIN), Europa (EN) und international (ISO) Gültigkeit hat. Deshalb wird sie auch als DIN EN ISO 9241 bezeichnet. Die verschiedenen Versionen unterscheiden sich lediglich in der Sprache, in der sie verfasst wurden. Dieser Abschnitt gibt zunächst einen Überblick über die Teile der Norm und vertieft dann den zentralen Begriff der Gebrauchstauglichkeit. Zum Abschluss werden die sieben Kriterien der Dialoggestaltung als Konzepte zur Entwicklung und Überprüfung von Computersystemen hinsichtlich ihrer nutzer- und aufgabenangemessenen Gestaltung erläutert.

Aufbau der DIN 9241

Die DIN 9241 gliedert sich in insgesamt 17 Teile (vgl. **Abb. N**). Der erste Teil stellt die Relevanz der Ergonomie und den Aufbau der Norm dar. Die anderen Teile sind im Wesentlichen drei Bereichen zuzuordnen. So beschreibt Teil 2 mit Anforderungen an Arbeitsaufgaben die Organisations-Ergonomie. Hier wird beispielsweise festgelegt, welchen Umfang und welche Komplexität Arbeitsaufgaben haben können, um Fehlbeanspruchung zu vermeiden. Die Teile 3 – 9 beziehen sich auf die auf die Hardware-Ergonomie. Sie definieren konkreter, welche Anforderungen an Ein- und Ausgabegeräte und der Arbeitsplatzgestaltung gestellt werden und wie mit Spiegelung und Farbgestaltung umgegangen werden sollte. Ein Großteil der Norm bezieht sich auf die Software-Ergonomie, die auch in diesem Kapitel den Schwerpunkt darstellt. Wesentlich und oft referenziert ist Teil 11, der definiert, was gebrauchstaugliche Software überhaupt bedeutet. Um gebrauchstaugliche Software zu konzipieren und umzusetzen, sind die in Teil 10 (der in der aktuellen Fassung die Nummer 110 trägt) beschriebenen sieben Kriterien der Dialoggestaltung zu beachten. Die beiden Teile 11 und 10 (bzw. 110) zusammen mit den Teilen 12 (Informationsdarstellung) und 13 (Benutzerführung) beziehen sich auf Software allgemein und sollten möglichst immer angewendet werden, um nutzer- und anwendungsgerechte Software zu gestalten. Die Teile 14–17 hingegen beziehen sich auf spezielle Dialogführungsausprägungen wie Menüs, Kommandosprache, direkte Manipulation oder Bildschirmformulare. Im Folgenden wird nun auf die Inhalte der Teile 11 und 10 (bzw. 110) eingegangen.

VIII.V.II ## Gebrauchstauglichkeit

In Teil 11 der DIN 9241 wird der Begriff der Gebrauchstauglichkeit (engl. Usability) definiert und es werden Kriterien genannt, wie Gebrauchstauglichkeit bestimmt werden kann. Umgangssprachlich wird Gebrauchstauglichkeit als Benutzertfreundlichkeit umschrieben. Gebrauchstauglichkeit oder Benutzerfreundlichkeit ist eines der Qualitätsmerkmale von Software.[10] Sie ist wie im Kasten definiert. ↓

»Gebrauchstauglichkeit bezeichnet das Ausmaß, in dem ein Produkt durch bestimmte Nutzer in einem bestimmten Nutzungskontext genutzt werden kann, um bestimmte Ziele effektiv, effizient und zufriedenstellend zu erreichen.«[11]

10   Abts & Mülder, 2009
11   DIN 9241-11, 1998

Die in der Norm genannten drei Kriterien der Gebrauchstauglichkeit und ihre Definitionen lauten:

- Effektivität: »Die Genauigkeit und Vollständigkeit, mit der Benutzer ein bestimmtes Ziel erreichen.«[12]
- Effizienz: »Der im Verhältnis zur Genauigkeit und Vollständigkeit eingesetzte Aufwand, mit dem Benutzer ein bestimmtes Ziel erreichen.«[13]
- Zufriedenstellung des Nutzers: »Freiheit von Beeinträchtigungen und positive Einstellung gegenüber der Nutzung des Produkts.«[14]

Die Kriterien der Gebrauchstauglichkeit betonen also, dass die jeweilige Arbeitsaufgabe effektiv und effizient bearbeitet werden muss und dass es für den Nutzer nicht zur Fehlbeanspruchung, sondern zu der in Abschnitt VIII.III genannten positiven Auswirkungen der Beanspruchung kommt.

VIII.V.III Die sieben Kriterien der Dialoggestaltung

Um nun zu gebrauchstauglicher Software zu kommen, bietet die DIN 9241 in Teil 110 Kriterien der Dialoggestaltung an. Sofern diese bei der Konzeption und Umsetzung von Benutzerschnittstellen beachtet werden, erhöht sich die Gebrauchstauglichkeit des IT-Systems. **Abb. O** zeigt eine Übersicht über die sieben Kriterien der Dialoggestaltung, die im Folgenden näher beschrieben werden.

Aufgabenangemessenheit

»Ein Dialog ist dann aufgabenangemessen, wenn er den Nutzer dabei unterstützt, seine Arbeitsaufgabe effektiv und effizient zu erledigen.«[15]

Dieses Kriterium weist insbesondere darauf hin, dass die zu erledigende Aufgabe möglichst schon bei der Konzeption der Benutzerschnittstelle bekannt sein sollte und dass die dazugehörigen Arbeitsschritte entsprechend ihrer Anforderung zu unterstützen sind.

Selbstbeschreibungsfähigkeit

»Ein Dialog ist in dem Maße selbstbeschreibungsfähig, in dem für den Nutzer zu jeder Zeit offensichtlich ist, in welchem Dialog, an welcher Stelle im Dialog er sich befindet, welche Handlungen unternommen werden können, und wie diese ausgeführt werden können.«[16]

So trägt zum Beispiel eine Übersicht über mögliche Aktionen zur Selbstbeschreibungsfähigkeit bei.

Erwartungskonformität

»Ein Dialog ist erwartungskonform, wenn er den aus dem Nutzungskontext heraus vorhersehbaren Benutzerbelangen sowie allgemein anerkannten Konventionen entspricht.«[17]

So sollte beispielsweise darauf geachtet werden, dass Dialoge an die Kenntnisse des Nutzers angepasst sind und diese immer gleich ablaufen. Bezüglich anerkannter Konventionen ist zu bedenken, dass diese auch von Nationalitäten und deren Gewohnheiten abhängen. Dies fängt schon bei der Leserichtung an. Die Regel »Wichtiges oben links, da dies als erstes wahrgenommen wird« gilt in der westlichen, aber nicht der arabischen Welt.

Lernförderlichkeit

»Ein Dialog ist lernförderlich, wenn er den Nutzer beim Erlernen der Nutzung des interaktiven Systems unterstützt und anleitet.«[18]

Beispiele für Lernförderlichkeit sind (kontextsensitive) Hilfen oder Tooltipps zur Erläuterung der Dialogelemente. Diese Hilfestellungen sind möglichst an die Kenntnisse des Nutzers, seiner Fachsprache und den Aufgabenkontext anzupassen.

12   DIN 9241-11, 1998
13   ebd.
14   ebd.
15   DIN 9241-110, 2006
16   ebd.
17   ebd.
18   ebd.

Steuerbarkeit

»Ein Dialog ist steuerbar, wenn der Nutzer in der Lage ist, den Dialogablauf zu starten, sowie seine Richtung und Geschwindigkeit zu beeinflussen, bis das Ziel erreicht ist.«[19]

Die Arbeitsrichtung und -geschwindigkeit sollte also nicht vom System vorgegeben werden, sondern in der Kontrolle des Nutzers bleiben. Auch die Zurücknahme eines Arbeitsschrittes (Undo) ist Teil der Steuerbarkeit. Ebenso wie die vorherigen Kriterien ist auch die Steuerbarkeit an die Benutzer und ihren Kenntnisstand anzupassen. So sind zum Beispiel für ungeübte Nutzer Menüs passend, für geübte Nutzer oft Tastenkombinationen als Abkürzung empfohlen.

Fehlertoleranz

»Ein Dialog ist fehlertolerant, wenn das beabsichtigte Arbeitsergebnis trotz erkennbar fehlerhafter Eingaben entweder mit keinem oder mit minimalem Korrekturaufwand seitens des Benutzers erreicht werden kann.«[20]

Ein beliebtes Beispiel für Fehlertoleranz zeigt sich in der Eingabe von Formularen. Eine fehlertolerante Gestaltung weist den Nutzer auf das Feld fehlender oder fehlerhafter Eingaben hin, gibt Hinweise zur Behebung und speichert die korrekten Eingaben in den übrigen Feldern. Der Korrekturaufwand wird so minimiert: Es muss lediglich das fehlerhafte Feld korrigiert werden.

Individualisierbarkeit

»Ein Dialog ist individualisierbar, wenn Nutzer die Mensch-Maschine Schnittstelle und die Darstellung von Informationen ändern können, um diese an ihre individuellen Fähigkeiten und Bedürfnisse anzupassen.«[21]

Beispiele sind die Möglichkeit zur Einstellung der Dialogsprache, des Hintergrundes oder die Größe der dargestellten Informationen.

Zusammenfassung

Dieses Kapitel stellte Grundlagen menschlicher Eigenschaften dar, die für die Interaktion mit IT-Systemen relevant sind. Zunächst wurde herausgestellt, dass menschliche Wahrnehmung die drei Aspekte Subjektivität, Selektivität und Aktivität umfasst. Anschließend wurden Gestaltgesetze und Wahrnehmungskonstanzen vorgestellt, die menschlicher Wahrnehmung eine Struktur geben und Wahrnehmungtäuschungen erklären können. Mit menschlicher Belastung und Beanspruchung wurde dann auf eine weitere für die Interaktion mit IT-Systemen relevante menschliche Eigenschaft eingegangen. Diese zu vermeiden oder zu reduzieren ist das Ziel der daran anschließend beschriebenen Software-Ergonomie. Zentrale Ergebnisse des Forschungsgebietes der Software-Ergonomie sind in der Norm DIN EN ISO 9241 festgeschrieben. Neben einer Übersicht über die Bestandteile der Norm wurden der darin enthaltene zentrale Begriff der Gebrauchstauglichkeit und die sieben Kriterien der Dialoggestaltung als Leitlinien zur Gestaltung gebrauchstauglicher Software vorgestellt.

VIII.VII Fragen zur Wiederholung

1   Beschreiben Sie die drei Aspekte menschlicher Wahrnehmung.

2   Nennen und erläutern Sie exemplarisch zwei Gestaltgesetze.

3   Nennen und erläutern Sie exemplarisch zwei Wahrnehmungskonstanzen.

4   Definieren Sie Belastung und Beanspruchung. Was unterscheidet die beiden Begriffe?

5   Welche Ziele verfolgt die Software-Ergonomie? Nennen Sie zwei.

6   Nennen und definieren Sie die drei Kriterien der Gebrauchstauglichkeit nach DIN EN ISO 9241-11.

7   Erläutern Sie eines der sieben Kriterien der Dialoggestaltung an Hand eines Beispiels.

19   DIN 9241-110, 2006
20   ebd.
21   ebd.

Zum Nachdenken / Zur Diskussion

1 Bewerten Sie die an Ihrer Hochschule verwendete e-learning Plattform hinsichtlich ihrer Gebrauchstauglichkeit zur Unterstützung der Lehrveranstaltung IuG. Überlegen Sie zunächst, welche Ziele Sie verfolgen, und dann ob und wie die Lernplattform ein gebrauchstaugliches Werkzeug dafür ist.

2 Finden Sie im Internet Beispiele für gelungene und weniger gelungene Berücksichtigung der Gestaltgesetze und Wahrnehmungskonstanzen.

Literatur

Abts, D.; Mülder, W. (2009): Grundkurs Wirtschaftsinformatik – Eine praxisorientierte Einführung. Wiesbaden: Vieweg und Teubner, 6. Auflage.

Birbaumer, N.; Schmidt, R. F. (2010): Biologische Psychologie. Heidelberg et al.: Springer, 7. Auflage.

DIN 9241-11 (1998): Ergonomische Anforderungen für Bürotätigkeiten mit Bildschirmgeräten – Teil 11: Anforderungen an die Gebrauchstauglichkeit; Deutsche Fassung EN ISO 9241-11:1998 Online verfügbar: http://www.beuth.de/de/norm/din-en-iso-9241-11.

DIN 9241-110 (2006): Ergonomie der Mensch-System-Interaktion – Teil 110: Grundsätze der Dialoggestaltung Deutsche Fassung EN ISO 9241-110:2006. Online verfügbar: http://www.beuth.de/de/norm/din-en-iso-9241-110.

DIN 10075-1 (2000): Ergonomische Grundlagen bezüglich psychischer Arbeitsbelastung – Teil 1: Allgemeines und Begriffe (ISO 10075: 1991); Deutsche Fassung EN ISO 10075-1:2000. Online verfügbar: http://www.beuth.de/de/norm/din-en-iso-10075-1.

Goldstein, E. B. (2002): Wahrnehmungspsychologie. Heidelberg: Spektrum, 2. Auflage.

Herczeg, M. (2005): Software-Ergonomie. München: Oldenbourg, 2. Auflage.

Raab, G.; Unger, A.; Unger, F. (2010): Marktpsychologie. Wiesbaden: Gabler.

Ulich, E. (2001): Arbeitspsychologie. Stuttgart: Schäfer-Poeschel.

A

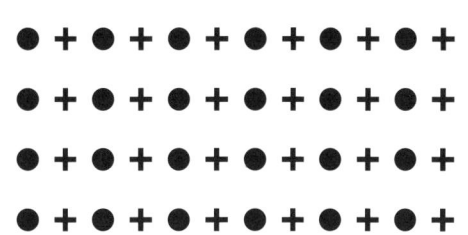

B

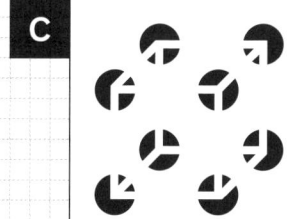

C

D

E

A	Beispiel für das Gesetz der Nähe
B	Beispiel für das Gesetz der Gleichartigkeit
C	Beispiel für das Gesetz der Symmetrie und der guten Gestalt
D	Beispiel für das Gesetz der Geschlossenheit
E	isoliertes Einzelelement aus Abbildung D

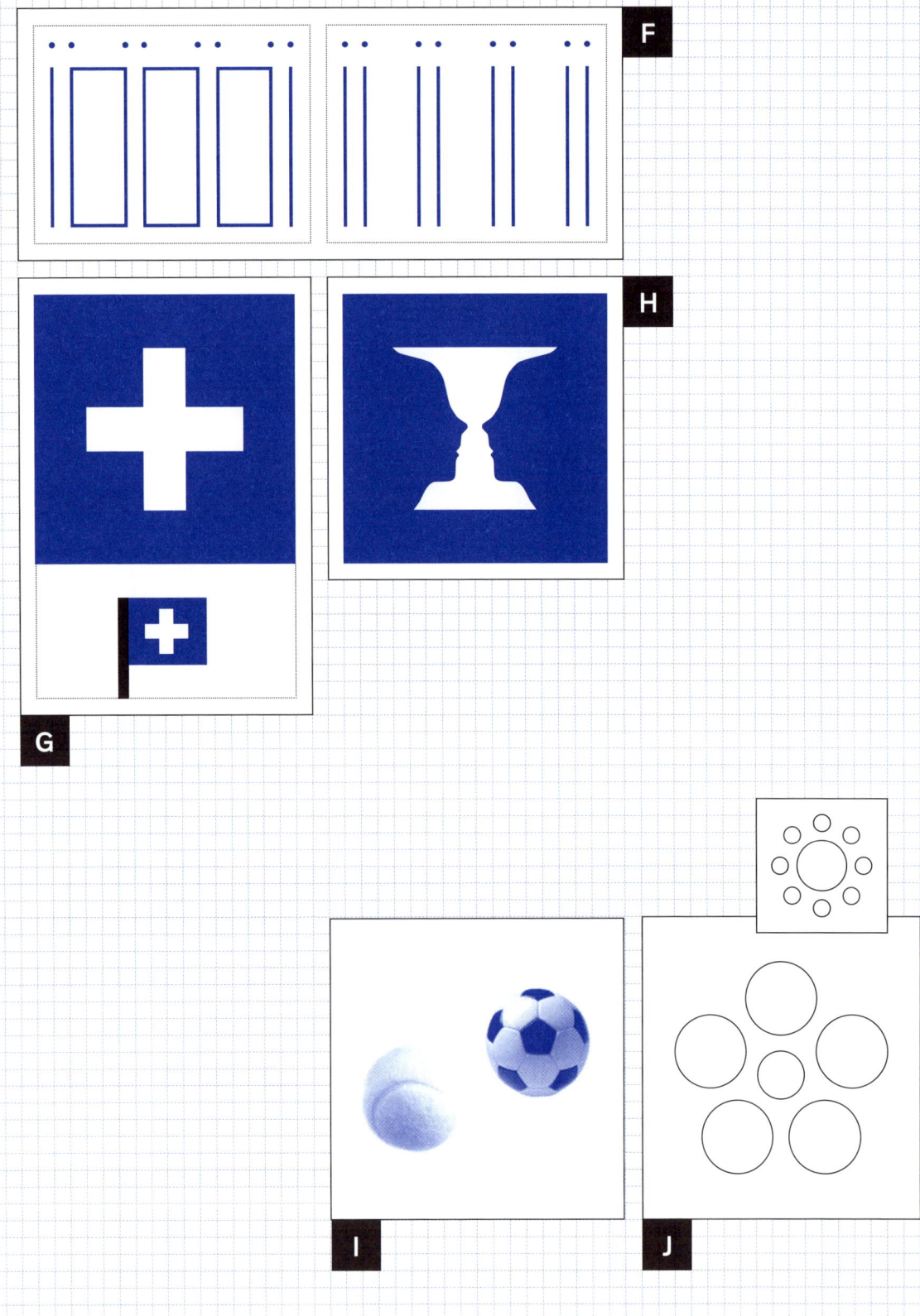

K

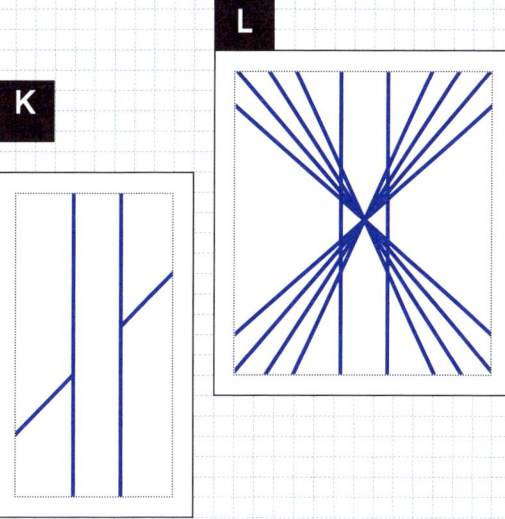

L

M

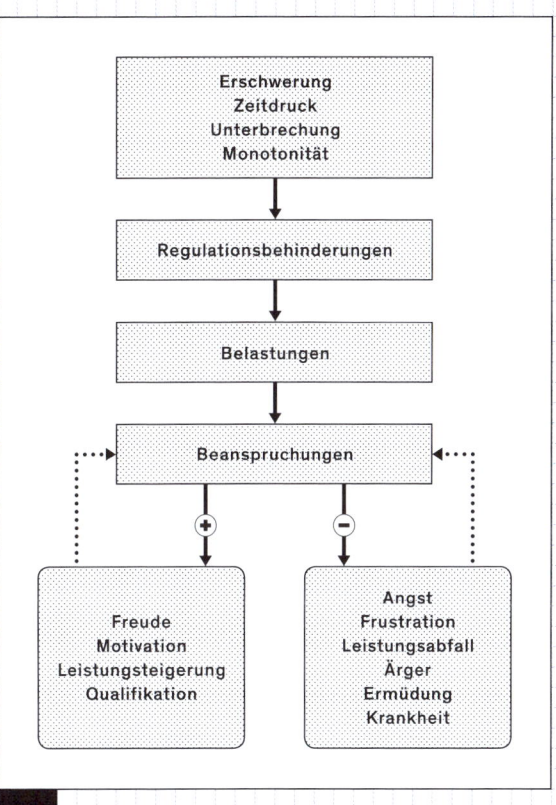

Erschwerung
Zeitdruck
Unterbrechung
Monotonität

Regulationsbehinderungen

Belastungen

Beanspruchungen

(+) (−)

Freude
Motivation
Leistungsteigerung
Qualifikation

Angst
Frustration
Leistungsabfall
Ärger
Ermüdung
Krankheit

F Geschlossenheit dominiert Nähe

G Figur und Grund

H Kippsituationen bei Uneindeutigkeit

I Größenkonstanz: Der Fußball im Hintergrund

J Überbetonung von Kontrasten: mittlere Kreise mit gleichen Durchmessern

K Beispiel für vermeintliche Konstanzerhaltung

L Physiologische Täuschung: senkrechte Linien werden gebogen wahrgenommen

M Zusammenhang zwischen Belastungen und Beanspruchungen nach Herczeg, 2005, S. 25

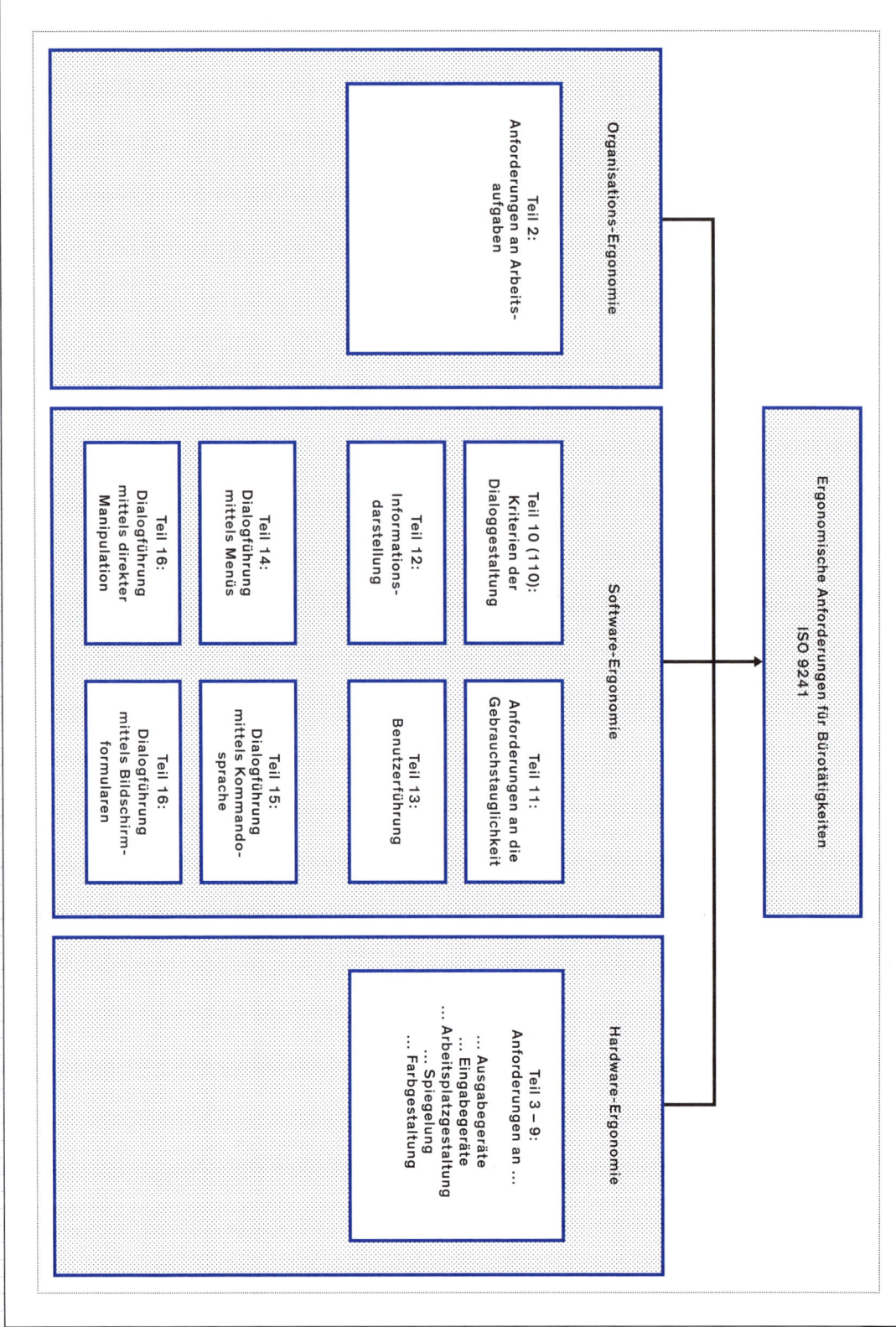

Ergonomische Anforderungen für Bürotätigkeiten
ISO 9241

Organisations-Ergonomie

Teil 2:
Anforderungen an Arbeits-
aufgaben

Software-Ergonomie

Teil 10 (110):
Kriterien der
Dialoggestaltung

Teil 12:
Informations-
darstellung

Teil 14:
Dialogführung
mittels Menüs

Teil 16:
Dialogführung
mittels direkter
Manipulation

Teil 11:
Anforderungen an die
Gebrauchstauglichkeit

Teil 13:
Benutzerführung

Teil 15:
Dialogführung
mittels Kommando-
sprache

Teil 16:
Dialogführung
mittels Bildschirm-
formularen

Hardware-Ergonomie

Teil 3 – 9:
Anforderungen an …
… Ausgabegeräte
… Eingabegeräte
… Arbeitsplatzgestaltung
… Spiegelung
… Farbgestaltung

O

**Kriterien der Dialoggestaltung
nach DIN EN ISO 9241-110**

1. Aufgabenangemessenheit

2. Selbstbeschreibungsfähigkeit

3. Erwartungskonformität

4. Lernförderlichkeit

5. Steuerbarkeit

6. Fehlertoleranz

7. Individualisierbarkeit

Arbeit findet heutzutage vermehrt in kooperativen Zusammenhängen, also in sozialen Systemen statt. Dabei werden die Teams durch technische Systeme unterstützt. In diesem Kapitel wird die technische Komponente zur Unterstützung von Zusammenarbeit in sozialen Systemen beleuchtet. Es werden mit Kommunikation, Kooperation und Koordination wichtige Dimensionen von Zusammenarbeit benannt und die Begriffe CSCW und Groupware erläutert.

Zudem wird auf zwei Klassifikationsmöglichkeiten für Groupware, das 3-K Modell und die Raum-Zeit Matrix eingegangen. Als zwei Beispiele für die technische Unterstützung von Gruppenarbeit werden geteilte Arbeitsbereiche und Workflowmanagementsysteme vorgestellt. Dabei werden jeweils die Bestandteile und Einsatzmöglichkeiten beschrieben.

Werkzeuge für soziale Systeme
Lernziele

Die drei Ks der Zusammenarbeit benennen und erklären können

—

Die Begriffe CSCW und Groupware definieren können

—

Klassifikationsmöglichkeiten von Groupware kennen

—

Geteilte Arbeitsbereiche und Workflowmanagementsysteme als Beispiel von Groupware verstehen

—

Bestandteile und Einsatzmöglichkeiten geteilter Arbeitsbereiche benennen können

—

Bestandteile und Einsatzmöglichkeiten von Workflowmanagementsystemen benennen können

Die drei Ks der Zusammenarbeit

Bei der Zusammenarbeit von Menschen kommen im Vergleich zu individueller Arbeit neue Dimensionen ins Spiel. Diese zu kennen ist hilfreich, da für diese einzelnen Merkmale dann technische Funktionalitäten konzipiert, entwickelt und in technischen Systemen integriert werden können. *Zusammenarbeit von Menschen* zeichnet sich durch die drei Ks Kommunikation, Kooperation, Koordination aus. Kapitel II dieses Buches beschäftigte sich ausführlich mit Kommunikation.

    Kooperation ist ebenso wie Kommunikation soziale Interaktion. Wesentlicher Aspekt von Kooperation ist, dass die Beteiligten ein gemeinsames Ziel verfolgen, z. B. das gemeinsame Erstellen eines Dokumentes.[01] Zudem ist Kooperation von Vertrauen geprägt. Dies bedeutet, dass sich die Beteiligten darauf verlassen können, dass Beiträge des anderen mit dem eigenen Interesse in der Gesamtwirkung insgesamt vereinbar ist. Dies schließt nicht aus, dass es auch Konflikte geben kann. Sie beschränken sich jedoch in der Regel auf Teilaspekte der sich gegenseitig beeinflussenden Handlungen. Der Aspekt des Vertrauens ist wesentliches Unterscheidungsmerkmal zwischen Kooperation und konkurrierender Interaktion. In konkurrierender Interaktion sind die Interessen, Ziele und Handlungen der Beteiligten nicht miteinander vereinbar. Ein typisches Beispiel sind sportliche Wettkämpfe.

    Die Kooperation der Beteiligten muss koordiniert werden. Die Aufgabe von *Koordination* besteht darin, die Abhängigkeiten zwischen Zielen, Aktivitäten und Akteuren zu gestalten.[02] Das bedeutet im Detail, dass folgende Themen für die Beteiligten zu klären sind:[03]

- Welche Vorbedingungen müssen von Akteuren oder technischen Systemen erbracht werden, damit andere Akteure ihre Tätigkeiten erfolgreich durchführen können?
- Welche logischen Abhängigkeiten zwischen Tätigkeiten gibt es? Welche Tätigkeiten können parallel erbracht werden, welche bauen aufeinander auf?
- Was folgt auf die Ausführung einer Aufgabe, wozu dient sie?
- Welche Akteure (Rollen) sind beteiligt (wer macht was?), Welches hierarchische Verhältnis besteht?
- Welche Ressourcen werden gemeinsam genutzt? Wie kann der Zugriff auf die Ressourcen geregelt werden?

Zur Koordination der Kooperation ist Kommunikation notwendig. Es bietet sich daher an, möglichst alle drei Ks mit einer integrierten IT-Plattform zu unterstützen. Die folgenden Abschnitte gehen auf die Computerunterstützung für die Zusammenarbeit zwischen Menschen ein.

IX.II

Computer Supported Cooperative Work (CSCW)

Das Akronym *CSCW* steht für Computer Supported Cooperative Work und bezeichnet ein interdisziplinäres Forschungsfeld, das sich vornehmlich zwei Zielen widmet.[04] Diese sind (1) das Verstehen von Charakter und Anforderungen kooperativer Arbeitsprozesse und (2) die Entwicklung IT-gestützter Technologien für kooperative Arbeitsprozesse. Während der Begriff CSCW 1984 erstmals verwendet wurde, etablierte sich das Forschungsfeld CSCW Anfang der 1990er Jahren, also zu der Zeit, als Computernetze in den Büros Einzug hielten und damit die computergestützte kooperative Arbeit über Zeit-

01	Herrmann, 2001
02	Malone & Crowston, 1990
03	Herrmann, 2001
04	Schmidt & Bannon, 1992. S. 11

Die drei Ks Kommunikation, Kooperation und Koordination sind wichtige Dimensionen der Zusammenarbeit von Menschen.

Merkmale von Kooperation sind gemeinsame Ziele und Vertrauen

Koordination gestaltet die Abhängigkeiten zwischen Zielen, Aktivitäten und Akteuren.

CSCW (Computer Supported Cooperative Work) ist eine Forschungsrichtung, die kooperative Arbeitsprozesse untersucht und geeignete IT-Unterstützung gestaltet.

und Raumgrenzen hinweg möglich wurde. Zu dem Thema finden regelmäßig internationale Konferenzen statt: Die Konferenz CSCW seit 1986 alle zwei Jahre in den USA, und die ECSCW seit 1989 alle zwei Jahre in Europa.

CSCW beschäftigt sich also mit dem Verstehen kooperativer Arbeit sowie der Gestaltung, Implementation und Evaluierung von technischen Systemen zur Unterstützung kooperativer Arbeit. Der Begriff *kooperative Arbeit* bedeutet dabei, »dass mehrere Personen zusammen arbeiten, um ein Produkt oder eine Dienstleistung herzustellen.«[05] Es wird also nicht unterstellt, dass sich diese Menschen besonders gut kennen, oder glücklich darüber sind, dass sie miteinander arbeiten dürfen. Es erscheint einfach sinnvoll, ein bestimmtes Produkt oder eine bestimmte Dienstleistung in einem kooperativen Arbeitsprozess zu erstellen.

CSCW-Systeme im Allgemeinen dürfen keine Annahmen über die persönliche Zusammenarbeit der am kooperativen Arbeitsprozess beteiligten Menschen machen, sondern müssen unterschiedliche soziale Systeme unterstützen können. Eine Kategorie zur Sortierung von CSCW-Systemen unterscheidet diese daher anhand der sozialen Entitäten, die sie unterstützen. Andere Kategorien sind Arten sozialer Interaktion, CSCW-Unterstützungstypen und CSCW-Werkzeuge. **Abb. A** gibt einen Überblick über diese Konzepte und ihrer beispielhaften Ausprägungen. Auf die Arten der sozialen Interaktion wurde in Abschnitt IX.I bereits eingegangen. Im weiteren Verlauf dieses Kapitels werden die dick umrandeten Bereiche in den Abschnitten IX.V (Geteilte Arbeitsbereiche) bzw. IX.VI (Workflowmanagementsysteme) als Beispiele näher erläutert. Dabei wird auch auf die Themen, die in **Abb. A** als CSCW-Unterstützung bezeichnet werden, eingegangen.

Mit der Forschungsrichtung CSCW ging ein grundsätzlicher Wandel in der Betrachtung von Computern einher: Weg von der Idee des datenverarbeitenden Werkzeugs in Form von isolierten Einzelanwendungen hin zum Verständnis des Rechners als Werkzeug zur Kommunikation und Zusammenarbeit.

CSCW kümmert sich speziell um kooperative Prozesse im Arbeitsleben. Es gibt aber auch andere Prozesse der Zusammenarbeit zwischen Menschen, die zwar nicht im Arbeitsleben stattfinden, die aber durch ähnliche Werkzeuge unterstützt werden können. So sind Prozesse des gemeinsamen Lernens Gegenstand der thematisch eng verwandten Forschungsrichtung Computer Supported Collaborative Learning *(CSCL)*. Kollaboratives Lernen wird verstanden als Lernen in Interaktion mit dem Ziel der Herausbildung eines gemeinsamen Verständnisses des Lerngegenstandes. CSCL betrachtet ähnlich wie CSCW kooperative bzw. kollaborative Prozesse. Wesentlicher Unterschied zwischen den Ansätzen zeigt sich in der damit verbundenen Computerunterstützung. Während CSCW-Systeme zur Reduktion des mentalen Aufwands der Beteiligten eingesetzt werden, treten CSCL-Systeme gerade dazu an, den mentalen Aufwand der Beteiligten und damit die aktive Verarbeitung des Lerngegenstands zu unterstützen. Im weiteren Verlauf dieses Kapitels werden auch Beispiele aus diesem Gebiet dargestellt.

IX.III

Groupware

Der Begriff der *Groupware* hängt eng mit dem oben genannten zweiten Ziel von CSCW, der Entwicklung von IT-Systemen für kooperative Arbeitsprozesse, zusammen. Groupware ist der Begriff für eben diese IT-Systeme und ein eigens kreiertes Wort, das sich aus den beiden Bestandteilen GROUP für Gruppe und den zweiten Teil von SoftWARE zusammensetzt. Damit bezeichnet der Begriff Groupware grob gesprochen Software, die Gruppenarbeit unterstützt. Eine detailliertere Definition geben zum Beispiels Ellis et al.: »IT-gestützte Systeme, die Gruppen bei der Bewältigung einer gemeinsamen Aufgabe (oder

05   Schmidt & Bannon, 1992. S. 15

Kooperative Arbeit: Mehrere Personen arbeiten zusammen, um ein Produkt oder eine Dienstleistung herzustellen.

CSCL (Computer Supported Collaborative Learning) ist eine Forschungsrichtung, die Prozesse des gemeinsamen Lernens zum Gegenstand hat.

Groupware: Software, die Gruppenarbeit unterstützt

dem Erreichen eines gemeinsamen Ziels) unterstützen, und die eine Schnittstelle zu einer gemeinsamen Systemumgebung bereitstellen.«[06]

In der Arbeits- und Organisationspsychologie wird eine Gruppe »als eine Mehrzahl von Personen definiert, die zeitlich überdauernd in direkter Interaktion stehend durch Rollendifferenzierung und gemeinsame Normen gekennzeichnet sind und die ein Wir-Gefühl verbindet.«[07]

Nimmt man den Begriff Groupware also wörtlich, so deckt Groupware nur einen kleinen Ausschnitt von kooperativen Arbeitsprozessen ab, nämlich den, in dem Menschen in Gruppen zusammen arbeiten. Im weiteren Sinne bezeichnet der Begriff Groupware jede Art von Software, die soziale Systeme unterstützt. Auch in diesem Buch wird Groupware so verstanden.

Bei Groupware geht es weniger um die Frage, wie ein einzelner Nutzer in seiner Arbeit unterstützt werden kann, sondern vielmehr darum, IT für Gruppenprozesse zu gestalten. Die Gestaltung und Einführung von Groupware bedarf deshalb in besonderer Weise einer sozio-technischen Betrachtung. So sollte Groupware den Nutzern beispielsweise bewusst machen, dass und in welcher Form sie gerade mit anderen zusammen arbeiten. Es ist also ein wichtiges Charakteristikum von Groupware, die Benutzerinnen und Benutzer nicht voneinander zu isolieren, sondern sie gegenseitig übereinander zu informieren.

IX.IV Klassifikationsmöglichkeiten für Groupware

Abschnitt IX.I hat bereits deutlich gemacht, dass menschliche Zusammenarbeit sehr vielfältig ist und unterschiedliche Bestandteile hat. So ist es nicht verwunderlich, dass sich auch vielfältige Ausprägungen der IT-Unterstützung für diese verschiedenen Bestandteile entwickelt haben. Um dieser Vielfalt eine Struktur zu geben, sind Klassifikationen nach unterschiedlichen Kriterien entstanden. Diese Klassifikationen können auch für die Auswahl einer passenden Groupware in einer konkreten Anwendungssituation genutzt werden. In diesem Abschnitt werden zwei bekannte und weit verbreitete Klassifikationsmöglichkeiten, das 3-K Modell und die Raum-Zeit Matrix, vorgestellt.

Das 3-K Modell

Das 3-K Modell [08] rückt die drei Bestandteile der Zusammenarbeit – Kommunikation, Kooperation und Koordination – in das Zentrum der Betrachtung und ordnet diese in einem Dreieck an (vgl. **Abb. B**). Die Positionierung der verschiedenen Groupwarebeispiele innerhalb dieses Dreiecks macht damit den Anwendungsschwerpunkt des jeweiligen Systems deutlich. Allerdings vernachlässigt diese Klassifikation der Situation, in der sich die Gruppenmitglieder befinden. Dies greift die Raum-Zeit Matrix auf.

Raum-Zeit Matrix

Die *Raum-Zeit Matrix* [09] gliedert die unterschiedlichen Ausprägungen von Groupware nach Relation der Gruppenmitglieder mit Bezug zu Raum und Zeit. Für jede dieser beiden Dimensionen können dabei die Ausprägung gleich (gleicher Raum bzw. gleiche Zeit) und unterschiedlich (verschiedene Raum bzw. verschiedene Zeit) vorkommen. Durch alle möglichen Kombinationen der räumlichen bzw. zeitlichen Dimensionsausprägungen entstehen vier Möglichkeiten, die in **Abb. C** als vier Quadranten dargestellt sind. Groupwarebeispiele lassen sich dann in diese vier Quadranten einsortieren.

Abb. C erweitert das ursprüngliche Modell nach Johansen um die Unterscheidung nach den Bestandteilen der Gruppenarbeit (Kommunikation Kooperation, Koordination) innerhalb jedes Quadranten. Damit ist diese Darstellung eine Kombination aus der ursprünglichen Raum-Zeit Matrix und der Betrachtung der drei Ks aus dem gleichnamigen Modell.

06   Ellis et al., 1991, Übersetzung
        der Autorinnen
07   Rosenstiel, 1995. S. 322
08   Teufel et al., 1995
09   Johansen, 1991

Das 3-K Modell strukturiert Groupware anhand der Dimensionen Kommunikation, Kooperation und Koordination.

Die Raum-Zeit Matrix unterscheidet alle Kombinationen von gleicher/verschiedener Zeit bzw. Ort und ordnet groupware in die Quadranten ein.

Im weiteren Verlaufe des Kapitels sollen stellvertretend zwei Beispiele für Groupware vertieft werden. Es wurden dabei zwei Beispielausprägungen gewählt, die in dem Quadranten »verschiedener Ort – verschiedene Zeit« liegen. Für diese Situationen ist die IT-Unterstützung besonders relevant, da die direkte gemeinsame Wahrnehmung, die durch den gleichen Ort oder die gleiche Zeit entstehen kann, entfällt.

Geteilte Arbeitsbereiche

Der Begriff geteilte Arbeitsbereiche steht für eine Art von Groupware, die die Unterstützung möglichst aller Bestandteile von Gruppenarbeit in einem System integriert. In **Abb. A** ist deshalb die Markierung für die geteilten Arbeitsbereiche um mehrere Teilklassen gezogen. Geteilte Arbeitsbereiche integrieren Funktionalitäten zur Unterstützung von Kommunikation, Kooperation und Koordination. Damit muss eine Gruppe nur ein System einsetzen, um alle Aufgaben zu unterstützen. Ein weiterer Vorteil besteht darin, dass die Bestandteile der Gruppenarbeit, die ohnehin zusammengehören, hier auch gemeinsam betrachtet werden und Übergänge möglich sind.

Aktuelle Beispiele für geteilte Arbeitsbereiche sind im kommerziellen Bereich Lotus Notes (www.ibm.com/lotus.de) oder Sharepoint (office.microsoft.com/), im akademischen Bereich BSCW (www.bscw.de) oder Confluence (www.atlassian.com/Confluence), im Lern- und Ausbildungsbereich ILIAS (www.ilias.de) oder KOLUMBUS 2 (www.imtm-iaw.rub.de). Wegen der Nähe zum studentischen Alltag und einer eventuellen eigenen Nutzung durch die Studierenden werden wesentliche Konzepte geteilter Arbeitsbereiche an den Beispielen aus dem Lern- und Ausbildungsbereich verdeutlicht. Dabei werden zunächst die Unterstützung der drei Ks und Möglichkeiten der Integration vorgestellt. Zudem wird deutlich gemacht, dass es zur bereits erwähnten Wahrnehmung der Gruppe und ihrer Aktivitäten besonderer Funktionalitäten bedarf, die in **Abb. A** als Awarenessunterstützung vorkommen.

Kooperation in geteilten Arbeitsbereichen

IT-Unterstützung für die Kooperation stellt sich meist in Möglichkeiten der Ablage und Bearbeitung gemeinsamer Dokumente dar. *Kooperation* unter den

Gruppenmitgliedern erfolgt dann durch das gemeinsame Bearbeiten des Dokuments, mit Hilfe dessen ein gemeinsames Ziel erreicht werden kann (z.B. gemeinsam erstellte Folien für ein Referat, gemeinsam erstellte Hausarbeit, durch die Dozentin kommentierte Fassung).

In **Abb. D** in der Mitte sieht man die Darstellung der Kurse und der darin enthaltenen Ordner und Dokumente als ein Beispiel. Neben den Funktionalitäten des Hinzufügens, Bearbeitens und Löschens von Dokumenten spielt auch eine Zugriffskontrolle eine wichtige Rolle. Unter Zugriffskontrolle in geteilten Arbeitsbereichen wird die Verwaltung von Rechten, die Nutzer (bzw. Gruppen von Nutzern) auf Dokumente (bzw. Gruppen von Dokumenten) haben, verstanden. Die Zugriffskontrolle ist notwendig, um Dokumente vor unberechtigtem Zugriff zu schützen (etwa Kundendaten, die nur einem Teil der Mitarbeiter zugänglich gemacht werden sollen) bzw. das gemeinsame Bearbeiten eines Dokumentes zu organisieren. So kann zum Beispiel festgelegt werden, dass nur eine bestimmte Anzahl an Personen zeitgleich ein Dokument bearbeiten und andere in der Zeit nur lesend zugreifen können.

Kommunikation in geteilten Arbeitsbereichen

IT-Unterstützung für die *Kommunikation* kommt in sehr unterschiedlichen Formen vor. Sehr weit verbreitet ist nach wie vor eine im geteilten Arbeitsbereich integrierte Unterstützung textbasierter, meist asynchroner Kommunikation. In **Abb. D** ist dies die Mail in der unteren rechten Ecke. Neuere Konzepte sehen vor, Kommunikationsbeiträge und Dokumente stärker zu integrieren. Damit wird die Situation unterstützt, die sich vergleichen lässt mit einer Gruppe von Personen, die in einem Raum zeitgleich auf ein Dokument schaut und über die Inhalte des Dokuments diskutiert.

Kooperation in geteilten Arbeitsbereichen findet in der gemeinsamen Bearbeitung von Artefakten statt.

Kommunikation in geteilten Arbeitsbereichen findet in unterschiedlichen Formen, oft textbasiert, statt.

Abb. E zeigt mit KOLUMBUS 2 ein solches integriertes System.[10] Dabei handelt es sich bei den mit A versehenen und mit einem Namen vorangestellten Beiträgen um Kommunikationsbeiträge, in denen der Text des Dokumentes diskutiert wird. Die Integration hat zum einen den Vorteil, dass sich die Kommunikation stark auf den Inhalt des Dokuments bezieht. Zum anderen kann in den Kommunikationsbeiträgen direkt auf den Inhalt des Dokumentes Bezug genommen werden (z. B. wird in **Abb. E** das Wort »hier« verwendet). Aufwändige Beschreibungen, auf welchen Teil des Dokuments sich ein Kommunikationsbeitrag bezieht, entfallen damit.

Koordination in geteilten Arbeitsbereichen

Geteilte Arbeitsbereiche kommen in Situationen zum Einsatz, in denen sich die Gruppenmitglieder selbst koordinieren. Die Gruppenmitglieder legen also selbst fest, wer wann welche Aufgabe erledigt. Als IT-Unterstützung für diese Ad-Hoc *Koordination* kommen oft gemeinsame Terminkalender zum Einsatz (vgl. **Abb. D** oben rechts). Gemeinsame Terminkalender sind dann besonders erfolgreich, wenn sich diese mit den Kalendern der einzelnen Gruppenmitglieder synchronisieren lassen, da durch die Synchronisation das mehrfache Eintragen (in den privaten und in den Gruppenkalender) entfällt. Optionen für gemeinsame Treffen o. ä. können dann leicht identifiziert werden – dies sind die noch nicht verplanten Zeiten in den Terminkalendern aller Gruppenteilnehmer, die an dem Treffen teilnehmen sollen.

Awarenessmechanismen in geteilten Arbeitsbereichen

Ein Problem der räumlich und zeitlich getrennten gemeinsamen Arbeit liegt darin, dass die Gruppenmitglieder nicht direkt wahrnehmen können, wie der Stand der gemeinsamen Arbeit ist. Es entstehen Informationsdefizite mit Blick auf die Vergangenheit (Was ist im gemeinsamen Arbeitsbereich geschehen?), den aktuellen Stand (Wer arbeitet gerade woran?) und die Zukunft (Was kann ich (wann) als nächstes tun?). Es ist also notwendig, dass in geteilten Arbeitsbereichen den Nutzern auch die Aktivitäten anderer Gruppenmitglieder, die an einem Prozess oder einer Aktivität beteiligt sind, zu vermitteln, um so die Wahrnehmung aller Gruppenaktivitäten zu erzielen.

Im englischsprachigen Raum hat sich dafür der Begriff der Awareness etabliert. »Awareness is an understanding of the activities of others which provides a context for your own activities«[11] Als deutsche Übersetzung des

Begriffs wurde Gewärtigkeit geprägt. Zur Unterstützung der Awareness oder Gewärtigkeit verfügen geteilte Arbeitsbereiche über Mechanismen, die die genannten Informationsdefizite zu beheben. In **Abb. D** beispielsweise stellt sich der *Awarenessmechanismus* als eine Liste der Aktivitäten der letzten zwei Wochen dar (vgl. linken Bereich der **Abb. D**). Nutzer erhalten dadurch einen Überblick, was passiert ist, haben einen direkten Zugang zu den neuen Inhalten und können daraus ableiten, was sie als nächstes tun können.

Zusammenfassend lässt sich sagen, dass geteilte Arbeitsbereiche innerhalb eines Systems Funktionalitäten integrieren, die die wesentlichen Bestandteile gemeinsamer Arbeit – Kommunikation, Kooperation und Koordination – unterstützen. Diese werden durch Awarenessmechanismen ergänzt, die Informationen über den Stand der gemeinsamen Arbeiten geben. Geteilte Arbeitsbereiche kommen in Situationen zum Einsatz, in denen sich die Gruppenmitglieder flexibel selbst organisieren. Im Folgenden soll nun auf Workflowmanagementsysteme eingegangen werden, die stärker eine durch das System vorgegebene Koordinationsmöglichkeit darstellen.

IX.VI Workflowmanagementsysteme

Die Zusammenarbeit von Personen in Organisationen ist oft nach Geschäftsprozessen strukturiert. Ein Geschäftsprozess ist dabei ein Bündel von Aktivitäten, für das ein oder mehrere unterschiedliche Inputs benötigt werden und das für den Kunden ein Ergebnis von Wert erzeugt.[12] Die Betrachtung und Optimierung von Geschäftsprozessen ist ein wesentlicher Teil betriebswirtschaftlicher Tätigkeiten. Wird die Ausführung eines Geschäftsprozesses von

10   Kienle, 2009
11   Dourish & Belotti, 1992
12   Hammer & Champy, 1994

Koordination in geteilten Arbeitsbereichen findet über gemeinsame Terminkalender statt.

Awarenessmechanismen geben Informationen über den Stand der gemeinsamen Arbeit.

einem IT-System gesteuert, so spricht man von einem Workflow. »Informell ist ein Workflow also die Spezifikation und Ausführung einer Menge von koordinierten Aktivitäten, die einen Geschäftsprozess in einer Organisation repräsentieren.«[13] Typische Beispiele für Prozesse, die mit Workflowmanagementsystemen unterstützt werden, sind die Abwicklung von Bestellungen (z. B. im Onlinehandel) oder Prozesse in Banken und Versicherungen.

Workflowmanagementsysteme (WFMS) unterstützen die Ausführung und Überwachung von Workflows. Genauer beschreiben McCarthy und Bluestein solche Systeme wie folgt: »Workflow Management Software ist ein proaktives Computer System, das den Arbeitsablauf zwischen Beteiligten gemäß einer definierten Prozedur, die aus einer Anzahl von Aufgaben besteht, organisiert. Es koordiniert Nutzer und Systembeteiligte ebenso wie Datenquellen, die dem System entweder direkt oder offline zur Verfügung stehen, um definierte Ziele zu festgelegten Zeiten zu erreichen. Die Koordination beinhaltet das Weiterreichen von Aufgaben von einem Mitarbeiter zum nächsten in der richtigen Reihenfolge; dabei stellt das System sicher, dass alle Beteiligten den geforderten Beitrag leisten, und stößt bei Bedarf Standardaktionen an.«[14] Ein Workflow, der an vielen Hochschulen vorkommt, dient der Eingabe, Überprüfung, Bekanntgabe und Archivierung von Prüfungsergebnissen. **Abb. F** zeigt einen solchen Workflow.

In dem in **Abb. F** gezeigten Workflow erstellt das Studienbüro eine Notenliste, die dem Erstprüfer dann in seinem Arbeitskorb dargestellt wird (vgl. **Abb. H**). Der Erstprüfer bewertet die Prüfungsleistung (bspw. indem er eine Klausur korrigiert). Danach trägt er das Prüfungsergebnis in das Workflowsystem ein. Dann gibt es zwei Möglichkeiten: Die Notenliste geht zurück an das Studienbüro zur Bekanntgabe und Archivierung, oder ein Zweitprüfer muss noch zuvor die Prüfungsleistung ebenfalls bewerten und ein Prüfungsergebnis eintragen. An diesem Beispiel lassen sich die in der Definition genannten Elemente und Aufgaben eines Workflowmanagementsystems gut erkennen (vgl. **Abb. G**).

Das Beispiel verdeutlicht noch zwei weitere wichtige Aspekte von Workflowmanagement: Zum einen müssen nicht alle Aktivitäten, die zur erfolgreichen Ausführung eines Geschäftsprozesses gehören, auch durch das WFMS unterstützt werden. In dem Beispiel der Prüfungsergebnisse spielt die eigentliche Bewertung der Prüfungsleistung, also beispielsweise die Korrektur einer Klausur, gar keine Rolle, obwohl diese inhaltlich einen sehr verantwortungsvollen und wichtigen Teil des Gesamtprozesses Prüfungen darstellt. Zum anderen zeigt gerade dieser Workflow, dass die an ihm Beteiligten keine Gruppe bilden müssen. Ist der Erstprüfer bspw. ein Lehrbeauftragter, der nicht an der Hochschule arbeitet, kann es sein, dass er die Mitarbeiter des Studienbüros gar nicht kennt. Ein Wir-Gefühl, wie es für Gruppen typisch ist, kann so nicht entstehen. Auch der Rückgriff auf gemeinsame Normen ist schwierig. WFMS sind Beispiele für CSCW-Systeme, die kooperative Arbeit bei einer großen Anzahl an Akteuren unterstützen können, auch wenn diese Akteure gar nicht oder nicht eng miteinander verbunden sind.

WFMS bieten in der Regel auch Awarenessunterstützung an. **Abb. I** zeigt eine Statusinformation aus dem WFMS zur Verwaltung der Prüfungsergebnisse. Die Bearbeitung der Prüfungsergebnisse der Veranstaltung »Informatik und Gesellschaft« aus dem Jahr 2009 befindet sich im Status »Archiv«. Unterhalb des Diagramms werden dem Nutzer sowohl der bisherige Verlauf als auch seine aktuellen Handlungsoptionen dargestellt.

Wann lohnt es sich für Unternehmen oder Organisationen, Geschäftsprozesse durch ein Workflowmanagementsystem zu unterstützen? Die folgende Aufzählung fasst die Eigenschaften zusammen. Workflowgeeignet sind Geschäftsprozesse, die

— in der Regel von mehreren Personen und abteilungsübergreifend bearbeitet werden, vgl. das Beispiel in **Abb. F**

— stark strukturiert sind und formalisierbare Aufgaben umfassen. Nur wenn es gelingt, die Gruppenaufgabe in Einzelaufgaben zu zerlegen und diese in eine Reihenfolge zu bringen, kann der Geschäftsprozess in einen Workflow überführt werden.

— in der Regel immer gleich ablaufen und oft ausgeführt werden müssen. Nur dann lohnt sich der Aufwand, den Prozess in einen Workflow zu übertragen und diesen im Workflowmanagementsystem zu integrieren.

13 Gross & Koch, 2007, S. 92

14 zitiert in Gross & Koch, 2007, S. 93. Übersetzung der Autorinnen

Workflowmanagementsysteme unterstützen die Ausführung und Überwachung von Geschäftsprozessen.

Zusammenfassung

Dieses Kapitel behandelte die technische Komponente zur Unterstützung von Gruppenarbeit. Es wurden mit Kommunikation, Kooperation und Koordination die Bestandteile von Gruppenarbeit benannt und die Begriffe CSCW und Groupware erläutert. Zudem wurde auf die beiden Klassifikationsmöglichkeiten für Groupware des 3-K Modells und der Raum-Zeit Matrix und eingegangen. Als zwei Beispiele für die technische Unterstützung von Gruppenarbeit werden geteilte Arbeitsbereiche und Workflowmanagementsysteme vorgestellt. Dabei wurde auch deutlich, dass geteilte Arbeitsbereiche und Workflowmanagementsysteme unterschiedliche Einsatzszenarien haben. **Abb. J** fasst zusammen, in welchen Situationen sich welcher Systemtyp eignet.

Fragen zur Wiederholung

1   Was sind die wesentlichen Bestandteile menschlicher Zusammenarbeit?

2   Wofür steht der Begriff CSCW?

3   Benennen Sie zwei Möglichkeiten der Klassifikation von Groupware. Erläutern Sie eine dieser Klassifikationsmöglichkeiten.

4   Was sind geteilte Arbeitsbereiche?

5   In welchen Situationen werden geteilte Arbeitsbereiche eingesetzt?

6   Was sind Workflowmanagementsysteme?

7   In welchen Situationen werden Workflowmanagementsysteme eingesetzt?

Zum Nachdenken / Zur Diskussion

1   In Kapitel VI haben Sie den Begriff der Inskription kennen gelernt. Betrachten Sie Workflowmanagementsysteme unter diesem Blickwinkel. Überlegen Sie, wie Inskription im Fall von Workflowmanagementsystemen

funktioniert und welche Konsequenzen das für Projekte in diesem Zusammenhang hat.

2   Auch in sozialen Medien wie Facebook spielen Awarenessmechanismen eine wichtige Rolle. Es wird angezeigt, wer gerade online ist, oder wer wie lange nicht mehr online war. Man kann mitteilen, wie man sich gerade fühlt, was man gerade macht oder wo man gerade ist. Wo verläuft für Sie die Grenze zwischen sinnvoller Information, um Awareness zu unterstützen einerseits und Privatsphäre andererseits? Was sollen andere Nutzer über Sie wissen und was nicht?

3   Bei der Einführung von CSCW-Systemen ist eine soziotechnische Perspektive ganz besonders wichtig. Überlegen Sie, warum. Stellen Sie sich vor, Sie wären für die erstmalige Einführung eines Workflowmanagementsystems zur Verwaltung von Prüfungsnoten an einer Hochschule zuständig. Welche organisatorischen Themen gilt es mit wem abzustimmen?

Literatur

Dourish, P.; Belotti, V. (1992): Awareness and Coordination in Shared Workspaces. In: Turner, J.; Kraut, R. (1992): Proceedings of the CSCW – Sharing Perspectives, Toronto: ACM Press, pp. 107 – 114.

Ellis, C. A.; Gibbs, S. J.; Rein, G. L. (1991): Groupware – Some Issues and Experiences. In: Communications of the ACM, Vol. 34, No. 1, pp. 38 – 58.

Gross, T.; Koch, M (2007): Computer-Supported Cooperative Work. München: Oldenbourg.

Hammer, M.; Champy, J. (1994): Reengineering the Corporation. Harper Business.

Herrmann, T. (2001): Kommunikation und Kooperation. In: Schwabe, G.; Streitz, N.; Unland, R. (2001): CSCW-Kompendium. Heidelberg: Springer, S. 15 – 25.

Johansen, R. (1991): Teams for Tomorrow. In: Proceedings of the IEEE Hawaii International Conference on System Sciences. Los Alamos: IEEE Computer Society Press, pp. 520 – 534.

Kienle, A. (2009): Computerunterstützung für die Organisation menschlicher Kommunikationsprozesse – Anforderungsanalyse und Systemgestaltung. FernUniversität in Hagen: Forschungsbericht, ISSN: 1865-3944. zgl.: Habilitation, FernUniversität Hagen, 2008; online verfügbar: http://deposit.fernuni-hagen.de/1928/; gesichtet am 17. Januar 2014.

IX.X

Malone, T. W., Crowston K. (1990): What is coordination theory and how can it help design cooperative work systems? In: Tatar, D. (Ed.) (1990): Proceedings of the Third Conference on Computer-supported Cooperative Work (CSCW). ACM Press, pp. 357 – 370.

Rosenstiel, Lutz von (1995): Kommunikation und Führung in Arbeitsgruppen. In: Schuler, Heinz (1995): Organisationspsychologie. Bern et al.: Verlag Hans Huber.

Schmidt, K.; Bannon, L. (1992): Taking CSCW Seriously, Supporting Articulation Work. In: Computer Supported Cooperative Work 1. Kluwer Academic Publishers, S. 7 – 40.

Teufel, S.; Sauter, C.; Muehlherr, T.; Bauknecht, K. (1995): Computerunterstützung für die Gruppenarbeit. Bonn: Addison-Wesley.

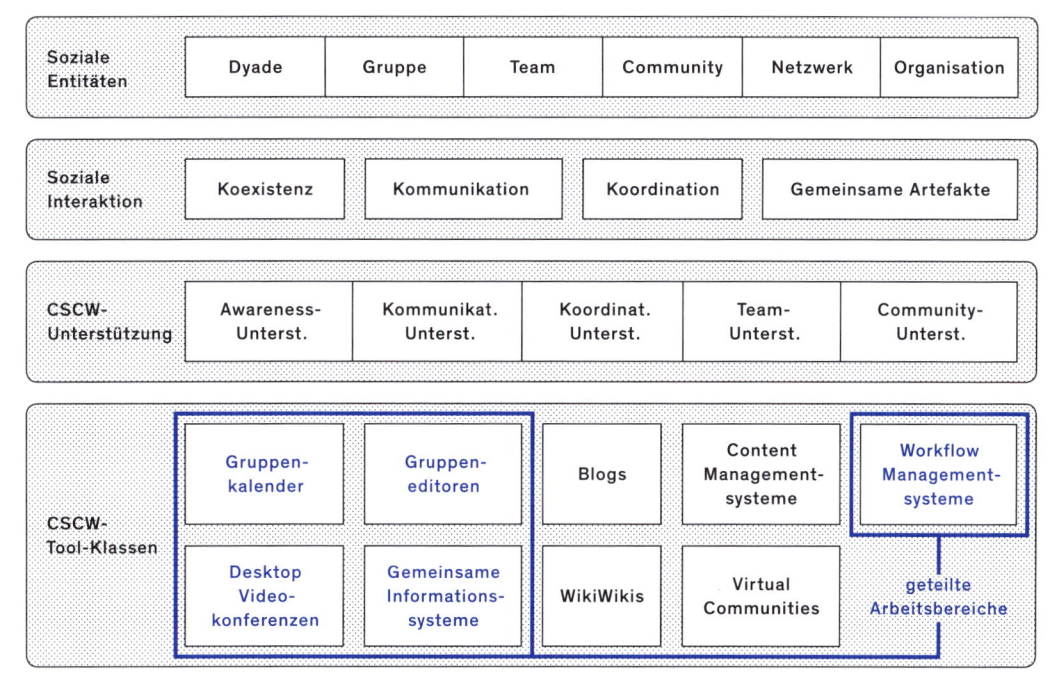

Soziale Entitäten	Dyade	Gruppe	Team	Community	Netzwerk	Organisation

Soziale Interaktion	Koexistenz	Kommunikation	Koordination	Gemeinsame Artefakte

CSCW-Unterstützung	Awareness-Unterst.	Kommunikat.-Unterst.	Koordinat.-Unterst.	Team-Unterst.	Community-Unterst.

CSCW-Tool-Klassen

Gruppen-kalender	Gruppen-editoren	Blogs	Content Management-systeme	Workflow Management-systeme
Desktop Video-konferenzen	Gemeinsame Informations-systeme	WikiWikis	Virtual Communities	geteilte Arbeitsbereiche

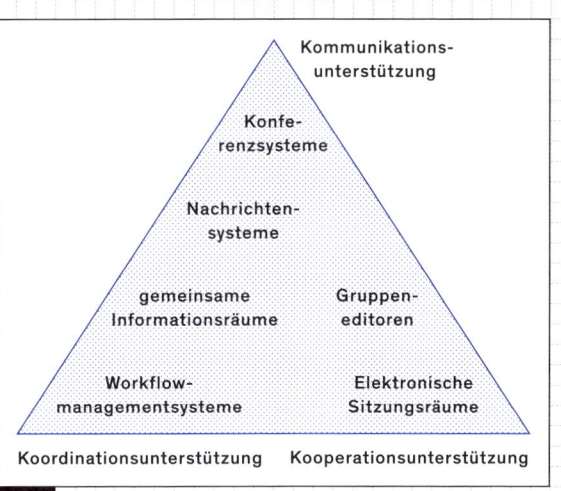

Kommunikations-unterstützung

Konferenzsysteme

Nachrichten-systeme

gemeinsame Informationsräume — Gruppen-editoren

Workflow-managementsysteme — Elektronische Sitzungsräume

Koordinationsunterstützung — Kooperationsunterstützung

B

A	Übersicht über CSCW-relevante Konzepte nach Gross & Koch, 2007
B	Das 3-K Modell nach Teufel et al., 1995

C

	Gleiche Zeit	Verschiedene Zeit
Gleicher Ort	**Kommunikation** Gruppenmoderationssysteme **Kooperation** Brainstormingunterstützung **Koordination** Abstimmungswerkzeuge	**Kommunikation** Schwarzes Brett: Notizen **Kooperation** Gruppenarbeitsraum **Koordination** Schwarzes Brett: Kalender
Verschiedener Ort	**Kommunikation** Videokonferenz, Chat **Kooperation** Gemeinsames Editieren (GE) **Koordination** Zugriffskontrolle beim GE	**Kommunikation** E-Mail **Kooperation** Wissensmanagement **Koordination** Workflowmanagement

D

1.3.2 Gruppen-Lernsysteme A'z ▸

(FIT_Ernst) Hier stellt sich mir sofort die Frage, wie ein Gruppenlernsystem aufgebaut ist und welche Rollen man unterscheiden kann? Daher wäre es meiner Meinung nach sinnvoller, die Architektur aus Kapitel 2.3 an dieser Stelle nach vorne zu ziehen. Vielleicht kannst Du die Architektur auch graphisch darstellen. A'z ▸

Auf dem Gebiet der Gruppen-Lernsysteme hat sich der Begriff des Computer Supported Collaborative/Cooperative Learning (CSCL) etabliert. A'z ▸

(FIT_Helge) Was genau ist denn nun CSCL? Das sollte hier nochmal genauer 'definiert' werden. A'z ▸

Man unterscheidet zwischen zentralisierten CSCL-Systemen und verteilten CSCL-Systemen. A'z ▸

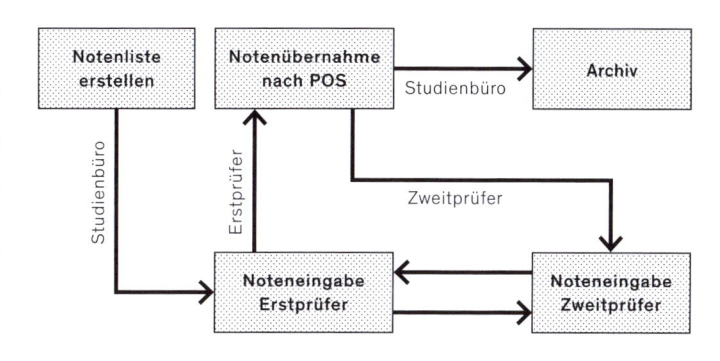

F

	C	Klassifikation nach Raum und Zeit in Anlehnung an Johansen, 1991
	D	ILIAS als Beispiel für einen geteilten Arbeitsbereich
	E	Integration von Dokumenten und Kommunikation in KOLUMBUS 2
	F	Workflow »Prüfungsergebnisse«, aus https://dias.fh-dortmund.de/fh

G

WFMS allgemein	Beispiel Workflow Prüfungsergebnisse
Ein WFMS organisiert die Arbeit zwischen mehreren Beteiligten.	In dem Beispiel sind dies die Erst- und Zweitprüfer sowie die Mitarbeiter des Studienbüros.
Ein WFMS arbeitet auf Basis einer definierten Prozedur.	In dem Beispiel ist dies der in Abbildung F gezeigte Prozess.
Ein WMFS koordiniert die Zusammenarbeit der Beteiligten.	In dem Beispiel ist dies der in Abbildung F gezeigte Prozess.
Ein WFMS stellt Datenquellen zur Verfügung.	In dem Beispiel der Prüfungsnoten sind dies Listen mit den Daten der Prüflinge, in die die Prüfer dann die Prüfungsergebnisse ergänzen.
Ein WFMS stellt sicher, dass Ziele zu definierten Zeiten erreicht werden.	In dem Beispiel kann das WFMS dem Studienbüro eine Warnung anzeigen, wenn der Erstprüfer seine Ergebnisse nicht bis zu einem bestimmten Zeitpunkt eingetragen hat
Ein WFMS reicht Aufgaben von einem Beteiligten zum nächsten weiter.	Abbildung H zeigt im rechten Teil, wie Prüfungsergebnisse entweder zum Studienbüro oder an den Zweitprüfer zur weiteren Bearbeitung gesendet werden können.
Ein WFMS stellt sicher, dass alle Beteiligten den geforderten Beitrag leisten.	In dem Beispiel prüft das System, ob der Erstprüfer die Notenliste vollständig und nur mit gültigen Werten ausgefüllt hat. Nur bei vollständigen und korrekten Eingaben erlaubt das System eine Weitergabe.

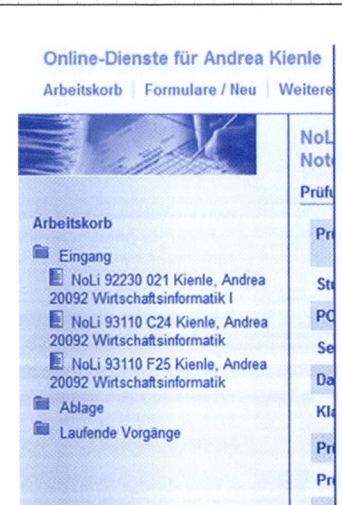

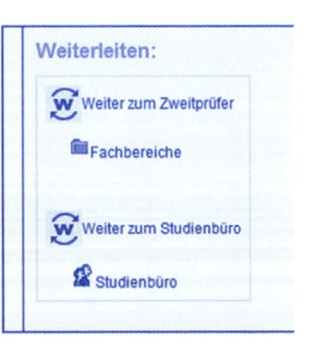

H

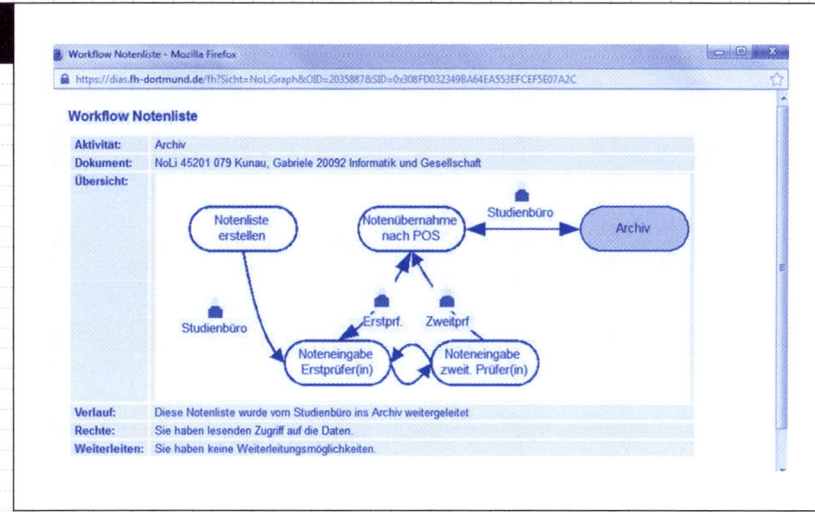

I Statusinformation eines Workflowmanagementsystems

Workflowmanagementsystem	geteilte Arbeitsbereiche
große Gruppen ◀ ▶	kleine Gruppen
strukturierte Abläufe ◀ ▶	unstrukturierte Abläufe
Lösungsweg bekannt ◀ ▶ (Prozess vorgezeichnet)	Koordination von Prozessen (Prozess entwickelt sich zur Laufzeit)
Kommunikation planbar ◀ ▶	Kommunikation ungeplant, ad hoc
hohe Wiederholhäufigkeit ◀ ▶	geringe Wiederholhäufigkeit

J Vergleich der Einsatzszenarien für Workflowmanagementsysteme und geteilte Arbeitsbereiche

G Überblick über Elemente und Aufgaben eines Workflowmanagementsystems

H Arbeitskorb und Weiterleitung im Workflowmanagementsystem DIAS

I Statusinformation eines Workflowmanagementsystems

J Vergleich der Einsatzszenarien für Workflowmanagementsysteme und geteilte Arbeitsbereiche

X

Dieses Kapitel geht der Frage nach, in welcher Form die Informatik in der Gesellschaft auftritt. Es wird gezeigt, wer die Informatik verkörpert und damit das Bild, das sich Menschen von der Informatik und damit verbundenen Technologien machen, prägt. Dabei wird ausführlich auf die Gesellschaft für Informatik e.V. (GI) und dem Bundesverband Informationswirtschaft, Telekommunikation und neue Medien e.V. (BITKOM) eingegangen. Zudem werden vier weitere Organisationen vorgestellt, die maßgeblich das Bild der Informatik in der Gesellschaft mitgestalten. Diese sind der nationale IT-Gipfel, die Piratenpartei Deutschland, der Chaos Computer Club e.V. (CCC) sowie das Forum InformatikerInnen für Frieden und gesellschaftlicher Verantwortung e.V. (FifF).

X

Organisationen im Umfeld der Informatik Lernziele

Organisationen im Umfeld der Informatik benennen können

—

Ihre Organisationsform kennen

—

Ziele und Themen der Organisationen erläutern können

—

Aussagen ihrer Vertreter einschätzen können

—

Beispiele für Aktionen der Organisationen benennen können

—

Ethische Leitlinien für die Informatik kennen und auf die eigene Arbeit übertragen können

X.I

Überblick

Informatiker sind auch Architekten unserer Gesellschaft, daher müssen sie sich an der Diskussion um die Gestaltung, die Nutzung und den Folgen von IT-Systemen aktiv beteiligen. So lautet eine der in Kapitel I vorgestellten Sichtweisen auf das Fach Informatik. Folgt man dieser Sichtweise, so stellt sich die Frage, in welcher Form die Informatik in der Gesellschaft auftritt. Wer verkörpert die Informatik und prägt damit das Bild, das sich Menschen von der Informatik und den von ihr entwickelten Technologien machen?

Die folgenden Abschnitte stellen eine Auswahl an vornehmlich im deutschsprachigen Raum aktiven Organisationen im Umfeld der Informatik vor. Dabei wird im Detail auf die Gesellschaft für Informatik e.V. (GI) und den Bundesverband Informationswirtschaft Telekommunikation, und neue Medien e.V. (BITKOM) eingegangen, die in unterschiedlicher Weise und mit unterschiedlichen Zielen Themen der Informatik öffentlich vertreten. Um die unterschiedlichen Sichtweisen besser verstehen zu können, wird bei beiden Organisationen auf die Entstehungsgeschichte, Ziele, Struktur und Aktivitäten eingegangen.

Zudem werden vier weitere Organisationen vorgestellt, die maßgeblich das Bild der Informatik in der Gesellschaft bzw. der öffentlichen Diskussion prägen. Diese sind der nationale IT-Gipfel, die Piratenpartei Deutschland, der Chaos Computer Club e.V. (CCC) sowie das Forum InformatikerInnen für Frieden und gesellschaftlicher Verantwortung e.V. (FifF).

Gesellschaft für Informatik e.V.

Entstehungsgeschichte

Die Selbstdarstellung der Gesellschaft für Informatik (GI) im Jahr 2014 lautet wie folgt: »Die Gesellschaft für Informatik (GI) ist ein Zusammenschluss von Menschen, die einen engen Bezug zur Informatik haben und sich für dieses Fachgebiet mit all seinen Facetten und Anwendungsgebieten interessieren. Sie ist die Fachgesellschaft für Informatik im deutschsprachigen Raum. Als solche setzt sie sich für die Interessen der Informatik in Wissenschaft, Öffentlichkeit und Politik ein.«[01]

Gegründet wurde die GI im Jahre 1969. Sie stand in der Tradition technisch-wissenschaftlicher Vereinigungen wie der Deutschen Mathematikervereinigung (DMV), der Deutschen Physikalischen Gesellschaft (DPG), der Gesellschaft für Angewandte Mathematik und Mechanik (GAMM) oder der Nachrichten-technischen Gesellschaft (NTG).[02] Insbesondere die beiden letztgenannten Organisationen griffen Themen der heutigen Informatik auf, indem sie bei-spielsweise 1955 eine Tagung Elektronische Rechenanlagen und Informations-verarbeitung organisierten.

1967 gründete das Bundesministerium für wissenschaftliche Forschung einen Fachbeirat[03] für Datenverarbeitung. Dieser Fachbeirat unterstützte die Bundesregierung insbesondere bei der Ausarbeitung und Durchführung des Programms für die Förderung der Forschung und Entwicklung auf dem Gebiet der Datenverarbeitung für öffentliche Aufgaben. Auch das Thema eines eigenen neuen Studiengangs Informatik wurde in Ausschüssen des Fachbei-rates behandelt. Als in diesem Zusammenhang deutlich wurde, dass es über-regionaler koordinierter Zusammenarbeit bedurfte, um Informatik als Fach in der Hochschullandschaft zu etablieren, kam es im Herbst 1969 zur Grün-dung der GI.

Damals formulierten die Gründungsmitglieder den Zweck des Vereins wie folgt: »Der Verein ist eine wissenschaftliche Gesellschaft auf gemeinnüt-ziger Basis mit dem Zweck, den wissenschaftlichen Fortschritt auf dem Ge-biet der Informatik zu fördern«.[04] In den Jahrzehnten, die bis zu der eingangs zitierten – deutlich umfassenderen – Selbstdarstellung vergingen, erwei-terte die GI ihr Themenspektrum entsprechend der wachsenden Bedeutung der Informatik.

In der Darstellung der Geschichte der GI werden die folgenden wichti-gen Entwicklungen immer wieder betont: Die Ausbildung von Fachgruppen, um die vielfältigen Themen der Informatik angemessen betreuen zu können;[05] die Herausgabe regelmäßiger Publikationen; die Öffnung für nicht wissen-schaftliche Bereiche – auch Informatiker, die bei Herstellern und Anwendern

01   GI, 2014
02   vgl. ausführlich in Brauer, 1982,
      S. 141 ff
03   ebd., S. 142 ff
04   ebd., S. 143
05   ebd., S. 144

tätig sind, werden durch die GI angesprochen;[06] die Regionalisierung durch die Bildung von Regionalgruppen; die vermehrte Präsenz in den Medien, um Themen der Informatik einer breiten Öffentlichkeit nahe zu bringen; sowie intensivere Aktivitäten zur Beratung der Politik.[07]

Struktur

Die GI unterscheidet bei ihren Mitgliedern zwischen ordentlichen Mitgliedern, kooperativen Mitgliedern und assoziierten Mitgliedern. Zählte die GI in ihrem Gründungsjahr 1969 knapp 80 persönliche Mitglieder, so sind es im Jahr 2014 ca. 20.000.[08] Nach eigener Darstellung ist die GI damit die größte Fachgesellschaft der Informatik im deutschsprachigen Raum. Ordentliches Mitglieder der GI kann werden, wer »in der Informatik tätig ist, sich in Studium oder Ausbildung befindet oder an der Informatik interessiert ist.«[09] Bei den kooperativen Mitgliedern handelt es sich um Unternehmen, Körperschaften, Behörden oder wissenschaftliche Institute. Viele Hochschulen befinden sich unter den ca. 300[10] kooperativen Mitgliedern der GI.

An der Spitze der GI steht der Präsident, der die Gesellschaft nach außen vertritt und gemeinsam mit dem ehrenamtlichen Vorstand leitet. Zur zentralen Leitung gehört das ebenfalls ehrenamtlich tätige Präsidium, dem die Richtlinienkompetenz für die GI obliegt und wo Beschlüsse zu Stellungnahmen oder Empfehlungen der GI getroffen werden.[11]

Die an der fachlichen Mitwirkung interessierten Mitglieder der GI können sich zahlreichen Gruppen anschließen, die sowohl regional als auch fachlich organisiert sind.

Regionalgruppen arbeiten themenübergreifend in ihren jeweiligen Regionen, wo sie unter anderem über regelmäßige Veranstaltungen mit Vorträgen den Kontakt und Austausch zwischen Informatikern unterschiedlicher Bereiche – Wissenschaft, Wirtschaft, Verwaltung – fördern.[12]

Die Themenarbeit in der GI ist über Fachbereiche organisiert, die wiederum die Arbeit von Fachausschüssen, Fachgruppen und Arbeitskreisen überregional zusammenfassen. Sie organisieren den Austausch über Zusammenkünfte wie Tagungen, aber auch über die Veröffentlichungen eigener Zeitschriften. Beispiele für Fachbereiche der GI sind: Grundlagen der Informatik, Künstliche Intelligenz, Softwaretechnik, Mensch-Maschine Interaktion und auch Informatik und Gesellschaft.[13]

Ziele

Entsprechend ihres Selbstverständnisses als Fachgesellschaft sind die Ziele der GI auf die Informatik als Fach fokussiert. In der Selbstdarstellung ist es wie folgt formuliert: »Die Gesellschaft für Informatik e.V. (GI) wurde 1969 in Bonn mit dem Ziel gegründet, die Informatik zu fördern. Sie verfolgt ausschließlich gemeinnützige Zwecke. Diese werden erreicht durch:

- Unterstützung der fachlichen und beruflichen Arbeit von Informatikern und Informatikerinnen
- Herausgabe und Förderung von Fachpublikationen
- Mitwirkung im Vorfeld politischer Planung und Gesetzgebung zur Forschungs-, Bildungs- und Technologiepolitik
- Abgabe von öffentlichen Empfehlungen und Stellungnahmen zur Informatik
- Förderung des wissenschaftlichen Nachwuchses und Ausrichtung von Informatik- Wettbewerben
- Förderung von in der Informatik tätigen Frauen mit dem Ziel ihrer faktischen Gleichstellung
- Bereitstellung fachlicher Kommunikationsforen durch Veranstaltung von Arbeitstreffen, Fachtagungen, Kongressen und Ausstellungen
- Mitwirkung im Bereich von Normen, Standards und Validierungen
- Zusammenarbeit mit nationalen und internationalen Vereinigungen«[14]

06   Krückenberg, 1989, S. 243
07   Glatthaar, 1994, S. 207
08   GI, 2014
09   ebd.
10   ebd.
11   GI, 2014a, §§ 7 und 8
12   GI, 2014
13   ebd.
14   ebd.

Aktivitäten

Zur Erreichung der genannten Ziele unternimmt die GI zahlreiche Aktionen. So ist sie bspw. seit 1980 Mitorganisatorin des Bundeswettbewerbs Informatik, der sich an Jugendliche bis 21 Jahre richtet. Ebenso unterstützt die GI eine Initiative, Informatik zum Pflichtfach der Sekundarstufe I in allen Schulformen zu machen.[15] Die 2012 gestartete Plakataktion »Wir sind Informatik« präsentiert wichtige Persönlichkeiten der Informatik einer breiteren Öffentlichkeit. Das erste Plakat war Alan Turing gewidmet, es folgten unter anderem Ada Lovelace, Steve Jobs, Linus Torvalds, Konrad Zuse und Josef Weizenbaum.

Zu aktuellen Themen nimmt die GI durch Veröffentlichungen Stellung, die auch konkrete Handlungsempfehlungen beinhalten können: Im Herbst 2013 präsentiert die GI gemeinsam mit dem Fraunhofer-Verbund IUK-Technologie der Bundesregierung Handlungsempfehlungen für das Thema Big Data.[16] An alle Bürger wendet sich die GI im Kontext des NSA-Skandals und empfiehlt die Verschlüsselung von E-Mails.[17]

Immer wieder erarbeiten Arbeitsgruppen der GI Richtlinien, die für die Informatik als Ganzes handlungsanleitend sein sollen. Ein prominentes Beispiel sind die ethischen Leitlinien, die die GI erstmals 1994 beschlossen hat. Sie sind durch die Mitglieder bestätigt und im Jahre 2004 aktualisiert und überarbeitet worden. Die Leitlinien sind in Form von dreizehn Artikeln formuliert, die unterschiedliche Adressaten haben:

- Die Artikel 1 bis 4 richten sich an alle Mitglieder der GI
- Die Artikel 5 bis 7 richten sich insbesondere an Mitglieder in Führungspositionen
- Die Artikel 8 und 9 richten sich an Mitglieder, die in Lehre und Forschung tätig sind
- Die Artikel 10 bis 13 richten sind Selbstverpflichtungen der GI als Organisation

Im Folgenden sind alle dreizehn Leitlinien zusammen mit Erklärungen aus dem Original aufgeführt:[18]

1. Fachkompetenz: »Vom Mitglied wird erwartet, dass es seine Fachkompetenz nach dem Stand von Wissenschaft und Technik ständig verbessert.«

2. Sachkompetenz und kommunikative Kompetenz: »Vom Mitglied wird erwartet, dass es seine Fachkompetenz hin

zu einer Sach- und kommunikativen Kompetenz erweitert, sodass es die seine Aufgaben betreffenden Anforderungen an die Datenverarbeitung und ihre fachlichen
Zusammenhänge versteht sowie die Auswirkungen von
Informatiksystemen im Anwendungsumfeld beurteilen
und geeignete Lösungen vorschlagen kann. Dazu bedarf
es der Bereitschaft, die Rechte und Interessen der verschiedenen Betroffenen zu verstehen und zu berücksichtigen. Dies setzt die Fähigkeit und Bereitschaft voraus,
an interdisziplinären Diskussionen mitzuwirken und diese
gegebenenfalls aktiv zu gestalten.«

3   Juristische Kompetenz: »Vom Mitglied wird erwartet,
dass es die einschlägigen rechtlichen Regelungen kennt,
einhält und gegebenenfalls an ihrer Fortschreibung mitwirkt.«

4   Urteilsfähigkeit: »Vom Mitglied wird erwartet, dass es
seine Urteilsfähigkeit entwickelt, um als Informatikerin
oder Informatiker an Gestaltungsprozessen in individueller und gemeinschaftlicher Verantwortung mitwirken zu können.«

5   Arbeitsbedingungen: »Vom Mitglied in einer Führungsposition wird zusätzlich erwartet, dass es für Arbeitsbedingungen und Weiterbildungsmöglichkeiten Sorge trägt,
die es Informatikerinnen und Informatikern erlauben,
ihre Aufgaben nach dem Stand der Technik auszuführen
und die Arbeitsergebnisse zu evaluieren.«

6   Organisationsstrukturen: »Vom Mitglied in einer Führungsposition wird zusätzlich erwartet, aktiv für Organisationsstrukturen und Möglichkeiten zur Diskussion
einzutreten, die die Übernahme individueller und gemeinschaftlicher Verantwortung ermöglichen.«

---

15   GI, 2014
16   ebd.
17   ebd.
18   GI, 2004

7 Beteiligung: »Vom Mitglied in einer Führungsposition wird zusätzlich erwartet, dass es dazu beiträgt, die von der Einführung von Informatiksystemen Betroffenen an der Gestaltung der Systeme und ihrer Nutzungsbedingungen angemessen zu beteiligen. Von ihm wird insbesondere erwartet, dass es keine Kontroll- und Überwachungstechniken ohne Unterrichtung und Beteiligung der Betroffenen zulässt.«

8 Lehre: »Vom Mitglied, das Informatik lehrt, wird zusätzlich erwartet, dass es die Lernenden auf deren individuelle und gemeinschaftliche Verantwortung vorbereitet und selbst hierbei Vorbild ist.«

9 Forschung: »Vom Mitglied, das auf dem Gebiet der Informatik forscht, wird zusätzlich erwartet, dass es im Forschungsprozess die allgemeinen Regeln des guten wissenschaftlichen Arbeitens einhält.«

10 Zivilcourage: »Die GI ermutigt ihre Mitglieder in Situationen, in denen ihre Pflichten gegenüber Arbeitgebern oder Kundenorganisationen in Konflikt mit der Verantwortung gegenüber anderweitig Betroffenen stehen, mit Zivilcourage zu handeln.«

11 Soziale Verantwortung: »Die GI unterstützt den Einsatz von Informatiksystemen zur Verbesserung der lokalen und globalen Lebensbedingungen. Informatikerinnen und Informatiker tragen Verantwortung für die sozialen und gesellschaftlichen Auswirkungen ihrer Arbeit; sie sollen durch ihren Einfluss auf die Positionierung, Vermarktung und Weiterentwicklung von Informatiksystemen zu ihrer sozial verträglichen Verwendung beitragen.«

12 Mediation: »Die GI übernimmt Vermittlungsfunktionen, wenn Beteiligte in Konfliktsituationen diesen Wunsch an sie herantragen.«

13 Interdisziplinäre Diskurse: »Die GI initiiert und fördert interdisziplinäre Diskurse zu ethischen und sozialen Problemen der Informatik; deren Ergebnisse werden veröffentlicht.«

Branchenverband BITKOM

Entstehungsgeschichte

Im Herbst 1999 wird der Branchenverband BITKOM als Interessensvertretung von IT-Unternehmen gegründet. Sein vollständiger Name lautet: Bundesverband Informationswirtschaft, Telekommunikation und neue Medien e.V. In der Entstehungsgeschichte des BITKOM gibt es einige Parallelen zu der Entstehungsgeschichte der GI. Wie bei der GI spielt auch bei der Gründung des Branchenverbandes BITKOM der Wunsch nach Konsolidierung eine entscheidende Rolle: Die Interessensvertretung der in der IT-Branche tätigen Unternehmen war verteilt über unterschiedliche Verbände, die eine einheitliche Interessensvertretung aus Sicht der damals handelnden Personen so nicht gewährleisten konnten. Der erste Präsident des BITKOM, Volker Jung, formuliert die Motivation zur Gründung eines eigenständigen IT-Branchenverbandes wie folgt: »Die Branche hat inzwischen eine Größe und ein Selbstbewusstsein erreicht, die sich über einen Fachverband nicht mehr abbilden lassen. Die ITK-Branche erzielte im vergangenen Jahr allein in Deutschland Umsätze von 205 Milliarden Mark. Bereits in wenigen Jahren werden 300 Milliarden Mark umgesetzt. Hiermit ist die ITK-Industrie der bei weitem größte Wirtschaftssektor, größer als die Elektroindustrie oder der Maschinenbau. [...] Die ITK-Branche braucht einen eigenständigen, starken Verband, der ihre Interessen fokussiert und mit Nachdruck vertritt. Das ist nur in einer Struktur möglich, wie sie der Bitkom bietet.«[19] Entstanden ist der BITKOM durch die Fusion bereits existierender Verbände und Fachgruppen:[20]

- Gemeinsamer Fachverband Informationstechnik (FVIT) des Verbands Deutscher Maschinen- und Anlagenbau e.V. (VDMA) und des Zentralverbands Elektrotechnik- und Elektronikindustrie e.V. (ZVEI)
- Fachverband Kommunikationstechnik des ZVEI
- Bundesverband Informations- und Kommunikationssysteme (BVB)
- Bundesverband Informationstechnologien (BVIT)

19   Industrieanzeiger, 2014
20   Lang, 2006, S. 12

Struktur

Da der BITKOM ein Branchenverband ist, der die Interessen von Unternehmen vertritt, sind seine Mitglieder in der Regel auch keine natürlichen Personen, sondern Unternehmen. Ordentliches Mitglied werden können Unternehmen, die in den Bereichen Informationswirtschaft, Telekommunikation, neuen Medien oder Internetwirtschaft tätig sind und eine Betriebsstätte in Deutschland haben. Nach eigener Darstellung sind im Jahr 2013 ca. 1.200 Unternehmen direkte Mitglieder des BITKOM.[21]

Das oberste Organ des BITKOM ist die Mitgliederversammlung, die in der Regel alle zwei Jahre tagt. Sie »beschließt über alle grundsätzlichen den BITKOM betreffenden Fragen«[22] und wählt den Hauptvorstand. Der Hauptvorstand besteht aus mindestens fünf und maximal 100 Personen, die in der Regel Inhaber, Vorstände oder Geschäftsführer von Mitgliedsunternehmen sind. Aus seinen Reihen wählt der Hauptvorstand ein Präsidium, das insbesondere den Präsidenten und Vizepräsidenten stellt.

Die fachliche und politische Arbeit des BITKOM findet in Gremien statt, die vom Präsidium eingesetzt und auch wieder aufgelöst werden können. Mitarbeiter des BITKOM arbeiten gemeinsam mit Mitarbeitern aus den Mitgliedsunternehmen. Diese Gremien sind als Arbeitskreise oder Fachausschüsse, Foren und Lenkungsausschüsse organisiert. Sie sind thematisch gruppiert und einem von zwei Geschäftsbereichen zugeordnet:

- Geschäftsbereich 1 heißt Politik & Wirschaft und beinhaltet Themen wie Mittelstand, Recht & Steuern, Public Sector, Telekommunikation & Medien, Social Media & Web 2.0, Wirtschafts & Innovationspolitik, Bildung & Personal, Marketing, Messen & Vertrieb.
- Geschäftsbereich 2 heißt Märkte & Technologien und beinhaltet Themen wie Sicherheit, IT-Services, Software, Enterprise Content Management (ECM), IT-Infrastruktur & Digital Office, Umwelt & Nachhaltigkeit, oder Intelligente Netze.[23]

Insgesamt gibt es um die 100 Arbeitskreise und Fachausschüsse, die in dieser Struktur arbeiten. So ist beispielsweise der Arbeitskreis e-Health dem Thema Public Sector im Geschäftsbereich 1 zugeordnet, während der Arbeitskreis Open Source unter dem Thema Software im Geschäftsbereich 2 angesiedelt ist.

Ziele

BITKOM bezeichnet sich selbst als »das Sprachrohr der IT-, Telekommunikations- und Neue-Medien-Branche«.[24] Seinen Zweck als Verband hat der BITKOM in seiner Satzung wie folgt formuliert: »Der BITKOM vertritt die gemeinsamen wirtschaftlichen, rechtlichen, gewerblichen, technischen und wissenschaftlichen Interessen der Anbieter von Produkten, Software und Dienstleistungen der Informationswirtschaft, der Telekommunikation, der neuen Medien und der Internetwirtschaft gegenüber Politik, Wirtschaft und Öffentlichkeit auf deutscher, europäischer und globaler Ebene. Der BITKOM vertritt darüber hinaus die gemeinsamen Interessen der in diesem Bereich tätigen Verbände bei Wahrung der gesetzlichen Wettbewerbsordnung.«[25]

Unter dem Titel »Rahmenbedingungen verbessern« lautet ein erstes Ziel in der Selbstdarstellung des Branchenverbandes: »BITKOM will optimale politische und wirtschaftliche Rahmenbedingungen für die ITK-Branche erreichen. Dabei geht es insbesondere auch um eine Stärkung des ITK-Mittelstands und die Förderung von Innovationen – mit dem Ziel Wachstum und Beschäftigung in Deutschland zu schaffen.«[26]

Die Lobbyarbeit für IT-Unternehmen in der Politik fasst der BITKOM in folgendem Ziel zusammen: »Strategische ITK-Politik vorantreiben – BITKOM setzt sich für eine strategische ITK-Politik ein, die die Politikebenen von der EU über Bund und Länder bis zu den Kommunen umfasst. Zugleich will BITKOM die Politik dazu bewegen, ihre Maßnahmen in den erfolgskritischen Handlungsfeldern zu integrieren. Die Felder sind: Bildungspolitik, Forschungspolitik, Wachstumsfinanzierung, Public Sector, Standort- und Arbeitsmarktpolitik.«[27] Schließlich setzt sich der BITKOM zum Ziel, seinen Mitgliedern einen »exzellenten Service« zu bieten.[28]

21	BITKOM, 2014
22	ebd.
23	ebd.
24	ebd.
25	BITKOM, 2014a
26	BITKOM, 2014
27	ebd.
28	ebd.

Aktivitäten

In seiner Satzung benennt der BITKOM Kernaktivitäten:

- »die politische Interessenvertretung in Bund und Ländern,
- die Interessenvertretung im Rahmen europäischer und internationaler Verbände sowie direkt gegenüber internationalen Organisationen,
- die Vertretung der Branche in der Öffentlichkeit durch aktive Pressearbeit und Marketing,
- die Vertretung der Branche gegenüber Messegesellschaften, anderen Verbänden und gesellschaftlichen Akteuren,
- die Organisation eines permanenten Austauschs zwischen Fach- und Führungskräften der Branche und die Bereitstellung von Kooperationsplattformen für die Mitglieder,
- die Information der Mitglieder über relevante Entwicklungen,
- die Förderung der technologischen Entwicklung und der Standardisierung,
- die Förderung und Entwicklung von Märkten der Informations- und Kommunikationswirtschaft,
- Kooperationen mit Unternehmen aus weiteren Branchen, die ITK anwenden oder als Teil ihrer Produkte und Lösungen selbst entwickeln.«[29]

Für (Mitglieds-)Unternehmen bietet der BITKOM Veranstaltungen und Publikationen, die konkrete Empfehlungen zu aktuellen Themen enthalten. So gibt es bspw. einen Arbeitskreis Big Data, in dem über Technologien und Projektorganisation berichtet und diskutiert wird. In einem Forum zum Thema SEPA (Single European Payment Aera) können sich Unternehmen über die notwendigen Maßnahmen zur Umstellung ihres Zahlungsverkehrs informieren und beraten lassen.[30] Leitfäden veröffentlicht der BITKOM bspw. unter den folgenden Titeln: »Kompass der IT-Sicherheitsstandards aktualisiert«, »Leitfaden Management von Big-Data-Projekten« oder »Leitfaden für sicheres Cloud Computing«[31]

Auch an die Politik wendet sich der BITKOM mittels veröffentlichter Dokumente. So hat er 2009 bspw. ein Dokument unter dem Titel »Wachstumskräfte stärken, Die Hightech-Agenda für die 17. Wahlperiode« verfasst.[32] In Form von Veranstaltungen bietet der BITKOM sowohl Mitgliedsunternehmen als auch der Politik eine Plattform für den Austausch zu IT-relevanten Themen. Marktforschung ist ein Schwerpunktthema für den BITKOM. Regelmäßig veröffentlicht er Studien zur Nutzung von IT-Produkten aber auch zusammenfassend zweimal jährlich das Branchenbarometer.[33]

Ein Beispiel für die branchenweite Koordinierung von Themen durch den BITKOM ist das Thema Datenschutz. Ende 2010 entsteht unter Federführung des BITKOM der Entwurf eines Kodex für Geodatendienste.[34] Es geht hier um Dienste, die von der Straße aus aufgenommene Panoramabilder im Internet veröffentlichen. Anhand der Adressen sind diese Bilder dann öffentlich recherchierbar und zugreifbar. Google-Streetview ist ein bekanntes Beispiel. Insbesondere in Deutschland sind solche Dienste aus Datenschutzgründen höchst umstritten. In dem Kodex verpflichten sich daher Firmen wie Cyclomedia, Deutsche Post DHL, Deutsche Telekom, Encourage Directories, Google, Microsoft, Nokia, Panolife auf ein einheitliches und einfaches Verfahren mittels dessen alle Bürger zum einen Informationen über die Dienste einholen können und zum anderen Widerspruch gegen die unverpixelte Darstellung von Personen, Autos und Häusern einlegen können. Der Kodex wird in Form der Internetplattform http://www.geodatendienstekodex.de/ (gesichtet am 17. Januar 2014) umgesetzt. Es ist eine durchgängige Strategie des BITKOM, Selbstverpflichtungen der Unternehmen zu organisieren, um so die Entstehung neuer Gesetze zu vermeiden, die aus Sicht des BITKOM Innovationen in Deutschland verhindern können. Dieter Kempf, Präsident des BITKOM, formuliert das wie folgt: »Wir brauchen nicht für jeden Dienst ein neues Gesetz, müssen aber flexibel und schnell Regeln für innovative Produkte und Anwendungen entwickeln […] Wir wollen die Kontrolle der Verbraucher über ihre Daten sicherstellen, ohne die Innovationskraft der ITK-Branche durch unnötige bürokratische Hürden zu bremsen.«[35] Der BITKOM verfolgt diese Strategie gemeinsam mit dem von ihm mitbegründeten Verein Selbstregulierung Informationswirtschaft e.V. (SRIW).

29   BITKOM, 2014a
30   BITKOM, 2014
31   ebd.
32   BITKOM, 2009
33   BITKOM, 2014
34   BITKOM, 2010
35   BITKOM, 2014

Weitere Organisationen

In diesem Abschnitt werden weitere Organisationen benannt, die in der Wahrnehmung der Gesellschaft Themen der Informatik in der öffentlichen Diskussion vertreten. Zum Teil sind diese Organisationen der Politik zuzuordnen.

Nationaler IT-Gipfel

Der nationale IT-Gipfel ist ein seit 2006 jährlich stattfindender Kongress, der vom Bundesministerium für Wirtschaft und Technologie ausgerichtet wird.[36] Unter Beteiligung von Politik, Wirtschaft und Wissenschaft werden auf dem IT-Gipfel Konzepte für die Weiterentwicklung der IKT-Strategie der Bundesregierung erarbeitet. Ziel ist es dabei, die Potenziale der Informations- und Kommunikationstechnologie (IKT) für Wachstum und Beschäftigung zu erschließen und so den IKT-Standort Deutschland zu stärken. Bisherige nationale IT-Gipfel und zentrale Themen waren:

— Auf dem ersten IT-Gipfel (2006, Potsdam) wurde mit der Potsdamer Erklärung ein 12-Punkte-Plan aufgestellt, in dem die Bedeutung der IT-Branche für die deutsche Wirtschaft formuliert wurde.

— Zentrales Thema auf dem zweiten IT-Gipfel (2007, Hannover) war die Ernennung eines Beauftragten der Bundesregierung für die Informationstechnik (»Bundes-CIO«).

— Auf dem dritten IT-Gipfel (2008, Darmstadt) wurde ein Aktionsplan zum Thema Green IT erarbeitet.

— Die Erklärung des vierten IT-Gipfels (2009, Stuttgart) stand unter dem Motto Vernetzt die digitale Zukunft gestalten und bildet die Grundlage für die geplante neue IKT-Strategie der Bundesregierung.

— Der fünfte IT-Gipfel (2010, Dresden) beschäftigt sich mit der Umsetzung der kurz zuvor verabschiedeten IKT-Strategie Deutschland Digital 2015. Unter der Überschrift Netze und Köpfe wurden die Entwicklung der Breitbandstrategie und die Vereinfachung der Zuwanderung qualifizierter Arbeitskräfte als zentrale Themen benannt.

- Der sechste IT-Gipfel (2011, München) stellt besonders die Herausforderungen bei dem Aufbau moderner IKT-Infrastrukturen, die Digitalisierung und Vernetzung von Wirtschaft und Verwaltung sowie Sicherheit und Vertrauen in der digitalen Welt heraus. Diese werden unter dem Motto vernetzt, mobil, smart zusammengefasst.
- Themen des siebten IT-Gipfels (2012, Essen) waren junge IT-Unternehmen, intelligente Netze und mobile Sicherheit. Der Gipfel stand unter dem Motto digitalisieren, vernetzen, gründen.
- Der achte nationale IT-Gipfel wurde auf Grund der anhaltenden Koalitionsverhandlungen auf das Jahr 2014 verschoben.

Zwischen den Veranstaltungen werden die als relevant identifizierten Themen in Arbeitsgruppen weiterentwickelt. Zurzeit existieren Arbeitsgruppen zu den Themen IKT-Standort Deutschland, Digitale Infrastrukturen, Bildung und Forschung, Sicherheit und Vertrauen, IT-Angebote des Staates, mobile Gesellschaft sowie E-Health. Über die Aktivitäten der Arbeitsgruppen berichtet laufend der IT-Gipfelblog.[37] Dieser enthält auch die Dokumentation der bisherigen Veranstaltungen. Der nationale IT-Gipfel hat hohe Aufmerksamkeit in der Öffentlichkeit, da stets hochrangige Persönlichkeiten, darunter auch die Bundeskanzlerin, an der Veranstaltung teilnehmen. Zudem ist er Wegweiser für die Weiterentwicklung relevanter IKT-Themen und die Ausgestaltung der IT-Strategien der Bundesregierung.

X.IV.II # Piratenpartei Deutschland

Auch im Bereich der Parteien spielt die Diskussion um Informatikthemen eine zunehmend wichtige Rolle. Eine Partei, die sich in ihrem politischen Handeln stark auf diese Themen konzentriert, ist die 2006 in Berlin gegründete Piratenpartei Deutschland. Für die Piratenpartei Deutschland sind Informationstechnik und Wissensgesellschaft zentrale Themen des Parteiprogramms.

36   IT-Gipfel, 2014
37   IT-Gipfelblog, 2014

Die Partei selbst stellt ihre Politik so dar: »Die Piratenpartei umspannt alle gesellschaftlichen Schichten und gehört keinem traditionellen politischen Lager an. Piraten arbeiten themen- und lösungsorientiert an den Problemstellungen der Gegenwart und Zukunft. Wir wollen die Freiheit des Einzelnen bewahren. Der Schutz der Privatsphäre und die Gerechtigkeit in einer modernen Welt sind hohe Güter, welche wir energisch einfordern. Grundlegend wichtig sind für uns Bildung, Wissen und Kultur sowie der freie Zugang dazu. Wir stehen für die Mitbestimmung der Bürger an den Entscheidungen der Politik. Verwaltungen müssen transparenter handeln. Informationelle Selbstbestimmung und Datensparsamkeit zum Schutz jedes Einzelnen sind wichtige Elemente unserer Politik. Nachhaltiger Umgang mit den natürlichen Ressourcen und eine dem Gemeinwohl dienende Infrastruktur sind nach unserer Ansicht für uns Bürger zukunftsentscheidend. Die digitale Revolution bietet progressive Möglichkeiten für unsere Demokratie, die wir breit etablieren werden. Die Grundlage für all dies ist das ›Recht auf sichere Existenz und gesellschaftliche Teilhabe‹.«[38]

Diese Politik wird laufend im Grundsatzprogramm niedergeschrieben. So werden im aktuellsten Grundsatzprogramm der Partei,[39] das im Rahmen des Bundestagswahlkampfes 2013 entwickelt wurde, Themen wie Urheberrecht und nicht-kommerzielle Vervielfältigung, freie, demokratisch kontrollierte technische Informatikstruktur, Teilhabe am digitalen Leben sowie Privatsphäre und Datenschutz benannt. Die Piratenpartei Deutschland thematisiert nicht nur Themen der IKT und Wissensgesellschaft, sondern lebt dies auch in ihrem Verständnis von der Funktionsweise politischer Prozesse Prozesses. So werden beispielsweise Wikis und Foren zur Entwicklung der Grundsatz- und Wahlprogramme genutzt, an denen sich jeder beteiligen kann. Von zentraler Bedeutung ist dabei der Begriff der Liquid Democracy, d. h. einer Verflüssigung bzw. Beschleunigung von Prozessen der politischen Willensbildung. Ziel dabei ist es, der Basis mehr direkte Demokratie zu ermöglichen. Mit der Software Liquid Feedback (http://www.liquidfeedback.org) steht eine digitale Form der direkten Demokratie zur Verfügung, die der Möglichkeit eines schnellen Informationsflusses im Computerzeitalter Rechnung tragen sollen. Die bislang größten Erfolge hatte die Partei in den Jahren 2011 und 2012 mit dem Einzug der Partei in vier Landesparlamente. Die Mitgliederzahl stieg in dieser Zeit auf 20.000. Im Jahr 2013 wurde dann allerdings der Einzug in drei Landesparlamente sowie den Bundestag verpasst. Besonders in den erfolgreichen Jahren hat es die Piratenpartei Deutschland geschafft, Themen der IKT und Wissensgesellschaft stärker in die politische Diskussion und das Bewusstsein einer breiten Bevölkerung zu bringen.

X.IV.III Chaos Computer Club e.V. (CCC)

Der Chaos Computer Club e.V. (CCC) besteht seit 1981 und beschreibt sich selbst als »größte europäische Hackervereinigung und seit über dreißig Jahren Vermittler im Spannungsfeld technischer und sozialer Entwicklungen. Die Aktivitäten des Clubs reichen von technischer Forschung und Erkundung am Rande des Technologieuniversums über Kampagnen, Veranstaltungen, Politikberatung, Pressemitteilungen und Publikationen bis zum Betrieb von Anonymisierungsdiensten und Kommunikationsmitteln. [...] Außerdem fordert und fördert er den Spaß am Gerät und lebt damit die Grundsätze der Hackerethik.«[40] Unter der Hackerethik formuliert der CCC folgende »ethischen Grundsätze des Hackens – Motivation und Grenzen:

- Der Zugang zu Computern und allem, was einem zeigen kann, wie diese Welt funktioniert, sollte unbegrenzt und vollständig sein.
- Alle Informationen müssen frei sein.
- Mißtraue Autoritäten – fördere Dezentralisierung.
- Beurteile einen Hacker nach dem, was er tut, und nicht nach üblichen Kriterien wie Aussehen, Alter, Herkunft, Spezies, Geschlecht oder gesellschaftliche Stellung.
- Man kann mit einem Computer Kunst und Schönheit schaffen.
- Computer können dein Leben zum Besseren verändern.
- Mülle nicht in den Daten anderer Leute.
- Öffentliche Daten nützen, private Daten schützen.«[41]

38   Piratenpartei, 2014
39   Piratenpartei, 2014a
40   CCC, 2014
41   CCC, 2014a

Aktuelle Themen, die teilweise über mehrere Jahre bearbeitet werden, sind beispielsweise Biometrie und DNA-Datensammlungen, Elektronische Gesundheitskarte, Staatstrojaner, Vorratsdatenspeicherung oder Wahlcomputer. Der CCC e.V. hat nach eigenen Angaben derzeit ca. 3600 Mitglieder und ist als eingetragener Verein mit Sitz in Hamburg bundesweit tätig. Seit 1984 veranstaltet der CCC jährlich den Chaos Communication Congress. Für Diskussionen vor Ort sind die zurzeit 23 Erfahrungsaustauschkreise (Erfa-Kreise) zuständig. Sie organisieren regelmäßige öffentliche Veranstaltungen, informieren auf ihren Webseiten und beantworten Anfragen.

Durch öffentlichkeitswirksame Aktionen wie dem BTX-Hack (1984), und weitere Hacks bei NASA (1986), KGB (1989) oder der GSM-Karten (1998), der Manipulation niederländischer Wahlcomputer (2006) und der Veröffentlichung des Staatstrojaners (2011) ist der CCC eine bekannte Organisation, die gesellschaftliche Auswirkungen technischer Entwicklungen demonstriert.

FifF e. V.

Eine weitere Organisation, die sich ähnlich lang wie der CCC mit der gesellschaftlichen Auswirkung von Informationstechnik beschäftigt, ist das Forum InformatikerInnen für Frieden und gesellschaftlicher Verantwortung e.V. (FifF). Das FifF ging 1984 aus der Friedensbewegung hervor und ist ein gemeinnütziger Verein für Personen, die sich in Wissenschaft und Praxis mit Informationstechnik befassen. Dabei geht es insbesondere um die Betrachtung der Konsequenzen und der gesellschaftlichen Rolle der Informationstechnik. Das FifF formuliert seine Ziele so: »Wir wollen, dass Informationstechnik im Dienst einer lebenswerten Welt steht. Deshalb

- warnen wir die Öffentlichkeit vor Entwicklungen in unserem Fachgebiet, die wir für schädlich halten;
- setzen wir möglichen Gefahren eigene Vorstellungen entgegen;
- kämpfen wir gegen den Einsatz der Informationstechnik zur Kontrolle und Überwachung;
- engagieren wir uns für eine Abrüstung der Informatik in militärischen Anwendungen;
- fördern wir die Entwicklung von ökologisch verträglichen

> Wirtschaftskreisläufen mit Hilfe von Informationstechnik;
> — unterstützen wir die menschengerechte Gestaltung von Arbeitsprozessen;
> — setzen wir uns bei Gestaltung und Nutzung der Informationstechnik für die Gleichberechtigung von Menschen
> — arbeiten wir gegen die Benachteiligung von Frauen in der Informatik;
> — wehren wir uns gegen jegliche rassistische und sexistische Nutzung oder andere diskriminierende Nutzung der Informationstechnik;
> — setzen wir der Vorherrschaft der Ökonomie eine humane und ökologische Orientierung entgegen.«[42]

Das FifF hat nach eigenen Angaben derzeit rund 700 Mitglieder aus Wissenschaft und Praxis. Es ist als Verein mit Geschäftsstelle in Bremen organisiert. Themendiskussionen vor Ort werden von Regionalgruppen in Bremen, Hamburg, Köln, München und Frankfurt organisiert. Das FifF gibt die vierteljährlich erscheinende Zeitschrift FifF-Kommunikation heraus, organisiert jährlich eine Tagung und veröffentlicht Standpunkte zu ausgewählten Themen auf der Homepage. So wird ein Forum für eine kritische und lebendige Auseinandersetzung für Personen geboten, die sich aktiv an der Diskussion beteiligten oder sich informieren möchten.

X.V Zusammenfassung

In diesem Kapitel wurden mit der Gesellschaft für Informatik e.V. (GI) und dem Bundesverband Informationswirtschaft Telekommunikation und neue Medien e.V. (BITKOM) im Detail zwei Organisationen vorgestellt, die Themen der Informatik öffentlich vertreten. Dabei wurden für beide Organisationen deren Entstehungsgeschichte, Ziele, Struktur und Aktivitäten beschrieben. Es wurde deutlich, dass die GI ein breites Spektrum an Personen mit Bezug zur Informatik anspricht, während BITKOM ein Interessensvertreter der IT-Unternehmen ist.

42   FifF, 2014

Zusätzlich wurde auf vier weitere Organisationen eingegangen, die maßgeblich das Bild der Informatik in der Gesellschaft bzw. der Öffentlichkeit prägen. In der politischen Diskussion ist das zum einen der nationale IT-Gipfel, der als Wegweiser für die Weiterentwicklung relevanter IKT-Themen und die Ausgestaltung der IT-Strategien der Bundesregierung gelten kann, und zum anderen die Piratenpartei Deutschland, die sich in ihrem Programm verstärkt um IT-Themen kümmern. Mit dem Chaos Computer Club e.V. (CCC) und dem Forum InformatikerInnen für Frieden und gesellschaftlicher Verantwortung e.V. (FifF) wurden schließlich Organisationen benannt, die sich um die gesellschaftliche Verantwortung von InformatikerInnen und Auswirkungen von IT-Systemen kümmern.

X.VI   Fragen zur Wiederholung

1 Wie beschreibt die Gesellschaft für Informatik (GI) sich selber?

2 Wer kann ordentliches Mitglied der GI werden?

3 Benennen Sie die ethischen Leitlinien der GI, die für alle Mitglieder gelten.

4 Wessen Interessen vertritt der Bundesverband Informationswirtschaft, Telekommunikation und neue Medien e.V. (BITKOM)?

5 Wer sind die Mitglieder des BITKOM und wer sind die Mitglieder des Hauptvorstands?

6 Was ist der nationale IT-Gipfel?

7 Was verbindet die Piratenpartei Deutschland und die Betrachtung von IT-Systemen?

8 Nennen Sie beispielhaft drei Kampagnen, mit denen der CCC über Missbrauchsmöglichkeiten und damit verbundene negative Auswirkungen demonstriert hat.

9 Wofür steht FifF?

Zum Nachdenken / Zur Diskussion

1 Lesen Sie das Fallbeispiel Biometrie aus den Gewissens-bissen.[43] Welche der ethischen Leitlinien der GI sind für dieses Beispiel relevant? Benennen Sie eine Leitlinie, die Ihnen besonders wichtig ist. Wie würden Sie persönlich diese Leitlinie in dem Fallbeispiel umsetzen?

2 Schauen Sie sich die Webseite http://www.geodatendiens-tekodex.de/ an; geben Sie Ihnen bekannte Adressen ein und prüfen Sie, welche Dienste Bilder zu diesen Adressen veröffentlichen. Wie gut ist der Schutzwürdigkeit Ihrer Daten durch diese Selbstverpflichtung der IT-Unterneh-men Ihrer Meinung nach Genüge getan? Welche Vor- und Nachteile sehen Sie bei solchen Selbstverpflichtun-gen im Vergleich zu gesetzlichen Regelungen?

Literatur

BITKOM (2014): Homepage. http://www.bitkom.org; gesichtet am 17. Januar 2014.

BITKOM (2014a): Satzung. http://www.bitkom.org/60376.aspx?url=BITKOM_Satzung_23.07.2013.pdf&mode=0&b=Mitglieder&bc=Mitglieder%7cMitglied+werden; gesichtet am 17. Januar 2014.

BITKOM (2013): ITK-Branche will mehr Verantwortung beim Datenschutz zeigen. http://www.bitkom.org/de/presse/8477_75467.aspx; gesichtet am 17. Januar 2014.

BITKOM (2010): BITKOM stellt Kodex für Geodatendienste vor. http://www.bitkom.org/de/themen/50792_66098.aspx; gesichtet am 17. Januar 2014.

BITKOM (2009): Wachstumskräfte stärken, Die Hightech-Agenda für die 17. Wahlperiode. http://www.bitkom.org/de/publikationen/38338_60091.aspx; gesichtet am 17. Januar 2014.

CCC (2014): Homepage. http://www.ccc.de/de/; gesichtet am 17. Januar 2014.

CCC (2014a): Hackerethik. http://www.ccc.de/de/hackerethik; gesichtet am 17. Januar 2014.

43 Weber-Wulff et al. (2009), S. 27 Oder: http://gewissensbits.gi.de/biometrie/; gesichtet am 19.11.2013

FifF (2014): Homepage. http://www.fiff.de/; gesichtet am 17. Januar 2014.

IT-Gipfel (2014): Nationaler IT-Gipfel. http://www.it-gipfel.de; gesichtet am 17. Januar 2014.

IT-Gipfelblog (2014): https://it-gipfelblog.hpi-web.de/; gesichtet am 17. Januar 2014.

Brauer, W. (1982): Zur Geschichte der Gesellschaft für Informatik. In: Angewandte Informatik 24. S. 140 – 145. (Enthalten in Krückeberg, 2001, S. 105 ff)

GI (2014): Homepage. http://www.gi.de/startseite.html; gesichtet am 17. Januar 2014.

GI (2014a): Satzung. http://www.gi.de/fileadmin/redaktion/Satzung/gi-satzung.pdf; gesichtet am 17. Januar 2014.

GI (2004): Ethische Leitlinien. Online verfügbar: http://www.gi-ev.de/fileadmin/redaktion/Ethische_Leitlinien/Ethische_Leitlinien.pdf; gesichtet am 17. Januar 2014.

Glatthaar, W. (1994): 25 Jahre GI. In: Informatik Spektrum 17. Heidelberg: Springer, S. 207 – 208. (Enthalten in Krückeberg, 2001, S. 129 ff)

Industrieanzeiger (2014): http://www.industrie-anzeiger. de/home/-/article/12503/28944378/%E2%80%9EWir-werden-nicht-nur-besser,-sondern-auch-kosteng%C3%BCnstiger-sein%E2%80%9D/art_co_INSTANCE_0000/maximized/; gesichtet am 17. Januar 2014.

Krückeberg, F. (1989): 20 Jahre GI. In: Informatik Spektrum 12. Heidelberg: Springer, S. 241 – 244. (Enthalten in Krückeberg, 2001, S. 121 ff)

Krückeberg, F. (2001): Die Geschichte der GI. Sonderdruck der 2. Auflage (2002). Online verfügbar: https://www.gi.de/fileadmin/redaktion/Mitglieder-Service/geschichte-der-gi.pdf; gesichtet am 17. Januar 2014.

Lang, A. (2006): Die Evolution sektoraler Wirtschaftsverbände, Informations- und Kommunikationsverbände in Deutschland, Großbritannien und Spanien. Wiesbaden: VS Verlag für Sozialwissenschaften.

Piratenpartei (2014): Homepage. http://www.piratenpartei.de/; gesichtet am 17. Januar 2014.

Piratenpartei (2014a): Politik. http://www.piratenpartei.de/politik/, gesichtet am 17. Januar 2014.

Weber-Wulff, D.; Class, Ch.; Coy, W.; Kurz, C., Zellhöfer, D. (2009): Gewissensbisse Ethische Probleme der Informatik. Bielefeld: transcript Verlag. Online verfügbar: http://gewissensbits.gi.de/; gesichtet am 17. Januar 2014.

A

Lösungen

1 **Definieren Sie Informatik aus zwei verschiedenen Blickwinkeln.** Einerseits wird Informatik verstanden als Wissenschaft, Technik und Anwendung der maschinellen Verarbeitung und Übermittlung von Informationen. Informatik umfasst Theorie, Methodik, Analyse und Konstruktion, Anwendung (und) Auswirkung des Einsatzes von Computern.

Andererseits betonen alternative Definitionen auch den Nutzungskontext eines IT-Systems und Auswirkungsaspekt eines IT-Systems und damit Themen von Informatik und Gesellschaft.

2 **Welche Teildisziplinen der Informatik werden unterschieden?** Es werden ursprünglich vier Disziplinen unterschieden:
1   theoretische Informatik
2   technische Informatik
3   praktische Informatik und
4   angewandte Informatik.
Informatik und Gesellschaft wird oft der praktischen Informatik zugeordnet.

3 **Beschreiben Sie die Disziplin »Informatik und Gesellschaft«.** Das wesentliche Ziel von Informatik und Gesellschaft ist es, die IT Systeme unter Einbezug der Kenntnisse aus der Informatik und der Anwendungsbereiche zu gestalten. Hierzu werden Methoden und Gestaltungsoptionen entwickelt, die die Analyse bestehender Systeme und deren Auswirkungen auf die Gesellschaft sowie zukünftige Gestaltung unter Berücksichtigung der gesellschaftlichen Bedingungen ermöglichen.

4 **Definieren Sie den Begriff »Gesellschaft«.** Gesellschaft ist definiert »als Gegenstand der Soziologie v. a. die territorial abgegrenzte Organisationsform zur Befriedigung und Sicherstellung der Lebensvollzüge einer größeren Menschengruppe.« (Springer Gabler Verlag 2).

5 **Welche Rolle spielt die Soziologie für Informatik und Gesellschaft?** Die Soziologie beschäftigt sich mit Struktur und Funktionsweise von Gesellschaften und das Handeln von Individuen in sozialen Kontexten. Das grundlegende Verständnis von Gesellschaften hilft Informatikern dabei einzuschätzen, was aus dem technisch Machbaren auch gesellschaftlich akzeptiert ist. Das Teilgebiet der Soziologie, das einen besonders engen Bezug zu Informatik und Gesellschaft hat, ist die Techniksoziologie, die sich mit Ursachen und Folgen der zunehmenden Informatisierung und Technisierung unserer Gesellschaft beschäftigt.

6 **Welche Rolle spielt die Psychologie für Informatik und Gesellschaft?** Die Psychologie erklärt das Verhalten, Erleben und Bewusstsein eines Menschen, seine Entwicklung über die Lebensspanne sowie die innere und äußere Ursachen für die Entwicklung. Dies ist für Informatiker wichtig für die Einschätzung, wie Arbeits- und Organisationsprozesse ablaufen oder Benutzerschnittstellen zu konzipieren sind.

1 **Welche drei Arten von Kommunikation können unterschieden werden?** Es werden die folgenden drei Arten unterschieden:

1 Computer-Computer Kommunikation,
2 Mensch-Computer Kommunikation,
3 Mensch-Mensch Kommunikation.

2 **Nennen Sie jeweils ein Beispiel für Verhalten, Handeln und soziales Handeln.**

- Verhalten → gähnen, niesen
- Handeln → schreiben, Auto fahren
- soziales Handeln → etwas aussprechen, jemandem die Hand schütteln

3 **Ordnen Sie die Personen Paul Watzlawick, Warren Weaver, Niklas Luhmann einer der besprochenen Perspektiven auf Kommunikation zu.**

- Paul Watzlawick
  → psychologische Perspektive;
- Warren Weaver
  → nachrichtentechnische Perspektive;
- Niklas Luhmann
  → soziologische Perspektive

4 **Beschreibung Sie die vier Seiten einer Nachricht nach Schulz von Thun in folgendem Beispiel: Ein Projektleiter sagt in einer Projektsitzung zu seinem Team: »Ich werde entscheiden, sobald fundierte Testergebnisse vorliegen.«** Ein Projektleiter sagt in einer Projektsitzung zu seinem Team: »Ich werde entscheiden, sobald fundierte Testergebnisse vorliegen.« Die vier Seiten der Kommunikation sind:

- Selbstoffenbarung: Entscheidung ist erst nach den Testergebnissen möglich.
- Sachinhalt: Eine Entscheidung findet statt, nachdem die Testergebnisse vorliegen.
- Beziehung: Ich traue Euch Teammitglieder zu, dass Ihr die Testergebnisse erstellen könnt.
- Appell: Liebe Teammitglieder, bitte erstellt schnell die Testergebnisse.

5 **Welche drei Selektionen werden in der soziologischen Perspektive auf Kommunikation unterschieden?** Die drei Selektionen in der soziologischen Perspektive sind:

- Selektion aus der Menge an Informationen
- Selektion bezüglich der Mitteilungsäußerung
- Selektion auf Empfängerseite

6 **Die folgenden Aussagen (1 – 7) beschreiben eine zusammenhängende Handlungssituation. Zur Vereinfachung nehmen wir an, dass die Mitteilende Laura ist, der Rezipient Paul. Aha, wir gehen also heute Abend ins Konzert. (1) Es soll eine Überraschung darstellen. (2) Was ist das? – Da liegen zwei Konzertkarten für heute. (3) Vor Überraschungen ist man bei Laura nie sicher. (4) Ich hätte Lust, mit Paul ins Konzert zu gehen. (5) Paul mag Überraschungen. (6) Zwei Konzertkarten liegen auf dem Tisch. (7) Ordnen Sie den einzelnen Aussagen eines der folgenden Elemente des kontext-orientierten Kommunikationsmodells zu (a-g): (a) Idee von Laura. (b) Kommunikationskonzept. (c) Ausdruck. (d) Ausdrucksabbild. (e) Idee von Paul. (f) Partnerbild, das Laura von Paul hat. (g) Partnerbild, das Paul von Laura hat.**

- 1e
- 2b
- 3d
- 4g
- 5a
- 6f
- 7c

1　**Was ist der Ursprung des Begriffes »sozio-technisches System«?** Der Begriff des sozio-technischen Systems wurde erstmals geprägt von Forschern des britischen Tavistock Institute of Human Relation: In den 1950er Jahren im Kontext von Forschungen zum britischen Steinkohlebergbau. Die Forscher damals kamen zu der Schlussfolgerung, dass die Beziehung sozialer, psychologischer und technischer Aspekte so eng ist, dass man sie nur in Kombination verstehen und gestalten kann. Um diesen engen Zusammenhang zu beschreiben, prägten sie den Begriff des sozio-technischen Systems.

2　**Wie lautet die Lorenzkette und welchen Bezug hat sie zur Gestaltung sozio-technischer Systeme?** Die Lorenzkette lautet: Gesagt ist nicht gehört – Gehört ist nicht zugehört – Zugehört ist nicht verstanden – Verstanden ist nicht einverstanden – Einverstanden ist nicht behalten – Behalten ist nicht eingehalten – Eingehalten ist nicht beibehalten. Sie veranschaulicht, dass man Menschen und ihr Verhalten nicht einfach dadurch ändern kann, dass man etwas sagt. Das gilt auch für Menschen, die mit neuen IT-Systemen umgehen sollen. Erfolgreiche IT-Projekte müssen in einem sozio-technischen Vorgehen auch Veränderungsprozesse in sozialen Systemen anstoßen und begleiten.

3　**Wie lautet eine allgemeine Erklärung der Begriffe System und Umwelt?** Eine allgemeine Definition beschreibt ein System als Ganzheit einer Menge von Elementen und deren Relationen zueinander. Immer, wenn es ein System gibt, gibt es notwendigerweise auch eine Umwelt. Die Umwelt des Systems enthält alles das, was nicht zum System selber gehört. Dabei ist die Grenze zwischen System und Umwelt keineswegs objektiv eindeutig gegeben.

4　**Warum bezeichnet man technische Systeme als allopoietisch?** Allen technischen Systemen gemeinsam ist, dass sie das Ergebnis eines Konstruktions- und Produktionsprozesses sind. Diese Eigenschaft technischer Systeme wird »allopoietisch« bezeichnet. Technische Systeme sind »fremd gemacht« oder anders ausgedrückt: Sie sind von außen hergestellt.

5　**Was bedeutet der Begriff autopoietisch in Bezug auf soziale Systeme?** Soziale Systeme können nicht von außen produziert werden, sie entwickeln sich von innen von selber. In ihnen folgt immer Kommunikation auf Kommunikation; jede Kommunikation innerhalb des sozialen Systems muss in dem Sinne anschlussfähig sein, dass sie wieder neue Kommunikation im System erlaubt. Solange diese Folge von Kommunikationen nicht abbricht, legen Kommunikationen die Grundlage für weitere Kommunikationen. Das soziale System hält sich so selbst am Leben. Diese Eigenschaft der Selbsterzeugung nennt man autopoietisch.

6　**Wie lautet die systemtheoretisch fundierte Definition eines sozio-technischen Systems?** Ein soziales System soll dann sozio-technisches System genannt werden, wenn es eine besondere Beziehung zu einem technischen System in seiner Umwelt eingeht. Diese besondere Beziehung ist durch folgende Eigenschaften gekennzeichnet:
- Das soziale System nutzt das technische System zur Unterstützung der Kommunikationsprozesse.
- Das soziale und das technische System prägen sich wechselseitig:
  - Das technische System beeinflusst das soziale System.
  - Das soziale System gestaltet das technische System.
  - Das technische System findet Eingang in die Selbstbeschreibungen des sozialen Systems. So entstehen sozio-technische Selbstbeschreibungen

III

7 **Was ist die besondere methodische Herausforderung bei der Organisation eines sozio-technischen Projektes?** In sozio-technischen Projekten müssen zwei unterschiedliche Systemtypen und ihre Beziehung zueinander gestaltet werden. Methoden, die für die Entwicklung eines technischen – und somit allopoietischen – Systems (beispielsweise Software) passend sind, sind für ein soziales System aufgrund seiner autopoietischen Eigenschaften nicht angemessen. Änderungsprozesse in einem sozialen Systems sind weniger steuerbar als ein technischer Entwicklungsprozess. Trotzdem muss man in einem sozio-technischen Gesamtprojekt einen Weg finden, beiden Systemtypen gerecht zu werden.

1 **Was versteht man unter dem Prinzip der joint optimization oder gleichzeitige Verbesserung in der sozio-technischen Gestaltung? Erläutern Sie ein Beispiel.** Das Konzept der joint optimization oder gleichzeitigen Verbesserung besagt, dass das soziale System immer gleichzeitig dem technischen System verändert werden muss. Ein Projekt zur Gestaltung eines sozio-technischen Systems muss die bestmögliche Passung zwischen technischem und sozialem System finden.

Beispiel: SpedKom bietet eine Datenbankfunktion an, in der zu jedem Kunden wichtige Informationen gespeichert werden können, die den Fahrern bei der Organisation ihrer Tour helfen. Diese Funktion wird aber nur dann die Zahl der Anrufe von Fahrern bei Disponenten reduzieren, wenn die Informationen vollständig und aktuell sind. Parallel zur Entwicklung des technischen Systems SpedKom muss das Unternehmen organisatorische Strukturen zur Befüllung und Pflege der Datenbank aufbauen.

2 **Welches Phänomen beschreibt der Begriff organizational choice oder organisatorische Wahlfreiheit? Erläutern Sie ein Beispiel.** Der Begriff organizational choice oder organisatorische Wahlfreiheit bezeichnet die Freiheitsgrade, die jede Organisation bei der Einführung und Nutzung eines technischen Systems hat. Kein technisches System kann eine Arbeitsorganisation in Gänze bestimmen. Technische Systeme legen zwar oft eine bestimmte Arbeitsorganisation nahe, es bleiben aber immer organisatorische Freiheitsgrade in der Verwendung eines gegebenen technischen Systems. Diese Freiheitsgrade müssen im Rahmen einer Technikeinführung aktiv gestaltet werden. Ein Beispiel ist die Verwendung des elektronischen Lieferscheins in SpedKom. Eine Spedition kann entscheiden, ob sie ihren Kunden keinen Lieferschein auf Papier mehr anbietet, oder ob sie parallel zur elektronischen Verarbeitung optional noch einen Lieferschein auf Papier ermöglicht.

3 **Was versteht man unter dem Begriff des evolving use bzw. der sich entfaltenden Nutzung?** Sehr häufig verwenden Nutzer IT-Systeme anders als die Entwickler es beabsichtigt oder die IT-Abteilungen es erwartet haben. Nutzer tendieren dazu, IT-Systeme neu zu erfinden, indem sie neuartige Wege der Nutzung einführen. Der so entstehende Prozess wird auch evolving use oder sich entfaltende Nutzung genannt.

4 **Welche Teilprozesse beinhaltet Technikadoption durch Nutzer?**
1. Wahrnehmung / Zurkenntnisnahme des Angebots
2. Interpretation, insbesondere die Ausbildung einer Meinung von der Qualität, der Nützlichkeit und der Bedeutung des Angebots für die eigene Rolle
3. Entscheidung über die Nutzung des Angebots, die in Bezug auf eine Nutzungsoption oder insgesamt für alle Nutzungsoptionen des Angebot getroffen wird
4. Anpassung des Verhaltens, insbesondere die Entwicklung effektiver und effizienter Nutzungs- und Kooperationsmuster
5. Intensivierung und Auswertung der Nutzung durch stärkere Beteiligung an den unterstützten Prozessen oder durch Einsatz für zusätzliche Aufgaben
6. Anpassung der Technologie an Bedürfnisse und Praktiken

5 **Skizzieren Sie Schritte und Ablauf des Vorgehensmodells STEPS.**
Siehe Kapitel IV, Abbildung D.

6   Welche Aufgaben können in dem Teilschritt
Umfeldvorbereitung von STEPS vorkommen und
wer ist für diese Aufgaben verantwortlich?
Als Beispiele für Tätigkeiten im Schritt Umfeld-
vorbereitung nennt Floyd Qualifizierungsmaß-
nahmen oder auch organisatorischen Anpassun-
gen. Der Schritt Umfeldvorbereitung bietet
somit Raum für
- Aktivitäten, die soziale Prozesse der
  Technikaneignung unterstützen
- Maßnahmen, die einer gleichzeitigen
  Optimierung dienen
- Entscheidungsprozesse, die organisato-
  rische Wahlfreiheit wahrnehmen
- Gestaltung von Arbeitsprozessen, die
  die neue Software nutzen
Für die Durchführung des Schrittes Umfeldvor-
bereitung sind die zukünftigen Nutzer der
Software verantwortlich.

7   Skizzieren Sie das generische Vorgehensmodell zur Gestaltung sozio-technischer Systeme.
Siehe Kapitel IV, Abbildung D.

1 Welche Motive für den Einsatz partizipativer Methoden können Sie benennen? Erstens kann der Einsatz partizipativer Methoden in einem IT-Projekt dadurch motiviert sein, dass die Projektleitung davon überzeugt ist, dass die Beteiligung der zukünftigen Nutzer zu einem besseren Projekterfolg führt. Zweitens können Wertvorstellungen den Ausschlag geben. Diese Wertvorstellungen können aus politischer, humanistischer oder psychologischer Perspektive zu der Erkenntnis führen, dass zukünftige Nutzer ein Recht darauf haben, in die Gestaltung ihrer Arbeitsumgebung eingebunden zu werden. Drittens können gesetzliche Vorgaben eine Nutzerbeteiligung schlicht erfordern. Viertens kann auch die Verwendung eines bestimmten Vorgehensmodells partizipative Methoden vorsehen. Fünftens können auch theoretische Überlegungen bspw. auf Basis der neueren Systemtheorie dazu führen, dass die Projektleitung partizipative Methoden für sinnvoll hält.

2 Welche Grade von Partizipation gibt es?
1. Information: Die zukünftigen Nutzer werden über den Einsatz einer neuer Software informiert. Es handelt sich um eine kommunikative Einbahnstraße, die Nutzer werden nicht um ihre Meinung gefragt.
3. Datenerhebung: Die zukünftigen Nutzer werden um ihre Meinung zu Nutzungskontext und Softwareeigenschaften befragt. Welche der Informationen tatsächlich in die Softwareentwicklung einfließen und wie sie umgesetzt werden, ist nicht festgelegt. Insofern handelt es sich auch hier um eine kommunikative Einbahnstraße.
4. Beratung: Es entwickelt sich ein Dialog zwischen den zukünftigen Nutzern und den Entwicklern einer Software. Gemeinsam erörtern sie die Gestaltung und den Einsatz der neuen Software. Die Kommunikation zwischen Entwicklern und Nutzern ist somit intensiver, aber auch in der Beratung ist nicht festgelegt, wie die Meinung der zukünftigen Nutzer in die Softwareentwicklung einfließt.

5. Mitbestimmung: Dies ist hinsichtlich Kommunikation und Verbindlichkeit die intensivste Form der Partizipation. Es findet ein Dialog zwischen Entwicklern und zukünftigen Nutzern über die Software statt. Darüber hinaus ist eindeutig geregelt, dass die Meinung der Nutzer in der Entwicklung berücksichtigt werden muss.

3 Wie unterscheidet sich die direkte von der repräsentativen Beteiligung zukünftiger Nutzer? Was sind die Vor- und Nachteile?
- Im Falle der direkten Beteiligung werden die zukünftigen Nutzer der Software persönlich in das Entwicklungsprojekt integriert. Der Vorteil der direkten Beteiligung liegt in dem großen Fachwissen, das die Nutzer unmittelbar in das Projekt einbringen können. Durch eine direkte Beteiligung lässt sich auch die Akzeptanz für eine Software zuverlässig erhöhen, da jeder Nutzer persönlich eingebunden war.
- Ist die Zahl der zukünftigen Nutzer zu groß oder sprechen andere Gründe gegen eine direkte Beteiligung, so können bestimmte Personen die Interessen der eigentlichen Nutzer im Projekt vertreten. In diesem Fall spricht man von repräsentativer Beteiligung. In Unternehmen bzw. Behörden vertreten in solchen Fällen Betriebs- oder Personalräte die Interessen der zukünftigen Nutzer. Auf gesellschaftlicher Ebene übernehmen diese Aufgabe Interessensgruppen, Verbände oder auch gewählte Gremien.

4 Erläutern Sie die Grundzüge der Methode des socio-technical walkthrough (STWT). Der socio-technical walkthrough ist ein Workshopkonzept, der die Tradition der walkthrough-Methoden auf die Gestaltung sozio-technischer Systeme anwendet. Der STWT gehört zu den partizipativen Methoden, und ermöglicht es zukünftigen Nutzer und IT-Experten, gemeinsam an der Gestaltung eines sozio-technischen Systems zu arbeiten. Im Rahmen von Workshops werden Modelle eines sozio-technischen Systems anhand von Leitfragen Schritt für Schritt durchgegangen.

5   **Wie unterstützt der socio-technical walkthrough die Konzepte gleichzeitige Verbesserung, organisatorische Wahlfreiheit und Technikaneignung als sozialer Prozess?**

- Gleichzeitige Verbesserung: Im STWT wird das sozio-technische System als Ganzes betrachtet. Sowohl die organisatorische als auch die technische Optimierung sind Themen.
- Organisatorische Wahlfreiheit: Im STWT werden die Stellen im Arbeitsprozess identifiziert, in denen eine Organisation ein IT-System unterschiedlich in ihre Strukturen und Abläufe einbetten kann. Die Gestaltungsoptionen werden diskutiert, Entscheidungen getroffen und dokumentiert.
- Technikaneignung als sozialer Prozess: Der STWT ist ein Workshopkonzept, in dem der Austausch zwischen den zukünftigen Nutzern eine zentrale Rolle spielt. So wird der soziale Prozess der Technikaneignung frühzeitig angestoßen und unterstützt.

6   **Geben Sie ein Beispiel einer sozio-technischen Selbstbeschreibung, die in einem STWT erarbeitet werden kann.** Sozio-technische Selbstbeschreibungen regeln die Grenzen eines sozio-technischen Systems, indem sie festlegen, wie die Kommunikationen im sozialen System das technische einbeziehen. In dem Fallbeispiel Stahlexpress haben Fahrer und Disponenten vereinbart, wann genau der Fahrer die Funktion »Abfahrt eintragen« auf seinem PDA verwendet. Damit haben sie festgelegt, wie der Disponent diese Information interpretieren kann. Dokumentiert wurde diese Vereinbarung im Rahmen eines STWT, indem die entsprechende Nutzung des technischen Systems im Arbeitsprozess gekennzeichnet wurde.

1 **Was sind die Ziele des wissenschaftlichen Faches Techniksoziologie?** Die Techniksoziologie beschäftigt sich mit Fragen der Technikgenese, der sozialen Strukturen von Technik, der Technikfolgen sowie der Technikgestaltung und -steuerung.

2 **Wie unterscheiden sich die Sichtweisen des Sozialdeterminismus und des Technikdeterminismus?** Eine sozialdeterministische Sichtweise geht davon aus, dass es sich sowohl bei Technikentwicklung als auch bei Technikaneignung um soziale Prozesse handelt; technische Artefakte sind immer auch die Verkörperung sozialer Ziele. In einer technikdeterministischen Sichtweise steht die Technik außerhalb der Gesellschaft und verfügt über eine Eigendynamik, aus der heraus sie sich von selbst weiterentwickelt; die Gesellschaft muss dann auf diese Weiterentwicklung reagieren.

3 **Beschreiben Sie das Verhältnis von Mensch und Technik in der Actor-Network-Theory (ANT).** Die Actor-Network-Theory beschreibt Gesellschaft als ein Geflecht von Aktanten, die menschlicher oder technischer Natur sein können. Menschen und technische Artefakte werden gleichwertig als handelnde Elemente unserer Gesellschaft beschrieben.

4 **Erläutern Sie ein Beispiel für Inskription aus dem Kontext der Informatik.** Umsetzung einer Abgabefrist für Übungsaufgaben in einer universitären Lernplattform. Die soziale Norm in einer Vorlesung besagt, dass Übungsaufgaben bis Mittwoch 18:00 Uhr abgegeben sein müssen; eine spätere Abgabe ist nicht möglich. Das technische System der Lernplattform setzt diese Regel um (hat sie inskribiert), indem es ab Mittwoch 18:00 Uhr keine Dateiuploads mehr zulässt.

5 **Was ist das TAB und was sind seine Aufgaben?** TAB steht für »Büro für Technikfolgen-Abschätzung beim Deutschen Bundestag«. Es ist eine selbständige wissenschaftliche Einrichtung, die den Deutschen Bundestag und seine Ausschüsse in Fragen des wissenschaftlich-technischen Wandels berät. Das TAB erhält Arbeitsaufträge durch die Ausschüsse des Bundestages und erstellt Arbeitsberichte, die von den Auftraggebern abgenommen werden.

6 **Was ist das Ziel des Turing Tests und wie ist sein Ablauf?** Mit dem Turing Test soll überprüft werden, ob ein System der künstlichen Intelligenz menschliches Verhalten in einem Gespräch so gut nachahmen kann, dass ein Mensch nicht unterscheiden kann, ob er mit dem System oder mit einem anderen Menschen spricht. Um dies zu überprüfen, führt ein Proband ein Gespräch mit zwei verdeckten Partnern. Einer dieser Partner ist das Computersystem der andere ein Mensch. Wenn der Proband am Ende des Gesprächs nicht entscheiden kann, welcher Gesprächspartner Mensch und welcher Computer war, hat das Computersystem den Test bestanden.

7 **Erklären Sie das Phänomen des cultural lag und nennen Sie ein Beispiel.** Cultural lag ist ein Begriff, der durch den amerikanischen Soziologen William Ogburn geprägt wurde. In einer technikdeterministischen Sichtweise bezeichnet der cultural lag die Lücke, die zwischen einer vorauseilenden, sich eigendynamisch entwickelnden Technik einerseits und darauf reagierenden gesellschaftlichen Entwicklungen andererseits entsteht. Fehlende oder unpassende Regelungen zum Urheberrecht im Internet sind ein aktuelles Beispiel.

8   <u>Was ist mit dem Begriff des technological fix</u>
<u>gemeint?</u> Der technological fix beschreibt einen
Ansatz, in dem man versucht, alle Probleme
– auch sozial verursachte – technisch zu lösen.
Jemand, der dem technological fix folgt, würde
den Hunger auf der Welt beispielsweise dadurch
verringern wollen, dass er durch Gentechnik
manipuliertes Saatgut entwickelt, das resistent
gegen Schädlinge ist. Politische Ursachen für
den Hunger auf der Welt zu suchen und zu verändern, wäre in diesem Kontext keine Lösung.

9   <u>Welche Sichtweisen auf das Verhältnis zwischen</u>
<u>Mensch und Technik haben Sie in diesem Ka-</u>
<u>pitel kennen gelernt?</u> Technik

...   kann Menschen ersetzen

...   kann Menschen unterstützen

...   kann Defizite von Menschen ausgleichen

...   kann soziale Normen festigen und
durchsetzen

...   kann gesellschaftlichen Änderungen
hervorrufen

...   kann gemeinsam mit menschlichen
Akteuren etwas Neues formen

1   **Welche Zusammenhänge gibt es zwischen der Gestaltung von IT-Systemen und der Arbeitsgestaltung?** Der Zusammenhang zwischen IT-Systemen und Arbeitsgestaltung ist ein zweifacher: Zum einen sind IT-Systeme Arbeitsmittel, die von Arbeitnehmern über viele Stunden hinweg kontinuierlich genutzt werden. Um Arbeitnehmer vor Schädigungen zu bewahren, müssen die IT-Systeme ergonomisch nach den geltenden Richtlinien gestaltet werden. Zum anderen nehmen insbesondere kooperationsunterstützende Softwaresysteme Einfluss auf die inhaltliche Arbeitsorganisation und damit auf die Gestaltung der Arbeitsaufgaben der Arbeitnehmer. Bei der Gestaltung der Arbeitsaufgaben sollen die Kriterien guter Arbeitsgestaltung Anwendung finden.

2   **Welche Untersuchungsgegenstände sind für die Arbeits- und Organisationspsychologie relevant? Benennen Sie je ein Beispiel.** Die Arbeits- und Organisationspsychologie arbeitet mit den Untersuchungsgegenständen Arbeitsplatz, Individuum, Gruppe und Organisation. Für den Untersuchungsgegenstand Arbeitsplatz wirkt sie beispielsweise an der ergonomischen Gestaltung von Arbeitsprozessen mit; auf der Ebene des Individuums werden Instrumente zur Eignungsdiagnostik entwickelt; für Gruppen bieten Arbeits- und Organisationspsychologen beispielsweise Methoden zum Teamcoaching an; auf Organisationsebene setzt sich die Arbeits- und Organisationspsychologie beispielsweise mit Fragen des Organisationsklimas auseinander.

3   **Wie sind »humane Arbeitstätigkeiten« in der Arbeits- und Organisationspsychologie beschrieben?** Nach Eberhard Ulich sind Arbeitstätigkeiten dann human, wenn sie die psychophysische Gesundheit der Arbeitstätigen nicht schädigen, ihr psychosoziales Wohlbefinden nicht – oder allenfalls vorübergehend – beeinträchtigen, ihren Bedürfnissen und Qualifikationen entsprechen, individuelle und / oder kollektive Einflussnahme auf Arbeitsbedingungen und Arbeitssysteme ermöglichen und zur Entwicklung der Persönlichkeit im Sinne der Entfaltung von Potenzialen und der Förderung von Kompetenzen beizutragen vermögen.

4   **Welche Zusammenhänge zwischen Verhalten von Menschen am Arbeitsplatz und Eigenschaften von Arbeitsaufgaben stellt das Job Characteristics Model her?** Das Job Characteristics Model von Hackman und Oldham erklärt, dass Arbeitsaufgaben, die über die Schlüsseleigenschaften Anforderungsvielfalt, Ganzheitlichkeit, Bedeutung, Autonomie und Rückmeldung verfügen, dazu führen, dass Mitarbeiter eine hohe intrinsische Motivation zeigen, hohe Arbeitsleistung erbringen, eine hohe Arbeitszufriedenheit empfinden, wenig fehlen und selten den Arbeitgeber wechseln. Die Schlüsseleigenschaften der Arbeitsaufgaben wirken auf das Verhalten der Arbeitnehmer, weil sie wichtige psychische Prozesse ansprechen: Erlebte Sinnhaftigkeit, erlebte Verantwortung und Kenntnisse der eigenen Arbeitsergebnisse. Der positive Zusammenhang zwischen der Arbeitsgestaltung und dem Verhalten der Arbeitnehmer ist umso größer, je stärker deren Wunsch ist, sich in der Arbeit weiter zu entwickeln.

5 **Benennen Sie die vorgestellten Kriterien guter Arbeitsaufgaben.**
Die Kriterien guter Arbeitsaufgaben lauten:
- Ganzheitlichkeit
- Anforderungsvielfalt
- Möglichkeit zur sozialen Interaktion
- Autonomie
- Lern- und Entwicklungsmöglichkeiten
- Zeitliche Elastizität und stressfreie Regulation
- Sinnhaftigkeitständige

6 **Benennen Sie für drei Kriterien Beispiele, wie IT-Systeme negativ wirken können.**
- Ganzheitlichkeit: Durch den Einsatz von Workflowmanagementsystemen kann das Kriterium der Ganzheitlichkeit verletzt werden. Dies wäre der Fall, wenn alle Regeln zur Arbeitsorganisation in das Workflowmanagementsystem einprogrammiert würden. Damit würde der planende Arbeitsanteil vom System übernommen werden, während die Mitarbeiter nur noch die ausführenden Tätigkeiten übernehmen könnten.
- Möglichkeit zur sozialen Interaktion: Durch zunehmende elektronische Bereitstellung von Unterlagen und Informationen beispielsweise in CSCW-Systemen wird die Notwendigkeit zum persönlichen Kontakt immer unbedeutender. Das Kriterium »Möglichkeit zur sozialen Interaktion« besagt aber, dass Arbeitsaufgaben so gestaltet sein sollen, dass sie soziale Interaktion nahe legen.
- Zeitliche Elastizität und stressfreie Regulation: Der Zwang zur ständigen Erreichbarkeit, dem viele Arbeitnehmer ausgesetzt sind, wird durch die permanente Weiterentwicklung mobiler Endgeräte wie Smartphones verstärkt. Diese Entwicklung kann dem Kriterium der zeitlichen Elastizität widersprechen, weil verhindert wird, dass Arbeitnehmer ausreichend Pausen planen und wahrnehmen können.

7 **Erklären Sie relevante Passagen des BetrVG, die die Beteiligung von Arbeitnehmern an IT-Projekten regeln.** Relevante Regelungen finden sich im BetrVG im vierten Teil, der »Mitwirkung und Mitbestimmung der Arbeitnehmer« überschrieben ist. § 87 regelt Mitbestimmungsrechte bei der Einführung von technischen Einrichtungen, die dazu bestimmt sind, das Verhalten oder die Leistung der Arbeitnehmer zu überwachen. Weil Nutzer in IT-Systemen immer Spuren hinterlassen, ist für jedes IT-Projekt zu prüfen, ob dieser Paragraf zutrifft. § 90 regelt Unterrichtungs- und Beratungsrechte bei der Planung von technischen Anlagen, Arbeitsverfahren oder Arbeitsabläufen. Dieser Paragraf ist für IT-Projekte immer relevant. Nicht nur, weil es sich bei IT-Systemen um technische Anlagen handelt, sondern weil mit der Einführung von IT-Systemen in der Regel auch Arbeitsabläufe verändert werden. Das BetrVG sieht eine repräsentative Vertretung der Arbeitnehmer durch den Betriebsrat vor.

1 Beschreiben Sie die drei Aspekte menschlicher Wahrnehmung.

1. Subjektivität: Das Ergebnis einer Wahrnehmung entspricht nur teilweise der Realität,
2. Selektivität: Aus der Fülle an Informationen, die auf die Sinnesorgane treffen, wählt der Mensch die vermeintlich wichtigen Informationen aus und
3. Aktivität: Menschliche Wahrnehmung bedeutet aktive Aufnahme und Verarbeitung von Reizen, die eine Information darstellen.

2 Nennen und erläutern Sie exemplarisch zwei Gestaltgesetze. Zwei aus der Liste:

1. Gesetz der Nähe: Elemente, die nahe beieinander stehen, werden als zusammengehörig wahrgenommen.
2. Gesetz der Gleichartigkeit: Gleichartige Elemente werden als zusammengehörig wahrgenommen.
3. Gesetz der Symmetrie und der guten Gestalt: Der Mensch versucht, Symmetrie oder eine Form zu erkennen.
4. Gesetz der Geschlossenheit: Der Mensch versucht, geschlossene Formen zu erkennen.

3 Nennen und erläutern Sie exemplarisch zwei Wahrnehmungskonstanzen.

Zwei aus der Liste:

1. Helligkeitskonstanz: Für alle Elemente einer Szene wird die gleiche Helligkeit angenommen.
2. Farbkonstanz entsteht durch gelernte Einschätzung von Farbigkeit bestimmter Gegenstände. Beispiel: Schnee ist weiß.
3. Formkonstanz: Es wird angenommen, dass ein dargestellter Gegenstand konstant ist in seiner Form.
4. Größenkonstanz findet immer dann Anwendung, wenn Relationen zwischen wahrgenommenen Objekten hergestellt werden soll.

4 Definieren Sie Belastung und Beanspruchung. Was unterscheidet die beiden Begriffe?

- Definition Belastung: Gesamtheit der erfassbaren Einflüsse, die von außen auf den Menschen zukommen und auf ihn psychisch oder physisch einwirken.
- Definition Beanspruchung: Individuelle, zeitlich unmittelbare und nicht langfristige Auswirkung von Belastung im Menschen in Abhängigkeit von seinen individuellen Voraussetzungen und seinem Zustand.
- Wesentlicher Unterschied: Belastung ist objektiv, Beanspruchung ist subjektiv und hängt deshalb vom Nutzer ab.

5 Welche Ziele verfolgt die Software-Ergonomie? Nennen Sie zwei. Zwei aus der Liste:

1. Schnelle Erlernbarkeit des Umgangs mit dem System
2. Schnelle Ausführbarkeit der Aufgaben
3. Fehlerfreie Ausführung
4. Geringer Aufwand bei Fehlerbehebung
5. Keine Beeinträchtigung der Gesundheit und des Wohlbefindens
6. Förderung der Interessen und Fähigkeiten der Benutzer/innen

6 Nennen und definieren Sie die drei Kriterien der Gebrauchstauglichkeit nach DIN EN ISO 9241-11. Die drei Kriterien der Gebrauchstauglichkeit und ihre Definitionen lauten:

- Effektivität: »Die Genauigkeit und Vollständigkeit, mit der der Benutzer ein bestimmtes Ziel erreichen.«
- Effizienz: »Der im Verhältnis zur Genauigkeit und Vollständigkeit eingesetzte Aufwand, mit dem der Benutzer ein bestimmtes Ziel erreichen.«
- Zufriedenstellung des Nutzers: »Freiheit von Beeinträchtigungen und positive Einstellung gegenüber der Nutzung des Produkts.«

VIII

7   <u>Erläutern Sie eines der sieben Kriterien der</u>
<u>Dialoggestaltung an Hand eines Beispiels.</u>

Eines aus der Liste.

1.   Aufgabenangemessenheit: Dialogschritte und Informationen gemäß Arbeitsschritten
2.   Selbstbeschreibungsfähigkeit: Übersicht über Interaktionsmöglichkeiten
3.   Erwartungskonformität: Dialoge laufen gleich ab
4.   Lernförderlichkeit: Tooltipps
5.   Steuerbarkeit: Kontrolle über Richtung und Geschwindigkeit; Undo
6.   Fehlertoleranz: Hinweisen auf Fehler in Bildschirmformularen
7.   Individualisierbarkeit: Einstellung der Sprache in den Dialogen des IT-Systems.

1 <u>Was sind die wesentlichen Bestandteile</u> <u>menschlicher Zusammenarbeit?</u> Zusammenarbeit von Menschen zeichnet sich durch die 3 Ks Kommunikation, Kooperation, Koordination aus.

2 <u>Wofür steht der Begriff CSCW?</u> CSCW ist das Akronym für Computer Supported Cooperative Work. Es bezeichnet ein interdisziplinäres Forschungsfeld, das sich vornehmlich zwei Zielen widmet. Diese sind (1) das Verstehen von Charakter und Anforderungen kooperativer Arbeitsprozesse und (2) die Entwicklung IT-gestützter Technologien für kooperative Arbeitsprozesse.

3 <u>Benennen Sie zwei Möglichkeiten der Klassi-</u> <u>fikation von Groupware. Erläutern Sie eine</u> <u>dieser Klassifikationsmöglichkeiten.</u> Zwei bekannte und weit verbreitete Klassifikationsmöglichkeiten sind das 3-K Modell und die Raum-Zeit Matrix. Zusätzlich eine der beiden folgenden Beschreibungen:

Das 3-K Modell rückt die drei Bestandteile der Zusammenarbeit – Kommunikation, Kooperation und Koordination – in das Zentrum der Betrachtung und ordnet diese in einem Dreieck an. Die Positionierung der verschiedenen Groupwarebeispiele innerhalb dieses Dreiecks macht damit den Anwendungsschwerpunkt des jeweiligen Systems deutlich.

Die Raum-Zeit Matrix gliedert die unterschiedlichen Ausprägungen von Groupware nach Relation der Gruppenmitglieder mit Bezug zu Raum und Zeit. Für jede dieser beiden Dimensionen können dabei die Ausprägung gleich (gleicher Raum bzw. gleiche Zeit) und unterschiedlich (verschiedene Raum bzw. verschiedene Zeit) vorkommen. Durch alle möglichen Kombinationen der räumlichen bzw. zeitlichen Dimensionsausprägungen entstehen vier Möglichkeiten.

4 <u>Was sind geteilte Arbeitsbereiche?</u> Der Begriff geteilte Arbeitsbereiche steht für eine Art von Groupware, die die Unterstützung möglichst aller Bestandteile von Gruppenarbeit in einem System integriert. Geteilte Arbeitsbereiche integrieren Funktionalitäten zur Unterstützung von Kommunikation, Kooperation und Koordination. Damit muss eine Gruppe nur ein System einsetzen, um alle Aufgaben zu unterstützen. Ein weiterer Vorteil besteht darin, dass die Bestandteile der Gruppenarbeit, die ohnehin zusammengehören, hier auch gemeinsam betrachtet werden und Übergänge möglich sind.

5 <u>In welchen Situationen werden geteilte</u> <u>Arbeitsbereiche eingesetzt?</u> Geteilte Arbeitsbereiche kommen in solchen Situationen zum Einsatz, in denen sich die Gruppenmitglieder flexibel selbst organisieren.

6 <u>Was sind Workflowmanagementsysteme?</u> Workflowmanagementsysteme unterstützen die Ausführung und Überwachung von Geschäftsprozessen.

7 <u>In welchen Situationen werden Workflow-</u> <u>managementsysteme eingesetzt?</u> Workflowmanagementsysteme werden zur Unterstützung von Geschäftsprozessen eingesetzt, die folgende Eigenschaften haben:
- Die Bearbeitung der Arbeitsaufgabe erfolgt in der Regel von mehreren Personen und abteilungsübergreifend.
- Der Prozess ist stark strukturiert und umfasst formalisierbare Aufgaben.
- Der Prozess läuft in der Regel immer gleich ab und wird oft ausgeführt.

1 Wie beschreibt die Gesellschaft für Informatik (GI) sich selber? »Die Gesellschaft für Informatik (GI) ist ein Zusammenschluss von Menschen, die einen engen Bezug zur Informatik haben und sich für dieses Fachgebiet mit all seinen Facetten und Anwendungsgebieten interessieren. Sie ist die Fachgesellschaft für Informatik im deutschsprachigen Raum. Als solche setzt sie für die Interessen der Informatik in Wissenschaft, Öffentlichkeit und Politik ein.« (GI Webseite, »wir über uns«, 2014)

2 Wer kann ordentliches Mitglied der GI werden? Ordentliches Mitglieder der GI kann werden, wer »in der Informatik tätig ist, sich in Studium oder Ausbildung befindet oder an der Informatik interessiert ist« (Ebd.)

3 Benennen Sie die ethischen Leitlinien der GI, die für alle Mitglieder gelten. Fachkompetenz, Sachkompetenz und kommunikative Kompetenz, Juristische Kompetenz, Urteilsfähigkeit.

4 Wessen Interessen vertritt der Bundesverband Informationswirtschaft, Telekommunikation und neue Medien e. V. (BITKOM)? Der BITKOM vertritt die Interessen der Anbieter von Produkten, Software und Dienstleistungen der Informationswirtschaft, der Telekommunikation, der neuen Medien und der Internetwirtschaft gegenüber Politik, Wirtschaft und Öffentlichkeit.

5 Wer sind die Mitglieder des BITKOM und wer sind die Mitglieder des Hauptvorstands? Mitglieder des BITKOM sind in der Regel Unternehmen, die in den Bereichen Informationswirtschaft, Telekommunikation, neuen Medien oder Internetwirtschaft tätig sind und eine Betriebsstätte in Deutschland haben. In den Hauptausschuss gewählt werden in der Regel Inhaber, Vorstände oder Geschäftsführer dieser Unternehmen.

6 Was ist der nationale IT-Gipfel? Der nationale IT-Gipfel ist ein seit 2006 jährlich stattfindender Kongress, der vom Bundesministerium für Wirtschaft und Technologie ausgerichtet wird. Unter Beteiligung von Politik, Wirtschaft und Wissenschaft werden auf dem IT-Gipfel Konzepte für die Weiterentwicklung der IKT-Strategie der Bundesregierung erarbeitet. Ziel ist es dabei, die Potenziale der Informations- und Kommunikationstechnologie (IKT) für Wachstum und Beschäftigung zu erschließen und so den IKT-Standort Deutschland zu stärken.

7 Was verbindet die Piratenpartei Deutschland und die Betrachtung von IT-Systemen? Für die Piratenpartei Deutschland sind Informationstechnik und Wissensgesellschaft zentrale Themen des Parteiprogramms. Damit sind IT-Systeme ein wesentlicher Inhalt der Partei.

8 Nennen Sie beispielhaft drei Kampagnen, mit denen der CCC über Missbrauchsmöglichkeiten und damit verbundene negative Auswirkungen demonstriert hat. Durch öffentlichkeitswirksame Aktionen wie dem BTX-Hack (1984), und weitere Hacks bei NASA (1986), KGB (1989) oder der GSM-Karten (1998), der Manipulation niederländischer Wahlcomputer (2006) und der Veröffentlichung des Staatstrojaners (2011) ist der CCC eine bekannte Organisation, die gesellschaftliche Auswirkungen technischer Entwicklungen demonstriert.

9 Wofür steht FifF? FFifF steht für Forum InformatikerInnen für Frieden und gesellschaftlicher Verantwortung e. V.

A

Index

Index

J – L

S

W – Z